本书受资助的基金项目有大学生校外实践教育基地建设项目"中大—奥美公共传播协同创新人才合作培养基地"（国家级）（项目编号：17000-31911103），中山大学本科教学改革研究项目"产学研协同育人机制研究：以'公共传播工作室'的实践教学改革为例"（项目编号：17000-18822602），2016年度教育部人文社会科学研究青年基金项目"风险争议中的认知差异与风险沟通研究：以食品安全事件为例"（项目批准号：16YJC860028）。

新媒体与公共传播

观点与案例

张洁　高明　主编

U0330136

中山大学出版社
SUN YAT-SEN UNIVERSITY PRESS

·广州·

图书在版编目（CIP）数据

新媒体与公共传播：观点与案例/张洁，高明主编．—广州：中山大学出版社，2024.1
ISBN 978 - 7 - 306 - 07961 - 9

Ⅰ.①新…　Ⅱ.①张…②高…　Ⅲ.①传播媒介—研究　Ⅳ.①G206.2

中国国家版本馆 CIP 数据核字（2024）第 005112 号

XINMEITI YU GONGGONG CHUANBO: GUANDIAN YU ANLI

出 版 人：王天琪
策划编辑：张　蕊　金继伟
责任编辑：张　蕊
封面设计：曾　斌
责任校对：郑雪漫
责任技编：靳晓虹
出版发行：中山大学出版社
电　　话：编辑部 020 - 84111997，84113349，84110283，84110779，84110776
　　　　　发行部 020 - 84111998，84111981，84111160
地　　址：广州市新港西路 135 号
邮　　编：510275　传　　真：020 - 84036565
网　　址：http://www.zsup.com.cn　E-mail：zdcbs@mail.sysu.edu.cn
印 刷 者：广州市友盛彩印有限公司
规　　格：787mm×1092mm　1/16　14.25 印张　275 千字
版次印次：2024 年 1 月第 1 版　2024 年 1 月第 1 次印刷
定　　价：58.00 元

编 写 组

顾　　问：梁凤妹　张　宁

主　　编：张　洁　高　明

编写组成员（按姓氏音序排列）：

黄嘉琪　黄晓华　江竟达　李绮雯

李晓敏　李卓莹　王子睿　吴卓钊

许舒鸿　杨柳青青　余旭阳

序

中山大学公共关系学专业于 1994 年设立，是当时全国高校中第一个公共关系学本科专业。专业创始人廖为建教授在 2002 年敏锐地察觉到互联网时代的到来给公共关系学带来的新的学科发展目标和挑战，并将该专业所在的学系改名为"公共传播学系"。这蕴含着两个意义。一是在当下的互联网时代，传播行为成了改变社会关系甚至社会结构的重要因素，公共关系学的学科出发点和人才培养落脚点都应该放在组织或个人的传播行为及其传播效果的管理能力上。二是当时公共关系学专业是隶属中山大学政治与公共事务管理学院的公共管理一级学科，因此，该专业的教学、科研主要面向的是以政府公共关系为主的、公共领域里的公共关系。

中山大学公共关系学专业在教学和人才培养方面在扎实理论基础之上重视实践能力的提升，故选择理论与实践紧密结合的导向和教学模式。2011 年，公共传播学系又新增了传播学专业，这个专业在上述教学模式上进一步强化了公共传播的理论思维和综合素养。第一，公共传播学系的课程设置有"三个三"，即三分之一的理论基础课程、三分之一的理论提升课程和实训演练课程、三分之一的前沿知识课程和实验实践课程。这样的课程训练，可以让该专业的学生在大学 4 年，从专业理论基础知识入手，掌握基本的、重要的理论框架，并通过案例分析、模拟演练、实训项目和协同作业等方式提升自己对理论知识的掌握及运用能力。第二，该专业积极主动地与公共传播业界知名的、优质的企业合作来培养人才，通过学界和业界的互动、沟通、案例分享和项目合作，让学生在课程之外有更多、更优质的锻炼机会。同时，教师队伍保持与业界的沟通，也让教师队伍站在业界第一线观察业界发展趋势和问题导向，使人才培养的目标始终保持与时代同步。第三，以公共传播学系为主，带动整个传播与设计学院各专业。与业界一起合办"公共传播工作室"。这种"课程 + 实训"的方式利用寒暑假和学期中的课余时间，由教师带领学生完成业界提供的课题和实践项目，学生们都表示受益匪浅，完成的成果也深受业界的肯定。

在这个过程中，奥美集团及其旗下的奥美公关（广州）以下简称"奥美集团（广州）"一直以来是中山大学公共传播学科发展和人才培养的合作者、支持者和共建者。无论是初期的为学生提供优质的实习岗位、派出优秀讲师通过课程讲座提供前沿的案例分析，还是中期的共建学生实习基地、毕业生的接

1

纳和再培养、毕业设计课题提供以及教师的项目合作，奥美集团（广州）都一如既往地主动参与，成了最有力的业界合作单位之一。我们学院和奥美集团（广州）于2016年共同申请高等学校"大学生校外实践教育基地建设"项目，成功地立项国家级项目。在学界和业界的共同努力下，该项目充分整合了各类教学资源，开展常态化的深度合作，提高基地的共享共用度，紧紧围绕"三大主体"（企业、学校、学生）的需求，在"三大平台"（业界、课堂、公共传播工作室）上展开"三大维度"（实践、教学、科研）的多元合作。

作为该项目的成果之一，本书体现了中山大学公共传播学系和奥美集团（广州）共同主张的"公共传播人才的全息、全景、全程式教学"模式。本书从策划阶段开始，就充分融合了学界和业界对公共传播研究的不同见地，整合了两方面的资源。张洁、高明两位老师在成书过程中，通过专题例会和实地调研的方式促进学生对专业理论知识的理解、掌握和运用。本书也展现了新一代年轻人对业界问题的努力思考、借鉴和批判性的分析。本书不仅是一本优秀的公共传播学专业的案例教学教材，也是学界和业界在人才培养上深度合作的成功范例。

在案例编写的后期，我们还要特别感谢公关行业平台17PR及银小冬总经理的大力支持。17PR应邀选送了2018—2019年"金旗奖"的3个获奖案例，使本书的公共传播案例更具时效性和代表性。银小冬总经理还专门撰文，从行业平台参与人才培养的角度提出了很多建设性的意见，值得我们思考和合作探索。

最后，本书的完成不仅要感谢专业教师与学生们的分析和撰写，还要感谢奥美集团（广州）长期以来对我们的支持和帮助，尤其要感谢对本书的完成给予支持和鼓励的时任奥美集团（广州）董事总经理梁凤妹、时任客户群总监周瑛智。衷心期待我们的合作在新的方向和领域里继续有所成就。

中山大学传播与设计学院

张宁　教授、博士生导师

前　言

世界变了，但也没变
——兼谈本书的初心和缘起

对于社会不同的利益诉求如何实现理解、对话、折中，怎样通过沟通达成共识，并促进有效行动，这并不容易，甚至充满了挑战与争议。这个"美好愿景"，更需要在理论与实践、时间与空间不同场域去落实、磨砺。学界的理想和业界的现实之间，需要更多的连接点和对话空间。

我们希望通过对公共传播人才培养观念的思辨和优秀案例的研究，由学界人士和业界人士联手打造一本兼具观点与案例的教材，总结案例背后的有效规律和宝贵经验，为当下的传播教育、传播实践乃至未来的传播行业提供有益的借鉴和启迪。在持续变化的世界中，参与公共传播的人始终在坚持一些不变的守则，试图让世界更美好，这也是我们编写这本书的初心所在。

编写本书的缘起

公共传播是什么？冯建华在对100多篇关于公共传播的文献进行综述后指出，公共传播的研究视角主要包括3种：一是价值功能论的视角，二是传播模式变革论的视角，三是场域论的视角。[①]胡百精、杨奕在《公共传播研究的基本问题与传播学范式创新》一文中提出了一个较为清晰简明的定义，公共传播是"多元主体基于公共性展开的沟通过程、活动与现象，旨在促进社会认同与公共之善"。文章重点探讨了公共传播的主体、价值规范与实践准则、内容、场域、手段以及目标与效果。[②]

当我们访问业界专家时，大家对公共传播的讨论集中于3个维度：从传播主体看，多是政府、非政府组织（NGO）等具有公共性的机构；从传播议题看，多是涉及健康、环保、公共安全等公共利益的主题；从传播目标看，多是

[①] 冯建华：《公共传播的意涵及语用指向》，载《新闻与传播研究》2017年第24卷第4期，第113–119页。

[②] 胡百精、杨奕：《公共传播研究的基本问题与传播学范式创新》，载《国际新闻界》2016年第38卷第3期，第61–80页。

为了唤起公众对社会问题的关注，促进社会公共利益的提高。

在前期的讨论中，我们也在内部提出了问题：公共传播能否也具有一定的商业效益？讨论后的结论是，传播只要不是一开始就以销售、营销为目的，而是以社会公共话题的提出和推广为目标，即使是以企业或其他商业机构为主体的传播，或是客观上产生了"弱商业性"的双赢效果，也可以纳入"公共传播"的范畴。事实上，有了商业等力量的支持、有了可造血的能力，公共性才能更持久。

公共传播与公共关系的区别与联系

基于以上思考，我们在编写本书时，提出了新媒体公共传播案例选择的标准：具有多元主体、公共服务精神、有效回应社会公共议题、充分运用新媒体发起广泛社会互动、在创意和执行方式等维度上具有可推广和借鉴价值。

公共传播中不变的是什么

中山大学与奥美的合作项目完成时间为 2016—2018 年。本书的编写工作始于 2017 年下半年，故书中的案例，主要集中在 2017 年前后，也包含 2019 年的案例。在成书过程中，我们不断反思：这些案例和观点，是不是已经旧了？它们还能代表现在的趋势吗？它们对现在依旧有启发吗？有没有一些大方向或者内核性的因素是不变的，或是日益突显的呢？新媒体是什么？在最近的十来年，到底什么在发生根本性的变化？又有什么是即使随着媒体技术和形态的变化，也万变不离其宗的？

随着移动互联网、高速网络的渗透和普及，媒介朝着一个让更多人能方便和自由地表达、让更多人能共同参与和相互连接、让不同的群体或者问题能被广泛地"看见"的方向变化。尤其是"内容可视化"的兴起，很多复杂的信息、抽象的主题都用可感知的方式呈现，并与人产生更多的交互。同时，面对网络乱象，也有互联网巨头提出"科技向善"的价值观，反思技术应用的正反两面。

我们相信，虽然传播的途径、速度、呈现的方式都在不断蜕变、迭代，但人们对自由、关爱、连接的需求是不变的。

我们相信，情感和情绪的因素（共鸣）在改变行为的过程中起到更重要的作用。以价值观为核心主导，以全球视野进行跨文化的传播，对年轻人更有吸引力。同时，整合多方资源，构建信任，牢牢把握"认知—态度—行为"的闭环，让每个环节的认知消耗尽量降低、操作尽量方便，从而提高分享的趣味性和内驱力；并通过可感知、可游戏（play）的生活体验、场景体验，让人们参与到对严肃的公共问题的理解和解决中，这会是新媒体环境下的公共传播趋势。

怎样使用本书

本书的第一部分是"观点与调研"。我们讨论了学界和业界对公共传播行业、公共传播教育与人才培养、公共传播实践的观念转变和实践优化的思考，以及"Z世代"（新时代）人群对区域传统文化与老字号品牌的态度。这部分收入大学生校外实践教育基地建设项目"中大—奥美公共传播协同创新人才合作培养基地"（国家级）主要负责人和教研团队的重要文章，以及基地导师带领学生团队完成的主题调研报告。在培养基地建设和合作育人的过程中，我们围绕这些课题展开了广泛而深入的交流。在课堂里、在公共传播工作室平台、在企业实践第一线、在研究项目中，我们彼此启发、教学相长，实现了产学研的良好融合。

本书的第二部分是关于六大主题的经典案例，分为国家与城市传播、环境保护、公共安全、健康传播、群体关怀、生活态度6章。我们试图通过这样的分类，尽可能覆盖公共传播的核心议题。在公共传播学理分析的基础上，我们引入来自中山大学公共传播工作室"95后"年轻人的视角，结合业内专家的分析判断，突破"就案例谈案例"的惯例，将理论性的分析和前沿实践结合，力图呈现更多元化的思考，并通过思考题启发学生进一步拓展。

每个案例的内容包括基本信息（名称、执行时间、传播主体、执行机构），展示（有数据性支持的背景、有深度思考的创意策划、具体的执行内容），效果（尤其关注数据分析），分析和补充拓展部分（纵横比较与理论延展）。

我们在分析部分对案例进行了纵向和横向的对比。纵向对比，是指对比同一传播主体在过去或在这个案例之后，还有哪些相关主题或形式的活动。横向对比，则是研究同行业的其他机构（包括国际的）如何运作，或者同一主题在其他活动中是如何展示的，考察不同机构如何基于自身特定的资源、能力和价值观来呈现公共议题，并为公共主题提出具有自身特色的解决方案。

我们期待的未来

在本书完成的过程中，这个世界仍在发生剧烈而超乎想象的变化。然而我们相信，公共传播在让世界变得更美好这件事情上，始终是至关重要的。我们期待，传播学界和业界都能在本书的观点和案例中获取营养，展开更深入而广泛的交流，共同推进公共传播的良性提升。当然，我们也知道，良性的公共传播，是整个社会共同造就的，这有赖于善治且尊重民意的政府，有赖于负责任且敬畏事实的媒体，有赖于追求正义且自我节制的公众，有赖于有理想且管理良好的社会组织，有赖于具有精英素质且尊重常识的专业人士。新媒体的发展正在为不同社会主体的表达提供便利的渠道，但渠道本身并不能解决所有问题。无论是组织、机构，还是个体，在达成共赢的终极目标上，都任重而道远。我们相信，携手、对话、相信、共识，公共传播将为人类的美好未来做出贡献。

致　谢

非常感谢时任广州奥美集团董事总经理梁凤妹女士，中山大学新闻传播学院张宁教授、邓理峰副教授，复旦大学新闻学院张志安教授对本书编写工作的指导和支持。感谢时任奥美大中华区董事长宋秩铭先生、时任奥美大中华区副董事长庄淑芬女士的支持。感谢时任广州奥美客户群总监周瑛智先生、公关行业平台17PR及银小冬总经理对本书的支持。

感谢参与案例编写的中山大学新闻传播学院的同学们。他们也是培养基地"奥美－中大第二期/第三期研究项目"的成员。我们在历次专题例会和实地调研中的深度交流，激发了无数的思想火花，成了彼此最宝贵的回忆。他们在案例框架探讨、资料搜集、初稿编写的过程中付出了很多努力，贡献了"95后"年轻人对公共传播敏锐而富有智慧的理解。今天，他们有的已经在大型企业的传播部门承担重要职责，有的刚刚完成研究生学业加入传播行业。相信当年案例分析中的积累，也对他们的工作大有裨益。"纸上得来终觉浅，绝知此事要躬行"，祝福每一个躬身入局的新生代传播学子，都成为"促进社会认同与公共之善"的优秀公共传播人。期待读到本书的老师、同学和业界人士都能有所收获。

本书第二部分案例分析的编写分工如下：

第三章　国家与城市传播（张洁、王子睿、江竞达）；

第四章　环境保护（张洁、黄晓华、杨柳青青）；

第五章　公共安全（张洁、李卓莹、黄嘉琪）；

第六章　健康传播（张洁、李绮雯、黄嘉琪）；

第七章　群体关怀（高明、张洁、吴卓钊）；

第八章　生活态度（高明、李晓敏、余旭阳、黄嘉琪）。

张洁、高明
2023年于广州中山大学南校园

目　　录

第一部分

观点与调研

第一章　新媒体环境下的公共传播人才培养

第一节　新闻传播教育：从新闻传播到公共传播
教育的范式转型[①]

改革开放以来，中国新闻传播教育呈现学科地位提升、规模快速增长、覆盖面持续扩张的态势。发展迄今，几乎所有重要的综合性大学都开办了新闻传播教学点。由于主要立足于为新闻媒体培养专业人才，因而在探讨新闻传播教育存在的问题时，学界多从供需失衡或教育与现实脱节的角度来进行反思。比如，南长森认为，高校人才输送与社会需求供大于求，业界急需人才出现断层与人才培养缺乏不可替代性[②]；雷跃捷也认为，新闻传播教育严重脱离新闻实践，一些新闻专业的新闻意识日渐淡薄，东西部地区新闻教育水平存在严重差距[③]。

当前，互联网已使传媒业发生了深刻变革，媒介与政治、经济、社会、技术、文化之间的关系开始重构。伴随着网络媒体尤其是移动互联网的日益普及，越来越多的传统媒体面临着广告收入下滑、发行量萎缩、生存困难的挑战，对新闻传播专业毕业生的需求骤减，因此，高校新闻传播教育面临着需求不足的新挑战。新闻传播学院是继续为传统媒体培养职业记者，还是为正在兴起的大传播业输送人才？新闻学和传播学的教育理念和知识体系，是否可能在培养新媒体人才的过程中融会贯通？新闻传播教育改革的过程中，是继续坚守传统经典教育和理想教育中的人文理念，还是更加强调认知复杂世界、进行融合报道的技能训练？这些问题都摆在新闻传播教育者的面前。

---

① 本文作者为复旦大学新闻学院张志安教授（撰文时任中山大学传播与设计学院院长）。原标题为《从新闻传播到公共传播：关于新闻传播教育范式转型的思考》，原载《暨南学报》（哲学社会科学版）2016 年第 3 期，总第 206 期。本书已获原版权方的同意，进行转载。本文为广州市人文社会科学重点研究基地《广州大数据与公共传播研究》（批准号：17000 - 42220003）的研究成果。

② 南长森：《简论当前新闻传播学科教育的矛盾关系》，载《现代传播（中国传媒大学学报）》2010 年第 1 期，第 133 - 136 页。

③ 雷跃捷：《社会转型时期我国新闻传播教育的成就和问题》，载《现代传播（中国传媒大学学报）》2013 年第 35 卷第 3 期，第 135 - 138 页。

本节试图从学科建制、培养目标、知识体系 3 个层次来探讨新闻传播教育当前存在的问题，并在此基础上就新闻传播教育的范式转型提出建议。其中，学科建制是新闻传播教育改革的逻辑起点，培养目标是教育发展的战略定位，知识体系则是教育实施的关键路径。

一、学科的建制化和教育的拼贴化

新闻学与传播学从二者的学科边界上看是有明显差异的，前者侧重职业人才培养，后者强调社会科学研究能力训练。在我国，"新闻传播学"是同一个学科。这样的学科建制化结果和教育拼贴化现实，天然导致两个学科之下教育模式的割裂。如黄旦所言："新闻学和传播学的关系，始终剪不断理还乱，迄今仍是不清不白，尽管表面上像兄弟俩，和和气气在一个屋檐下吃饭。"[①] 回顾美国新闻教育的历史，兴起于"进步主义"时代，早期也注重职业技能训练，强调为社会需要培养职业人才，后来逐步强化人文学科色彩以及注重对社会理解能力的培养，但归根结底，新闻学跟传播学之间的学科"隔膜"并未消除。尽管也有不少美国大学最后接受了"新闻与传播学院"的拼贴式设置，但两个学科的训练方法和价值取向的分野并未弥合。

第二次世界大战（下称"二战"）以后，我国的近邻日本在发展新闻学教育的过程中，各大学因为对学科归属认知的差异而采取了很多不同的做法[②]。有的不把新闻学当作独立学科，比如东京大学新闻研究所；有的把新闻学放在政治经济学院，比如早稻田大学；有的把新闻学放在法学院或文学院。1992年，东京大学将"新闻研究所"更名为"社会信息研究所"（准确的中文翻译是"社会信息与传播学研究所"），更是将新闻传播学放入"社会信息学"学科范畴下来发展。东京大学对新闻学的学科设置进行调整的背后，体现了其对新闻学、新闻传播学的学科发展趋势的判断和教育改革的魄力，意味着其将学科教育从注重职业技能训练的新闻教育提升到信息科学的社会科学方法及思维训练中来。

新闻学和传播学的学科分野，以及在教育实践中的拼贴化设置，导致中国的新闻学和传播学专业教育存在如下特点。

其一，规模差异。国内高校的新闻学专业达 300 多个，而传播学专业只有

---

① 黄旦：《重造新闻学：网络化关系的视角》，载《国际新闻界》2015 年第 37 卷第 1 期，第 76 页。
② 闫学杉：《从新闻学到社会信息学：日本新闻与传播教育的变迁》，载《国际新闻界》1997 年第 4 期，第 65 – 69 页。

数十个，前者规模是后者的数倍。可见，新闻学教育总体上占据主导地位，无论是师资队伍、教材编撰还是招生人数、学生培养，整体上都以新闻学专业为主，这跟该专业更加面向行业培养人才、更强调职业技能训练、更符合本科教学的整体定位相关。

其二，师资失衡。大多数新闻传播学院内部的师资结构，仍然以传统的中文、新闻专业背景为主，而接受过系统的传播学教育并取得博士学位的教师依然是少数，因而，教学方法和教学理念强调新闻采访、写作、编辑、评论、摄影等技能性训练和工具性知识。加之近年来不少新闻传播学院大力从业界引进资深媒体人担任教师，在未来相当长的一段时间内，要使新闻学、传播学的师资比例达到均衡并不容易。

其三，话语悬殊。新闻学专业肩负的意识形态功能，使其在中国新闻传播教育中占据更加重要的学科地位和垄断话语权，这点从"部校共建"的机制在全国范围的推行可见一斑。自复旦大学新闻学院成为第一家部校共建单位以来，由省委宣传部和大学共建新闻学院的做法已经成为常态，共建的动力源泉在于进一步提升新闻学专业学生的政治认同和培养质量；同时，共建也更加注重马克思主义新闻观在新闻教育中的贯彻。从实际情况来看，在教育实践的场域中，马克思主义新闻观教育始终是新闻传播学院教育的主导话语；而在学术研究的场域中，传统的新闻史、新闻理论和新闻实务研究却面临相对弱化的趋势，反倒是西方舶来品——传播学研究大有登堂入室、日益主流的趋势。

不少新闻传播学者曾经围绕新闻学、传播学的学科差异和关系进行讨论：方晓红认为，新闻学比较容易从传播学里面找到生长点，但传播学很难从新闻学中得到学科与研究的满足；雷跃捷认为，新闻学科教育与传播学科教育的界限模糊，但实际上两者既相互紧密联系，又有自己相对独立的教育体系和人才培养目标；刘宏认为，新闻学更应该强调国际化，早期的本土化带有强烈的政治化和国情化的色彩。[①] 可见，不少教育者也意识到新闻学教育长期以来存在的缺乏足够的学理性、在一定程度上过度政治化的问题，并提倡运用传播学知识体系和研究方法来深化新闻学的教育和研究水平。

笔者认为，借助传播学的学科体系来重构新闻学的理论是必要且有益的。当前，新媒体环境下的传媒行业正在发生巨大变革：从过去以传统媒体、主流媒体、机构媒体为核心的"新闻传播舆论场"，逐步转变为专业媒体、平台媒体和自媒体协同互补的"公共传播舆论场"。为此，新闻传播教育改革有必要

---

① 程素琴：《新闻传播教育的历史与未来：全国新闻传播教育学术研讨会会议综述》，载《现代传播（中国传媒大学学报）》2010年第1期，第142–143页。

将新闻学这门注重规范和技能的学科与传播学这门注重经验和方法的学科进一步融合，将"新闻传播"这个相对具体的分支领域纳入"公共传播"这个更加广泛的范畴中来加以研究，将长期以来被过于注重的媒介生产转向更加广泛的传播实践。

从"新闻传播"到"公共传播"的学科整合和教育改革，至少在两个层面具有积极意义。一方面，从人才培养的定位上看，有利于厘清现有新闻传播教育中新闻教育和传播教育之间的鸿沟问题，有利于跳出"新闻教育"等于"新闻职业教育"或"新闻理想教育"的窠臼，而将新闻教育的培养目标从"面向新闻行业培养职业新闻人才"拓展至"面向社会培养对新闻业具有认知、研究和参与精神的人才"。由此，相对狭窄的新闻教育便成了相对广泛的传播教育中的一个分支，这大大拓宽了新闻教育人才培养的目标定位。另一方面，从教学内容和知识体系上看，有利于将传播研究中的社会科学方法和实证理念充分引入新闻教育中，将新闻采写和报道过程本身当作一种社会实践来加以研究和反思，超越简单的技能总结和工具介绍，提升新闻研究和教育的学理性和科学性。

"公共"这个词的好处，是为新闻学的公共性和传播学的人文理念架起了桥梁。"公共传播"既包含传播学实证研究的范式、方法和经验科学的理念，还传承了新闻学追求的家国情怀、社会责任和人文理念。所以，立足新闻传播、面向公共传播的教育改革，既不会丢掉新闻教育最看重的"原则性知识"①，还能强化传播学研究的"经验性知识"，实现两者的有效对接、充分交融。

需要指出的是，"公共传播"的背后蕴含着"公共利益最大化"的理想追求，但在实践中，追求"公共利益最大化"并非易事。因此，笔者认为，新闻教育和传播教育的凝结点恰恰在于"人文理念"，浸淫在新闻教育中的家国情怀和传播研究克服功利取向、技术取向所需要的人文理念应该有所相通。如吴予敏所言："人文理想的意义在于使每个受到传播教育的人成为真正具有博大的仁爱关怀、独立的反思批判精神、知识与艺术创新能力的人，而非简单的没有头脑和良心的传播工具，或技术迷信者。人文理想在传播教育中的体现，除了增设人文社会科学课目以外，更有赖于对传播学科内容本身的人文精神的提升。"②

---

① 其实这些"原则性知识"多数是新闻报道过程中的操作规范，这些规范多数都是平面媒体时代的生产规则。在新媒体语境下，不少操作规范和生产规则需要进行重新审视，因而，更值得坚守的主要是"原则性知识"背后的职业理念和精神内核。

② 吴予敏：《传播教育与人文理想》，载《深圳大学学报》（人文社会科学版）1999 年第 1 期，第 62 页。

二、重审"边界"：面向行业与面向社会

过去，新闻学专业培养人才，薄弱点在于缺乏完整的学科知识体系。专业能吸引大量学生报考的重要原因在于该专业能面向行业培养人才。一般的文史哲专业，基础训练很扎实，但没有一个巨大产业作为目标就业市场，而新闻传播学专业的学生既接受文史哲等学科知识的通识教育，又接受采写编评和影像制作等技能训练，加上有整个传统媒体行业作为就业支撑，由此得以发展迅猛。如刘海贵所言："相比较文、史、哲、经等社会科学，新闻传播学资历虽浅，但却是眼下最热门、最吃香的……难怪有人说，在中国，目前要找有新闻传播专业的院校不难，要找没有新闻传播专业的院校实难。"①

参考李建新的研究②，再综合各类数据，大体可以看出新闻传播教育的规模扩大轨迹：1982 年，全国新闻专业点有 16 个；2000 年年底，设有新闻类专业的本科院校有 57 所；到 2008 年，新闻传播学专业点达 877 个，其中新闻学和广播电视新闻学专业分别为 267 个和 188 个、传播学 31 个，这些专业点分布在 300 多家高校中；2011 年年底，新闻传播学专业学科点总数达 982 个，其中新闻学和广播电视新闻学分别为 287 个和 215 个、传播学 40 家；截至 2013 年，国内有 1080 所大学设新闻与传播类 7 个本科专业，在校本科生 23 万人。其中，307 所大学设有新闻学专业、225 所设广播电视专业、365 所设广告学专业、55 所设传播学专业、80 所设编辑出版专业、43 所设网络与新媒体专业、5 所设数字出版专业。综观新闻传播教学点的发展趋势，一方面是增长迅猛，30 年间增加了 67.5 倍；另一方面是注重实践。

新闻传播学专业快速扩张的背后，既有办学门槛较低的原因——有文学背景的教师很容易转过来就直接教授新闻类课程，更有巨大的目标就业市场作为办学动力——毕业生较为容易在新闻传播业找到工作。事实上，传统的新闻传播教育长期以来始终坚持立足于为新闻传播业培养职业化人才。比如，于 2005 年由国内外 60 多所新闻传播学院院长签署的《北京共识》中的第三项明确提出："新闻传播教育的核心任务是培养具有神圣的职业良知、宽广的国际视野、深厚的文化修养、科学的思维方法和精湛的专业技能的新闻传播工作

---

① 刘海贵：《中国新闻传播教育改革企盼标志性突破》，载《西南民族大学学报》（人文社会科学版）2008 年第 29 卷第 2 期，第 151－153 页。

② 李建新：《中国新闻传播教育发展趋势探讨》，载《编辑之友》2012 年第 3 期，第 54－56、62 页。

者。新闻传播教育工作者应当以神圣的使命感和强烈的自豪感担负起培养新闻传播专业人才的责任。"① 另外，中国人民大学新闻学院针对国内 18 所新闻传播院系的调研显示，总体培养思路包括"培养全面、准确地掌握马克思主义基本原理，拥有良好的政治素养，遵纪守法、品行端正、身心健康的新闻传播高级专门人才……通过跨专业、跨学科培养拥有广博的文化和社会科学知识、复合型的知识结构、深厚的人文修养、全面的专业技能，富有发展潜质的新闻传播人才"②。

不过，"成也萧何，败也萧何"，过去新闻传播学专业的兴盛与"面向行业"培养人才密切相关，如今支撑新闻学教育的整个传媒产业，尤其是以传统媒体为代表的专业媒体正面临生存困境和转型压力。在这种态势下，专业媒体不再需要那么多的职业化新闻传播人才，招聘新人的空间也越来越逼仄，甚至连留住"旧人"的吸引力都将不复存在。以美国高校为例，已经出现新闻专业遇冷，公关和广告、营销等专业越来越热的态势。2012 年，美国年度新闻与大众传播入学状况调查显示，在新闻传播学院学习的学生人数连续两年下降，比率为 2.9%；通过对比发现，此次调查的 48 个以公关见长的项目报告中的本科学生入学数量与前一年相比提高了 13.2%。③ 另悉，在美国新闻传播院系 10 个学生中，有 7 个并不打算未来从事媒体工作而想从事公关与广告工作。面对传统媒体快速衰落、新媒体日益兴起的态势，传统的"新闻传播业"用人规模逐渐萎缩，新兴的"公共新闻业"和"公共传播业"逐渐兴起。特别是在移动互联网重构的网络化关系社会中，包括政府、企业、社会组织、自媒体等在内的一切机构都或多或少地开始"媒介化"，政务微博、微信编辑、企业社交媒体编辑、平台型媒体从业者、民间影像工作室成员、公益组织传播专员等都已成为中国新闻传播业的"新行动者"。为此，新闻传播教育必须跳出面向媒体、面向行业的旧格局，转向面向公共传播业、面向更加适应社会需求的新视野。如吴予敏所言："长期以来，大众媒介在我国一直被视为国家权力结构的重要组成部分，我们的传播目标始终是为大众媒介提供宣传人才。传播界人才对国家权力的忠诚度以及运用传播工具的熟练程度便成为主要的教育训练要求。而知识经济和信息社会时代推动了传播学科的知识和技能整合，提

---

① 钟新、周树华：《新闻传播教育的若干核心问题：对国外 20 所新闻传播院系的调研报告》，载《国际新闻界》2006 年第 4 期，第 6 页。

② 倪宁、蔡雯：《媒介融合时代的中国新闻传播教育：基于 18 所国内新闻传播院系的调研报告》，载《国际新闻界》2014 年第 36 卷第 4 期，第 125 页。

③ 张迪：《媒体变革背景下的海外新闻传播教育现状与发展趋势》，载《国际新闻界》2014 年第 36 卷第 4 期，第 162 页。

出了对大量新型的传播人才的需求，因而，传播教育必须面向全社会。"①

面向社会培养公共传播人才，而非只面向机构培养职业新闻人才，是未来新闻传播教育改革的重要转向。伴随这个重要转向，新闻传播教育培养的能力也不再只是信息采集和传播能力，而要拓展到公共传播和对话能力。当下，传统主流媒体大多面临盈利压力和生存困境，自媒体、企业微博、政务微信、社会组织的新媒体平台、平台型媒体却在快速兴起，开放的、社会化的新传播形态正在逐步形成，新闻传播的方式越来越从"演讲式"转变成"对话式"。如王哲平所言："一个日趋达成的共识是：新闻是对话，是向社会大众提供公共信息服务，保护公共利益。以公众利益为出发点，以受众为最终服务目标，是新闻学的基本要义；拥有透明性和对话能力则是新闻的吸引力、公正性和诚信度的最佳证明。"由此，以公共传播人才作为培养目标，所培养的学生要把自己看成是"公共对话促进者"，而不只是"专家信息的传播者"②。

笔者认为，面向社会培养新闻传播人才，可以有两个层次的目标期待：一是培养公共传播业的行动者，二是培养参与和服务公共传播业构建的良好公民。前者依然是"职业教育"的范畴，对传统新闻教育的理念有所传承，只是面向的行业更加广泛；后者更强调对学生媒介素养的教育，更加注重培养其独立思考、批判思维和对媒介的运用能力。

需要指出的是，倡导新闻传播教育要从面向"新闻传播"转向面向"公共传播"的范式变革，其关键在于拓宽人才培养的行业范围，在把握新传播生态的基础上以新闻来促进社会透明，以传播来促进社会发展。

三、知识形态："规范性理论"与"经验性理论"

长期以来，新闻学专业教育的知识体系主要包括新闻理论、新闻史、新闻业务3个方面，在教学过程中强调实践取向、动手训练和职业精神培养，而且注重培养合格且优秀的"新闻宣传工作者"。在教育过程中，非常强调职业责任和职业规范，讲授的知识主要是关于"怎么办"的"规范性理论"。

针对"规范性理论"的传统教育内容，李彦冰认为："党在历史上所形成的新闻传播工作传统、原则、理念和基于实践所提出的新经验、观念等必须成

---

① 吴予敏：《传播教育与人文理想》，载《深圳大学学报》（人文社会科学版）1999年第1期，第62页。

② 王哲平：《中国新闻传播教育：约束条件与可能的突破口》，载《现代传播（中国传媒大学学报）》2014年第36卷第10期，第135–139页。

为新闻传播教学中传递的内容。基于此，全党办报、群众办报、全心全意为人民服务等革命战争中形成的传统仍然是新闻与传播教科书的重要内容，而'三贴近''新闻传播为构建和谐社会服务'等也被贯穿于日常的教学活动中。"①

笔者认为，以传播学的"经验性理论"来改造和升级新闻学的"规范性理论"，是新闻传播教育内容改革的有益路径。新闻学"规范性理论"中关乎真实、客观、准确的"专业主义"圭臬需要坚守，新闻业的独立性和公共性需要维系，但传播学"经验性理论"中认知现实规律、把握传播特点等知识体系在新闻传播教育中亟待强化。只有这样，培养的学生才有可能既有对"规范"的守望，又有对"经验"的掌握。如黄旦建议，面临"网络化关系"这种"事实性知识"，原有新闻学所强调的"原则性知识"需要进行重造。回归到研究层面，研究焦点要从"作为技术的媒介"转向"作为实践的传播"；回到新闻教育改革层面，要从网络化关系出发，打破现有的专业划分，重新审视人才培养的目标并对教学方案、教学方式、课程体系等进行结构性调整。②

在新闻传播教育中强化"经验性理论"，即强化社会科学实证研究方法和知识，是基于当下中国社会现实需求所做出的考虑。一方面，更加开放性、社会化的公共传播业正在兴起，对公共传播人才提出更高的要求，而其前提是对复杂中国的认知和把握，这方面更加需要学生具有社会调查、研究和判断能力；另一方面，社会转型中的中国，因缺乏科学传播、健康传播、风险传播知识所导致的政府沟通困境、企业声誉受损等现象时有发生，为此，更加需要掌握公共传播规律、特点和知识的应用传播人才，在政府、企业、公众等多元主体之间寻求利益和风险均衡分配的共识。所以，用"公共传播"来拓展"新闻传播"的范畴，也多少具有实用主义的色彩，跟中国当下的国情密切相关。

张志安也曾撰文指出，新闻传播教育改革要帮助学生建立历史感、理解复杂性、激发责任感。历史感是偏向时间的，复杂性是偏向空间的，在历史和现实的坐标中建立的"时空观"，恰恰是社会科学研究和实践的思维要求。培养学生的历史感，有利于增强他们联系背景看当下的思维、从历史中把握现实坐标的意识；培养学生对现实复杂性的认知，有利于强化他们的社会判断能力，提高他们的社会调查水平。③

---

① 李彦冰：《当今新闻传播教育中的价值矛盾问题》，载《创新》2014年第8卷第4期，第95-99页。

② 黄旦：《重造新闻学：网络化关系的视角》，载《国际新闻界》2015年第37卷第1期，第75-88页。

③ 张志安：《立足新闻传播，面向公共传播：关于新闻传播教育改革的思考》，载《青年记者》2015年第34期，第62-63页。

具体来说，未来的新闻传播教学改革要强化学生哪些方面的素质？张迪在考察海外传播教育现状时，总结了若干方面："核心目标均是为新闻传播业界培养其所需人才。具体目标可概括为6点：出色的多媒体叙事能力；懂调研且会使用数据；恪守新闻（传播）道德伦理规范、履行社会责任；具有批判思维；在新闻传播学科之外有所擅长；具备跨文化与国际传播能力。"[①] 在张志安看来，在强化"经验性理论"的知识体系改造过程中，有4种核心能力对新闻传播学子来说至关重要。

（一）社会调查能力

新闻传播学要求学者能快速了解、呈现社会热点和变动，而认识社会的前提和基础是对社会整体的结构性洞察和认知，没有宏观的把握、敏锐的判断，遑论深度调查和报道。为此，扎实掌握社会调查技巧和社会科学研究方法是非常关键的。新闻传播教育的社会调查方法，跟一般社会调查方法既有总体性的一致，也有一些行业性的要求。据加拿大不列颠哥伦比亚大学新闻学院院长唐娜·洛根介绍，该学院有一门必修课叫"新闻记者研究方法"。"这门课很重要，因为优秀记者和平庸记者的区别就在于优秀记者能够自己搜集资料，而不是被动接受官方和公关部提供的资料。这门课教学生如何通过图书馆、互联网、法院、政府部门和企业搜集资料以及怎样判断信息的可靠性。"[②] 不过，新闻传播学的社会调查方法跟一般社会科学调查方法的最大不同是，不仅要知其然，还要知其所以然，尤其要对新闻事件形成基本判断和认知，因此，"方法论"背后的"价值观"显得尤为重要。

（二）快速写作能力

不管是报纸、网站还是新媒体平台的文本，都需要写作，都需要有准确、通俗、有创意的写作。"倚马可待"的写作能力是新闻传播学子最核心的技能之一，这项技能不管是在传统媒体时代还是网络时代都不会改变。不过，令人遗憾的是，即便是一流大学所录取的高才生，其写作能力也普遍不尽如人意。比如，美国很多一年级本科生连基本的写作语法、句法都存在很大问题，即使新生入学成绩接近满分，这些学生的写作水平也依然如此。可见，提高学生快

---

① 张迪：《媒体变革背景下的海外新闻传播教育现状与发展趋势》，载《国际新闻界》2014年第36卷第4期，第159页。

② 钟新、周树华：《新闻传播教育的若干核心问题：对国外20所新闻传播院系的调研报告》，载《国际新闻界》2006年第4期，第5-11页。

速和准确的写作能力，是中外新闻传播院校面临的共同挑战。

（三）数据分析能力

数据分析和挖掘能力，对新闻传播学子来说之所以重要，主要是因为两个方面：一是如今要了解受众需求、实现精准传播，必须要基于数据分析来更加精准地洞察用户行为、情绪和心理特征；二是在如今挖掘事实和真相的手段中，需要数据方法的运用，"数据洞察"正成为信息价值深度挖掘的重要维度。张迪的报告也指出："为提高学生在数据处理方面的能力，美国的很多新闻传播院系把数据分析能力列作重要培养目标之一，西北大学梅迪尔与雪城大学纽豪斯为例证。纽豪斯强制在校生至少学习一门与数据分析相关的课程，否则无法毕业。"[①]

（四）视觉表达能力

传统的新闻表达注重的是信息价值本身，而融合的新闻表达更强调信息价值基础上的视觉效果，两者结合是未来公共传播的必然趋势。如何在新闻教育中强化视觉表达的思维和能力，在视觉设计教学中强化对信息价值的坚守，是人才培养的新要求。为此，中山大学传播与设计学院将"网络与新媒体专业"细分成"影像传播"和"创意媒体"（媒体交互设计）两个方向，这是对视觉表达能力不同层次、不同侧重的细分。

上述4个专业技能的培养要求又可以凝练为最核心的3种能力：社会调查和写作技能（这是新闻传播学子尤其是新闻学子的基本功）、社会学习能力（这是网络语境对新闻传播学子的新要求）、批判创新思维（这是高等教育发展的必然规律和总体要求）。三者结合，或可成为新闻传播教育改革从面向行业到面向社会进行人才培养的核心目标。

四、结语

上文提出，以"从新闻传播到公共传播"作为新闻传播教育范式转型的方向，但实际上，这种转型在新闻传播教育界尚缺乏共识，极少数的探索改革也才刚刚起步。

在媒介融合的语境下，新闻传播院校的教学改革大体包括坚守者、改良者

---

① 张迪：《媒体变革背景下的海外新闻传播教育现状与发展趋势》，载《国际新闻界》2014年第36卷第4期，第166页。

和变革者 3 种类型：坚守者认为，技术变革不过是阶段性的，传统经典教育的人文理念和知识体系不应该被轻易改变，或者由于现有师资结构观念和习惯的固化，无论课程设置还是教育模式都未发生明显变化；改良者认为，新技术对新闻传播行业生态的影响是重大的，因此，必须在新闻传播教育改革中对新技术加以应用，主要是增加新媒体相关课程或实习、实践、实验教学的环节；变革者则认为，新闻传播教育的整体范式需要再定位和再出发，需要立足当下新传播生态系统的新语境和整个社会对公共传播人才的新需求，来确立新闻传播教育的战略定位和发展方向。因此，变革者试图对新闻传播教育进行结构化的再造。笔者认为，坚守者的理念坚守值得重视、策略延续则值得反思，改良者的局部改革无助于整体发展，变革者的思维理念和积极行动才是关键。

总体上看，制约新闻传播教育范式转型的内外部因素诸多，比如以往教育实践中形成的文化传统、现有师资结构跟不上教学改革的人力资源短板、学界和业界乃至社会之间的相对疏离、新传播技术需要的业界人才难以被高校聘用等。因此，新闻传播教育要真正完成从新闻传播向公共传播的范式转型，需要深刻的观念再造、整体性的机制重构和能动性的实践变革。

第二节　公共传播业界：公共传播机构和传播人的"诚意正心"①

一、公共传播从业经验与展望

基十您的实践，您对公共传播的理解是什么？

很多时候，我是从个人实践去总结自己的观点和方法的。我认为，针对公众进行有效的信息传递，就是公众传播或者公共传播。在公关公司，公共传播就是企业传播（cooperate communication），是企业、品牌如何输出企业的声誉，以及完成公共事务。

"传播"（communication）这个词背后的意义是什么？"commute"这个英文单词的意思就是从 A 点到 B 点。我经常讲沟通的意义就是我沟你通。如果

① 本文系 2017 年 11 月，对时任奥美集团（广州）董事总经理、中大—奥美公共传播协同创新人才合作培养基地（简称"培养基地"）负责人梁凤妹女士的独家专访。采访及撰稿人为培养基地协调人张洁副教授，中山大学新闻传播学院 2016 级本科生王子睿、2015 级本科生黄嘉琪。

你讲别人听，对方听到之后既没懂又没行动，这个沟通就无效了。所以，沟通应该以"通"为结果导向。那么，公共传播的沟通意义在哪里？目标在哪里？目的是什么？答案是在于让公众听到。让公众听到的目的又是什么？目的是要对公众的行为有所影响。

什么是好的公共传播？美国人最喜欢说一句话，叫"改变世界"（change the world）。什么叫改变世界？当你可以改变人们的行为举止（behavior），你可以改变人们的信念（beliefs）时，你就可以改变这个世界。因此，我认为传播行业有非常独特的能量，就是我们可以对公众发出一些信号去产生影响。这些信号可能只是一个很小的故事，或是一篇公关的文章，或是一个视频。但是作为传播人，我们要去预判我们所做事情的结果，预判它会产生什么样的社会影响。这也就是我一直强调的，我们要输出意义。因此，我们要寻找的是跟每一个活动（campaign），或是每一个品牌（无论它是政府的项目，还是企业的项目）能够挂钩的普世价值观，并且把这个观点体现在作品里。我判断好广告、好创意和好活动的标准只有一个——它会不会让我"鼻子酸，想流眼泪"，我也有同事说是"浑身起鸡皮疙瘩"。这是人产生共鸣时的生理反应。

我觉得传播行业是一个非常独特和有能量（powerful）的行业。我们有一种独特的力量去讲故事，用故事去影响，我们能影响社会的思潮，能影响社会的走向。从事传播行业的人应该考虑的事情是，你要打开一个什么样的盒子。你要打开一个潘多拉盒子，还是一个让世界更美好的盒子。我每天对自己的要求，是对每一个人、每一个客户传递奥美的正向影响。只要我们一直愿意为这个社会、为这个世界传递正能量，善意无论多渺小都会累积的。这也是我对我们团队的要求，或者我在奥美被影响后对我们团队的要求和对我们案子的要求。我们有两个原则，一是我们不接不正义的客户，二是我们不做不正道的传播。那什么叫作正道？就是有和奥美契合的普世价值观。我们坚持"让品牌变得有意义"的信念，不外乎就是做了一个正确的选择；所谓正确的选择，不外乎就是一个善意的选择。

在奥美的十多年时间，有哪些让您印象深刻的案例？

我们做的案子当中，令人印象最深刻的传播案例，也是广州奥美历史上的经典案例：利通广场——"快乐办公"。当办公建筑能让身处其中的人享受工作的快乐，就是快乐办公的意义。我们为它设置了这个品牌"大理想"（big idea）——利通广场相信，如果建筑能让身处其中的人享受工作的快乐，世界将会更美好。我们的核心精神叫作"快乐办公"。办公室是冷冰冰的，客户和我们都从心底里相信，只有能让大家都拥抱"快乐办公"的精神，办公楼才是有意义的。在这个案例的公共传播中，我们一直在讲一个故事，就是利通广场相信，在办公建筑里面工作的人应该去享受办公的快乐。客户在开发的时候就投入了很多成本在看不见的地方，无论是空气环境还是人机工学设计，都达到了一个远远领先同级市场的水平。这也会成为客户自己的办公室，他们规划的时候就决定管理层应该坐在中间核心筒区，把周围靠窗最好的景观座位留给员工。员工无论在哪一个位置，都能看到东南西北其中 3 面的景观。员工有这么开阔的景观，感受到自己的领导都把最好的景观留给自己去享受，同事之间是平等互助的，还会不快乐吗？我们把这种管理精神运用到品牌的传播当中，倡导更多的企业、更多的人去拥抱快乐办公的精神。所以，这个案例也叫作"快乐办公的倡议"。

奥美作为一个整合传播集团，它秉承的价值观是什么？这种价值观与公共价值如何关联？

奥美有一本内部书，叫作 *The Eternal Pursuit of Unhappiness*，背后有一种精神叫作自寻烦恼、永不自满。人要葆有自己对生活和生命意义的一个看法，要葆有一种自由的思想，表达出个性化的思想，人才会感到快乐，才会有永恒的追求，那就是对快乐的永恒的追求。

我经常提醒团队，做人、做事要意诚、心正。我们要相信，我们要去传递一个正道，只要做了，对社会迟早会有正面影响。但在这个背后，我们不需要强求立马会有结果，更不应该去追求在当中分一杯羹，取得成就。如果我们做的案例，在某一天影响到了某一个人，这个人有一天成了一个有影响力的人，而他倡议的事情正是因为你当年播下了良善的种子，这不是很大的价值吗？只要怀着真诚的心去做，这些善意总有一天是会发光发热的，只是我们不要去强求。客户怎么"折磨"代理商也好，或者事情怎么不断"折腾"也好，全部都只是表象。重点是这个团队在做什么，对社会输出了什么。一个团队做的案例的品牌输出对社会有正向意义，才算得上有用功。就算我们偶尔做几次无用功、摔几次跤，我们也要不断地要求自己去想，"我这是在做什么"，去思考做事情的意义在哪里。这就是传播行业从业者很重要的诚意、正心。

在案例教材写作过程中，我们也产生了一些疑问，在公共传播过程中，由于企业、政府等主体存在自身利益，在这种情况下，如何平衡组织利益与公共价值？

首先，我觉得其实两者是不冲突的。举个例子，很多年前我们服务于一家央企客户，开始时我的很多同事以为我接这个项目是贪图央企的预算资金，其实并不是。我的很多同事觉得，做这个项目最想要的是自己的作品成为备受关注的户外广告或获奖作品。但我做这个项目是因为这家企业的员工所处的行业、所做的产品，除了获取收益好像没有别的意义，甚至在央企光环之下，这些员工可能还会带有强烈的自卑感。所以接这个项目时，我突然起了一个"贪念"：如果我能用这家企业的钱去做一点事情，传播一些正能量给它们的员工、给公众，这个项目就有额外的价值了。所以，在服务这个客户的时候，我觉得我们首先要做的不是对外的广告，而是先影响这家企业 6000 多个员工，让他们感到自豪、开心，并且愿意和家人分享。那样的话，我们就有机会影响6000 多个家庭的幸福，可能还会通过他们的家人去延续这份幸福，这个世界会变得更加美好。所以，我们就有了"人人为他人（随手）点燃希望"的善意。也是因为这个项目，我们有了新的团队信念：作为代理商，我们最重要的作用就是运用企业的资源向企业员工和社会输出积极的意义。

其实，你们这个问题也是我在过去的很多年里在面对客户的企业社会责任（corporate social responsibility，CSR）活动时很纠结的一个问题。从关注有争议性的课题，到奥美做的这么多的企业社会责任活动，我觉得这个问题只有一个分水岭，就叫作"诚意正心"。商业其实是一个很重要的文化载体，现代社会有很多人文的东西是要通过商业去传递、去沟通的。在企业社会责任这个事情上，有很多社会善意的东西，是需要企业公民去发起、去呼吁更多的社会公民、个体去参与的。

分享一个令我印象深刻的 CSR 案例。2003 年，我第一次去英国，看到我大学同学的车窗上贴了一个世界自然基金会（World Wide Fund for Nature or World Wide Fund，WWF）的标志，这个熊猫图案的徽标其实是一个募捐的标示。她每个月会向 WWF 捐赠一英镑，以此支持 WWF 对自然保护的倡议。虽然她只捐很少的钱，但是她的精神、她的倡议影响了很多人，包括我。这些看起来微不足道的力量，其实也会大大地推动这个社会的前进。

可能也是因为受这个同学的影响，多年来我都会去观察、思考一个问题：一个企业，到底是用真正的善意去做事情，初心是真正为了社会的美好，为了世界的美好，还是为了自己企业的私利？

我相信真心与否，最终会被公众和合作伙伴感知的。就像我前面讲的，你今天影响的可能只是一个人、一个家庭，但是，你永远不知道你种下的这颗善意的种子以后会长成一棵什么样的参天大树。它可能会像蒲公英的种子随风飘走，有一天有机会遍布世界很多角落。

在您从业 20 年左右的时间里，您觉得当今公共传播的生态环境发生了哪些变化？这些变化对行业有什么影响？您认为奥美该如何应对这种变化？

回答这个问题，我觉得时间不要局限于我们看到的这短短几十年或者一百年，可以融会贯通，去借鉴一些模式和规律。我们经常做市场营销数据分析，都是在找规律。在社会的发展中也有一些规律，它会不断地重复，在不同的时代循环发生。在公共传播里面，我觉得我们要看事物的本质，而非停留在表象。

在广州奥美这么多年，我不追求一定要做最新的东西。我一直在跟团队讨论，我们这个行业的本质是什么？我们的安身立命之本是什么？今天，我们能看到在传播行业赚钱最快、赚钱最多的方式可能就是拍视频、做自媒体，但如果生意的本质只是赚快钱，那后继可持续发展的是什么？我认为，奥美"品牌大理想"说的就很好："我们相信，如果我们能够令我们遇到的每个企业、每个品牌、每个人，都能发挥它内蕴的恢宏，世界将会变得更美好。"什么叫"内蕴的恢宏"？就是比你认为的自己更宏伟，比你认为的自己更好（bigger than what you think you are, better than what you think you are）。人的潜能是无限的，一个企业、一个机构、一个品牌可以做的事情是很多的，如果我们专注做真善美，一点点地注入、输出，如果人、企业、品牌不断地诚意正心做对的事情、做正气的事情，就一定会发挥内蕴恢宏，也一定会厚德载物。

今天，很多同行在做不同的电商渠道。我们一定要去分一杯羹吗？我会时常问同事们，你喜欢做什么？你喜欢学习、钻研什么？每个人都有自己的喜好，为兴趣学习、进步，用自己的兴趣和知识做好的案例，帮助客户打造品牌、打造生意，本身就很美好。另外，重要的是去寻找当中的规律，要去寻找当中的意义。我认为，所有的品牌，包括个人，都应该先寻找到做事的意义。所谓"诚意正心"，就是每天传播的东西，都必须考虑跟这个意义是不是相违背的。我们要想明白，所有的传播渠道都是为我们所用的，不要被工具、渠道所困。

另外，我想讲的是，无论是公共传播，还是做任何品牌的商业性传播，都不要贪心。我们一定要控制好自己的贪欲。

同时，在现在这个多元文化环境当中，还有两个很重要的原则：一是我们要面对多元文化的交汇，二是要有开放的心态去接受不同的文化。

我们是一家输出正能量的机构。我要求我的团队在面对客户的时候，都要诚意正心地输出正向的表述、正向的价值观和思维。我们会善待每一个进入奥美的同事，希望他们在这里可以学习、成长，跟我们共同进步。我们希望在跟每一位客户互动的过程当中，都用一种友善的心态去看待他们、帮助他们。如果越来越多的人都在做这样的事情，世界就会变得更美好。

二、对公共传播人才行业实践与培养的期待与建议

作为管理者，您认为在奥美这个大平台，不同学科背景的人的专长特点是什么？您如何去挑选和整合他们？

首先，我们要明白大学教育的目的是什么。我认为，大学教育的目的就是让你树立人生观。18 岁到 24 岁是人格定型的重要阶段，人格定型的过程中有一个非常重要的方面，就是怎么选择你的同伴。因为从你离开家庭进入大学，在大学里结识的同学很可能就是你未来工作之后最好的伙伴。在大学的学习生活中，第一可以塑造你的人生观，第二可以使你拥有自己的伙伴，第三才是有一定的专业知识基础。大学是基础教育，所以当你认清了大学教育的本质，毕业后出来社会工作应该怀着什么样的心态呢？在社会大学里，我们都只有小半桶水。

作为一个企业管理者，我会怎么选人呢？其实奥美对人才非常包容，但是奥美一定要有各种传播行业的专才，"多元和包容"是我们企业文化中很重要的一部分。那么，为什么我们要拥抱多元？为什么我们要拥抱不同？为什么我们要提倡，尤其是管理者，要有这种包容的心，要去营造包容的环境？这是因为术业有专攻，另外就是每一个人天生都有他的所长。其实多元人才的好处就是，企业在面临不同事情的时候，多元的互补性是最强的。所以，无论我们的同事是读数学专业的，或者是读物理、读生物专业的，还是读传播专业的，我们都一样地对待。因为总有一天我们团队成员的观点会互相碰撞，从而产生化学效应，带来总体的实践效果。我们刚来公司上班的时候，在一个项目里大家都是平等的。当你怀着善意，去激发大家发挥所长的时候，团队的总体实力就会越来越强。

您认为新闻专业与公关行业的关系如何？

新闻学是传播行业里非常重要的一个部分，也是公关人必须要懂得的专业知识。在国际公关公司里，公关技能的第一条就是会抓新闻点。

公关公司最大的价值不是买卖，而是影响力。影响力要从信息规划开始。我对我们团队的第一个要求，就是要学会抓新闻点，做好核心新闻信息的

规划。

我们有一个案例——"广州之窗"的开幕仪式。我们要在一个月之内完成全部活动。我们要面对中国交通建设集团，要面对广州市外事办、英国大使馆等一系列政府机构，还要面对促成这件事情的另一个合作方——英国阿特金斯集团（他们是受英国内阁大臣的邀请）。

我们在一个星期之内梳理了所有的信息，做了第一个提案。我在接这个项目的时候，面临多方合作的问题。我们坚定地告诉各方，时间很紧张，请大家要相信奥美是专业的，我们是"广州之窗"的全案代理，由我们来做核心信息、做整合统筹，核心信息我们会给到各方，所有的参与方一定要在核心信息的基础上去沟通。一个星期以后我们拿了一个品牌信息屋（brand message house），结合了当时"一带一路"的概念，提出：这座未来将成为国际贸易、艺术和文化交流中心的"001"大厦，不仅体现了中英合作下探索"城市再生"的模式，更体现了广州作为海上丝绸之路上中国连接世界各地的贸易口岸的历史意义和现代价值。

如果你问我成功的方法是什么，我觉得在这些项目当中，我们就是诚心诚意地把活干好。在工作中不要有那么多欲望，不要有那么多私心。在干活的过程当中诚心诚意地付出，诚心诚意地学习。事情做完了，反思一下怎么才能把事情做得更好。人生都是从磕磕碰碰中走过来的，每次工作都是学习进步的机会。

对于即将进入公共传播行业的同学，您认为他们最需要哪些素养？

我想还是"诚意正心"。

在"诚意正心"之前要先"格物致知"。读万卷书，行万里路。现在的年轻人比我们这一代幸运很多。我们以前上学时能读到的书是很有限的，现在从网络上就能获取很多知识。

人与人之间的陪伴是很重要的，尤其现在的年轻人大多是独生子女。相互陪伴、相互支持是非常重要的。

我们在招聘时会特别关注求职者是否有畏难情绪、遇到事情的时候能不能扛得住。是畏难还是勇敢地迎难而上，希望年轻人能仔细思考。

第三节　行业平台：从引水、蓄水到跨界汇流的人才培养探索之路①

公共关系是公共传播的重要组成部分。培养优质公关传播人才、促进行业和社会的发展进步不仅是高校、企业关注的话题，也是公共关系行业平台17PR多年来努力的方向。推出公关人才数据库、进行"金旗奖"优秀案例评选、创办"一起大学"平台，是17PR从不同角度进行的有益尝试。本节将从人才需求的现实及其变化过程来讲述人才培养方式的演进，以及未来高校、企业和行业平台如何更深入、高效地协同共进。

一、专业人才的匮乏与求职招聘版块的建设

2004年，我创办了公共关系行业平台17PR。从17PR成立的第一天起，我就深刻感受到专业人才的匮乏是制约公关传播行业发展的最大瓶颈。从那时起我们就一直在努力，希望能为打破这个瓶颈做点什么。当时我们关注的主要是人才的信息对接和推荐，也就是将专业人才有针对性地引入企业，暂时还未上升到"人才培养"的高度。在17PR论坛设置招聘求职版块是我们做出努力的第一步。这个版块很受欢迎，是当时人气最旺的版块。2008年，我们上线了第一版中国公关人才库，可以说是行业里的一个创举，人才库很快就积累了几千份简历，企业HR蜂拥而来。通常在其他招聘平台筛选几十份简历，也难找到一份合适的；而在这里，每份简历都能非常精准地对接工作需求，大大提升了HR的工作效率。

2010年，我们对人才库进行了系统升级，增加了自动匹配招聘求职需求并自动发送邮件及电话的求职功能。2013年，我们还专门建立客服团队，对求职者状况进行详细了解，甚至帮助HR约见求职者。这项功能非常受HR欢迎，我们也把招聘作为主要的业务来推动。

2010—2015年是中国公关传播行业又一个高速发展时期，具有3～5年工作经验的熟手特别受欢迎，他们基本不用投简历，工作机会就通过不同的渠道找上门。这使我们人才库的简历数量一直很难有大的增长，且求职者以初级人才为主，无法满足迅猛增长的企业对高端人才的需求。同时，行业里人才

① 本文作者为公共关系行业网站17PR创始人、"金旗奖"主席、"一起大学"校长银小冬女士以及中山大学张洁副教授。

"挖角"情况非常严重，甚至出现 HR 直接拿着其他公司的通信录打电话挖人的情况。这种状况使我们的招聘求职业务基本处于艰难维持的状态。经过了种种努力后，2016 年我们终于决定放弃招聘求职业务，但为打破制约行业发展的人才瓶颈做努力的初心没有改变。

二、将业界智慧引入专业教育以优化蓄水池

我意识到我们必须转换思路。如果把整个中国公关传播行业人才现状比喻成一个蓄水池，那这个蓄水池最大的问题是出水多、进水少，一些专业人才毕业后进入了其他非传播行业，或者短暂从业后转行了。在整体水量不断减少的情况下，很难在整个行业形成良性循环，企业对人才可谓饥不择食，这会不可避免地出现人才泡沫乱象。要解决这个问题，我们必须想办法增加进水量、优化蓄水池，源源不断为行业培养、输送优秀人才。原有的通过求职招聘版块向行业"引水"的方法不好用了，我们还要学会用两条腿走路：一方面为已有的传播行业人士提供终身学习的渠道，让他们具备不断更新和增长的创造力；另一方面加强在校大学生的实践教学，提高未来生力军将理论应用于实践的能力。

2016 年，我们创办了"一起大学"平台，专注实践型传播人才的培养，取得了良好的效果。我们依托 17PR 在公关传播行业十几年的深耕，通过研究企业人才需求的痛点，以及从业者自我提升的关切点，邀请 200 多位来自一线的精英导师逐步开发出一整套几十门课程体系。很多企业开始把"一起大学"实战课程作为基层员工能力提升的有效途径和企业培训的首选渠道。"一起大学"的 200 多名导师均来自全球 500 强企业、国际顶尖传播咨询机构或者知名高校，每个人都有 15 年以上的实践积累，既有体系的方法论又具备丰富的实战经验。短短几个小时，学员就能从中获得一位行业精英人士十几年实践经验精炼出来的方法和技能，并把它用在接下来的工作中。一年学下来，只要学员用心，会进步很快。目前，"一起大学"已经为行业提供 10 万人次的培训课程，并且培养了很多非常优秀的人才。这些人才有的已经在公关行业创业并成为企业家。

我一直在想，这样的课程如果引进高校，再配合企业的实践项目训练，一定能培养出一批批既有扎实理论基础又有过硬实践能力的人才，并源源不断地把人才输送到行业、企业；人才整体素质的提升，一定会大力推动整个行业的快速发展。

2017 年起，"一起大学"把课堂搬进了校园，连续 3 年，"一起大学"开

年大课两次在中国人民大学、一次在中国传媒大学举行，邀请全国高校公关传播相关院系的师生们来听课。顶级的导师、热门的案例，一天7小时的浓缩"干货"精华实战课程，师生们大呼过瘾，收获满满。在校企互补共建、促进实践人才培养的道路上，"一起大学"迈出了第一步，但这样的尝试有待进一步深化。学生们听完实践课，如果不能及时参与实践训练，把学到的方法放到实践中进行消化，最终也会前功尽弃。这就好像一个人在驾校拿了驾照，必须经过上路实践才能真正掌握驾驶技能一样。

我知道，在实践教学方面，很多高校老师已经做出了非常有益的实践。记得3年前跟中山大学的张宁教授聊天就提到，他们的学生从大二开始就通过"公共传播工作室"平台引入了政府、企业、公益组织的项目训练，让业界导师和传播实践项目走进高校，大学生们运用课堂所学，帮助组织做传播创意、运营新媒体、执行传播方案、研究行业动态，这批学生在实践思考中有的提升了对深入研究的兴趣，进行升学深造；有的凭借较好的实战能力深受企业欢迎，就业起点高，薪资也高于同龄人。中国传媒大学广告学院公共关系专业也在2019年引入了一门全部由业界"大咖"授课的公关专业课，共计32学时。广告学院公关系的各位老师在开课前和业界专家一起召开了研讨会，共同商讨课程版块设计和主题内容。来自众多知名公关公司及资深公关行业的专家走进课堂，他们在授课时将案例剖析和方法论相结合，深受欢迎，每堂课座位都爆满。学期末，同学们还在公关专业老师指导下根据业界老师的作业进行复盘答辩。很多学生反馈这门课既贴近一线前沿趋势，又规避了传统讲座课程逻辑关联弱、系统性不强的弊病，希望还能继续开设这样的由公关专业老师和公关业界专家共同设计规划的专业课程。

其实，还有很多学校都在进行这种有益的探索和尝试。但遗憾的是，受资源以及学校重视程度的限制，这种教学模式只能在部分学校局部实践，暂时尚未规模化和广泛推广。高校和用人企业之间人才结构性矛盾的鸿沟很难仅靠某个高校、某个老师努力填补和解决，而是需要全社会的参与和助力。

三、推动传播人才的跨界学习和终身学习

一名优秀的公关传播人才为企业创造的价值有时是无法用金钱来衡量的，能为公共对话沟通产生的效果也是持续的、深远的。自我国实行改革开放以来，跨国公司来到中国，要在一个完全不同的文化环境中生存、发展、壮大，公共关系发挥着巨大的价值作用。很多公司到了中国要招聘的第一个岗位就是公共关系，企业建厂、设立办公室需要和政府打交道，发生危机时需要危机管

理，企业长远发展需要构建良好的舆论环境，这一切都离不开公共关系。公关传播行业向社会传递出的公开、透明、平等、共赢等公共价值观，对中国社会的进步有着重要意义。随着中国品牌在国际上的影响力日益增长，要在全世界范围内讲好中国故事，中国需要更多精通跨文化传播的人才，未来有着无限广阔的机会。

从企业角度讲，未来具有综合能力的公关传播人才将成为刚需。他们不再只是"传声筒"，而是能够站在企业管理者的高度，把大政方针、商业战略、沟通策略和社会关切很好地结合在一起的高级人才。从政府角度讲，要学习将公共沟通作为现代化社会治理的重要手段，政府传播人才既要能纵观世情国情大局，又要能洞察基层民情人心，与时俱进，掌握最新传播技能，冲在一线解决实际问题。

光有新闻传播学的理论知识不足以支撑公共传播的需求，光了解本行业、本地区的情况很难有效地与更为多元化的公众沟通。推动传播人才的跨界学习、终身学习，培养复合型传播人才，我认为应该从两个方面着手：一方面，从高校角度优化现有授课内容及模式，采取"跨学科理论＋案例教学＋实景教学"模式，理论部分主要培养学生思维的高度、深度、跨度，真正讲清楚公共关系的核心价值，把经典传播公关理论框架夯实。另一方面，因为传播学本身具有跨学科性，这部分教学还应该更多引入社会学、管理学、语言学、语义学，乃至商业、艺术、哲学等领域的相关知识体系，为打造跨界传播人才打好基础，这一点非常重要，它决定了一个公共传播人才的职业高度，这一部分课程的比例可以保持在30%～40%。

实践部分要引入更多的案例教学。在这一块，我们做了一点点尝试，每年的"金旗奖"评选，我们都会邀请大量公关传播一线高校老师担任评委。一方面，这些高校评委可以从商业伦理角度为我们的案例把关；另一方面，老师们也可以第一时间看到每年的最新案例并引入课堂教学。案例评选结束后，我们把获奖的优秀案例结成案例集出版，这些案例集可以成为老师们案例教学第一手的参考资料。把这些案例引入教学中，可以提升课堂教学的实效性，甚至可以把案例执行团队请到课堂上进行复盘教学，激发学生的学习兴趣。这一部分案例教学课程的比例可以占40%。最后一部分是实景教学，可以把学生带到企业里，去真实的环境里实践、体验，这一部分的比例可以占10%～20%。

另外，我认为，现在职场的从业者在专业能力上也有很大的缺失，80%甚至以上的人精于操作，但缺乏系统性、战略性思维，很难从组织管理的高度去思考自己的职业，所以终日忙于做手和脚的工作，职业发展往往遇到天花板或瓶颈。这些从业者应该重新到高校接受培训，补上理论体系缺失的30%～

40%的课程。

除了跨界性、实践性外，传播行业是一个每天都在自我迭代的行业，这就要求每个传播人要保持终身学习的习惯。高校教育只是一个开始，保持终身学习才能不被时代淘汰，"一起大学"正在这一领域努力探索，通过"远程＋现场教学"模式，同时充分利用大数据、人工智能等科技手段，为传播人打造终身学习平台。

一个行业发展的好坏，基础在人才；而人才的培养，基础在教育。人才教育是一个行业发展的重中之重。感谢以中山大学为代表的高校在这一领域做出的努力探索和实践。17PR、"一起大学""金旗奖"愿尽一臂之力，加强与高校的合作，助力校企共建，培养更多优秀公共传播人才，助力国家发展，助力中国品牌走向世界。

致谢：中山大学张洁老师在编写本书的过程中，特意邀请我推选几个2018—2019年"金旗奖"获奖案例加入本书，我感到很荣幸。她提出，案例选择的标准是"具有公共服务精神、有效回应社会公共议题、充分运用新媒体发起广泛社会互动"。我想，这样鲜活优秀的案例如果能在教材、课堂中被分析和学习，对学生的成长进步应该能起到积极的推动作用。张洁老师同时也邀请我结合对行业平台的观察，谈谈对近年来公关传播行业发展和人才培养的一些看法。随后，张洁老师与我多次深入讨论，还亲自对本文进行了全面细致的修改，最终形成了本文中"从引水、蓄水到跨界汇流"这样的人才培养概念表述及实践经验提炼。最后，特别感谢张洁老师提供这个机会，让我梳理了自己的思路，期待未来"一起大学"跟中山大学携手合作，共同探索公共传播教育新模式。

——17PR创始人、"金旗奖"主席、"一起大学"校长　银小冬

第二章　新媒体环境下的公共传播实践变革

本章前两篇文章是从奥美集团大中华区发行的内部季刊《观点》杂志中文版①精选而出的，从公益领域、技术和管理等维度探讨"新媒体与公共传播"的关联。知识的分享与传承一直是奥美整合营销传播集团引以为傲的企业文化，作为知识传薪的重要载体，《观点》杂志汇集了来自奥美集团全球同仁的精彩文章。这里我们试图向大家呈现奥美在这一领域的思考和实践，也希望将业界经验更广泛地分享给传播学界，与大家探讨并促进公共传播事业在未来的发展。

本章第三篇文章是奥美业界导师高明和邓琬希带领中山大学学子围绕"新世代与传统文化"这一主题进行的实践调研报告，是国家级大学生校外实践教育基地"中大—奥美公共传播协同创新人才合作培养基地"的项目成果。

第一节　挑战即机会：浅谈新媒体环境
对公益项目的影响②

公益项目近年来受到了越来越多的关注，同时，互联网时代带来的影响，也让公益项目从项目设计、号召方式、参与方式和程度，乃至传播特点，都发生了巨大的变化。

一、透明的互联网，带来巨变

虽然老话说，"太阳底下无新事"，但在互联网时代，世界真的起了变化。伴随着信息的流动、传播，旧的秩序正在消失，新的秩序正在形成。

传统的统一接受捐赠、统一安排受助对象、选择性汇报成果的公益模式，

---

① 《观点》杂志中文版是奥美集团大中华区发行的内部季刊，于 1991 年创刊，最开始只有台湾版，主编一直由时任奥美大中华区副董事长庄淑芬女士担任。杂志涵盖战略与经营、品牌与传播、消费者洞察、顾客关系管理、广告、公关、数字化营销和社会化营销、文化与团队建设等领域。多年来，这些精英的文思，为奥美建构了一套绵密的思考体系与价值观，同时也突显出奥美的独特文化与风格。本章的 2 篇文章均获《观点》杂志主编及作者本人的书面授权并收入本书，在此表示深深的致谢！

② 本文作者为时任奥美集团（广州）事业总监高明，原载奥美《观点》中文版 2015 年第 38 期。

都与时代严重脱节，很难再打动公众。同时，随着互联网对热点的追逐、对人性的放大（无论好坏，当然，尤其是坏），一些原本无心的言论都有可能掀起轩然大波，人们对公益事业的不信任被层层放大，对这个行业的审视眼光益发严格。那么，"透明"只会对公益事业带来坏处吗？很明显，非也。

二、人性，才是问题的关键

当我们围绕传播特点和人性去观察公益活动的变化时，有一些趋势正在发生，也可以概括为"微公益"正在发生。

（一）从"高大上"到接地气

从官方气息浓郁的"高大上"的公益救助，变成了受助对象更加特定、个体信息更加清晰、与捐助者的关系更加"亲切"，支援、救助或造血项目更加细化、更加"可想象"。

例如，"号召全民共同解决西部贫困地区学童的营养困境"和"花 3 块钱，让四川大凉山达洛村的一位小孩子吃上一份热腾腾的午餐，不再忍饥挨饿"的表述，哪个更容易激发人的同理心，更有打动力？2011 年，邓飞等 500 名记者、国内数十家主流媒体，联合中国社会福利基金会发起免费午餐基金公募计划，倡议每天捐赠 3 元为贫困学童提供免费午餐。至 2015 年 3 月，募款已超过 1.35 亿元，截至同年 5 月，已使分布于全国 23 个省、市、自治区的450 余所学校的学生免于饥饿，享有热腾腾的免费午餐，受惠人数超过 131695人，更直接影响国务院启动实施农村义务教育学生营养改善计划，大规模改善了中国乡村儿童的营养。

（二）从"门槛很高"到随手、随时、随地

伴随着电子支付手段的发展，以及公益项目设计的变化，公益捐助从过往的参与门槛高（资金要求高、时间有限制、地点或空间有限定等）变成了几乎随时、随地，人人可为的动作。在过去，人们可能要去邮局、银行汇款，也可能一次就要捐出一百多块（甚至面临捐太少而尴尬的局面），到今天的支付宝支付、微信支付、新浪微博等渠道，金额低至一元起步，参与难度大大降低，公益捐助变成任何人都能参与的活动。另一个案例是"多背一公斤"，将对贫困学校的物资捐助、智力帮助、精神交流，与"驴友"的徒步旅行有机结合，通过"传递—交流—分享"，随手做公益。

（三）从"和我无关"到参与度的大幅提升

在过去，捐助者只要交完钱，基本上这个项目就"和我无关"了，这些钱就变成捐款海洋中的一滴水，自己变成了"热心群众"中的一位而已。与受助人的互动，更多的是信件或电话的往来。以"雪佛兰红粉笔计划"为例，近十年来，人们越来越愿意不仅仅捐出钱财，也包括自己的时间、精力，通过更多环节（甚至包括项目的设计）的参与，人们和项目之间的关联度被进一步提升。

（四）从"不清不楚"到透明度最大化

在过去，整个项目的执行，只需要在一些关键节点交代，甚至只要公布数字即可，但目前的趋势是从执行细节、善款使用、项目进度均全程透明。除了电话咨询，志愿者、受助者还能通过社交平台与所有人实时沟通，实现信息的完全对称和透明。

新浪微博公益平台提出 4 个关键词：诚信（更透明的环境）、透明（主动/快速）、开放（互联网 DNA）、共赢（从设计到实施），这和腾讯公益平台提出的"最透明的公益行为、最开放的公益伙伴、最创新的公益实践、最全面的公益资讯""人人可公益，民众齐参与"的公益 2.0 模式一样，都是用互联网精神，在新时代践行公益新模式的良好典范。

三、品牌，要如何应对

针对以上趋势，对于品牌而言，无论是自己设计执行公益项目，还是与慈善机构、境外非政府组织（Non-Government Organizations，NGO）合作，都需要更多的思考和设计。在此，我尝试提出一些建议。

（一）与品牌紧密联结

对品牌而言，设计或者参与公益项目的时候，必须与企业的商业模式、品牌特性等有所结合，这样才是真正属于你的项目，而不是任何品牌都可以做的。以招商银行 2008 年"爱心操场，红动中国"项目为例，便是将业务模式（激励刷卡、开卡）、消费者和银行共同参与（你刷卡，我捐钱，也鼓励消费者自己捐献）、全民健身和祖国未来希望结合，设计了整个项目。而玫琳凯在选择公益项目时，也以"助力女性实现创业梦想"为出发点，与中国妇女发展基金会合作创办了长期公益项目——"玫琳凯女性创业基金"，通过提供小额无息贷款的方式帮助下岗女工和贫困妇女创办个体企业，实现脱贫。宝洁公司金霸王品牌的"玩具再分享"公益计划，选取了关爱留守儿童的心理诉求——其实他们非常需要快乐。城市小朋友的"玩具再分享"，让孩子们交换快乐，也传递了代表金霸王电池特征的"正能量"。

（二）更直观，更可感知

无论是更细分的受助群和受众群（可以参考腾讯公益的项目分类），用具体的人物故事直接唤起参与者的同理心，还是将目标分解化、具象化，都可以让项目更加地"可感知"（如"拍砖房"，一人捐献一块砖，为某山区小学盖校舍）。一旦复杂的目标变成明确的倡导，简单可行的简洁行为就更容易激发参与者的行动。

此外，更直观、更可视化的数据（如信息图），及时更新和主动披露、推送，可以提升参与者的体验。以往可能是每月报告一次，在网站公布，如今完全可以做到准实时更新，微信端随时查询。更进一步的思考是，我们能否参照客户关系管理（CRM）系统的设定，通过数据分析和参与者行为，实现快速回应和跟进、及时提醒、创意互动？

（三）更互动，更社交

除了名人，很多个体在自己的小圈子里都是意见领袖。通过他们，乃至他们与公益圈、公益名人的联结（所谓泛熟人社会），很多项目可以得到更多人的信任和参与。通过"邀约朋友一起捐"的社交化环节设计，2015 腾讯"益行家"公益项目也获得了巨大的成功。

此外，将大数据与人们的洞察结合，可能也会有意想不到的效果。例如，当你看到自己的公益指数仅仅高于朋友圈 20% 的人，应该也会有一些想要改变的冲动吧。

（四）资源互换，合作共赢

通过跨品牌合作、渠道合作，与名人、设计师、意见领袖、现实英雄的合作，更有机会形成多赢的局面。

（五）加入更多的创意

除了对模式进一步创新（如将余额宝收益的 10% 自动捐到指定项目），品牌更可以贴合当下的社会热点、社会矛盾，用富有创意的方式，吸引受众参与，通过正向激励，鼓励捐助和在社交平台分享（如图 2-1 所示）。

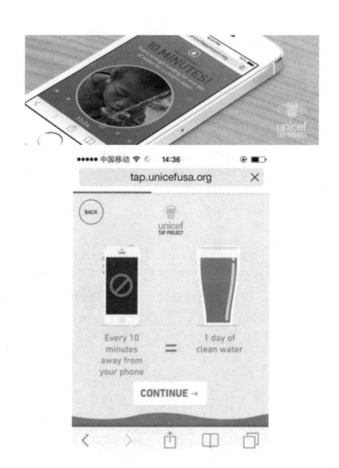

图2-1 联合国儿童基金会（UNICEF）发起的"放下手机
10分钟，为缺水儿童送上干净的水"项目

海纳百川，不择细流。新媒体时代，只要秉持公益的初心，顺应时代的变
化，便能形成良性互动，"让更多人参与""唤起更多人的意识"，让品牌、参
与者、受助者、社会都变得更美好。

第二节　技术采纳与管理创新：谈危机公关管理数码化的尝试[①]

对危机公关而言，这，是最坏的时代，也是最好的时代。

何谓最坏？我们都很清楚，危机总是不可预知且不可避免的，尤其是当人类进入社交媒体时代，企业的危机管理遭遇了前所未有的压力与挑战，危机管理甚至已经成为企业管治的一种新常态。

何谓最好？科技的快速迭代发展，为企业的危机管理提供了很多以前根本无法想象的新方法、新工具，有一些企业甚至已经实现了"7×24小时"的实时在线应对管理模式，从对危机苗头的萌芽监测，到危机过程中各方争议点的话题走向预测，再到危机后的品牌声誉损害程度评估，新的技术手段几乎都能快速实现。

凭借着独门的品牌护盾（Brand Shield）工具，在"3C"（care、control、communication）原则的指引下，奥美公关一直在全球范围内致力于为企业、组织甚至个人提供专业的危机公关管理服务，范围包括了日常媒体监测、危机事件传播应对管理、危机公关管理体系建立、新闻发言人培训和危机公关管理培训。新媒体、新科技的出现同样对我们现有的危机公关管理服务提供了很多积极的启发。我们总是在思考：如果将奥美的危机公关管理经验与数码科技进行二次融合，会发生什么呢？

一、来自客户的问题

2013年秋，我们给广州地铁做了2.0升级版危机公关管理手册的使用说明培训后，客户在闲聊时向我们提出了一个全新的课题：奥美公关设计的超过200页的危机公关管理手册确实很完善、很有针对性，但问题是广州地铁的危机几乎每天都在发生，我们总不能每天带着一本沉甸甸的手册到处跑，如果仅放在办公室，过一段时间又会遗忘手册的内容。奥美有没有什么好的方法可以解决这个问题呢？如果只是单纯提炼手册中的内容并做成一本浓缩版的小册子，我们又怕内容不够全面，参考价值不够……

[①]　周瑛智：《奥美大圣也逃不出如来的手掌心：谈危机公关管理数码化的尝试》，载《观点》（中文版）2015年第38期。

周瑛智，时任奥美集团（广州）客户群总监。《观点》为奥美集团内部出版刊物。

客户的这个新课题，确实给了我们很多的反思，同时也激发出一个让我们倍感兴奋的想法：智能手机将会越来越普及，我们何不将我们的危机公关管理系统进行数码化升级，改成一款便携式、方便查阅和使用、可被定制化的工具呢？

这一想法获团队领导的首肯后，我们找到了北京奥美红坊的同事们来帮忙。一开始，因为没有任何行业先例可循，也没有现成的客户项目需求作为支持，我们只能以广州地铁现有的危机公关管理系统作为原型进行试验性开发。从功能需求分析、界面设计、前端功能开发、后台管理系统搭建、数据录入到系统上线调试，每一步我们都反复地问自己：如果我们是客户，我们会需要什么样的功能？什么样的设计用起来才会更方便？哪些内容会更实用？（如图2－2所示）

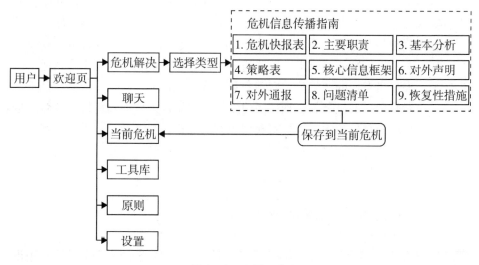

图2－2　产品示意

二、不仅仅是危机手机阅读App

截至2015年4月，我们的数码化危机公关管理系统App（1.0版）已基本定型（如图2－3所示）。我们发现，这个App已经不只是一个简单的危机公关管理手册的手机端版，还具备了一些能实现在线处理危机的智能化功能，如危机公关管理解决方案的快速查询、危机管理小组间的即时沟通以及相关实用工具的快速查阅。

图 2-3　App 图标

　　点击进入"危机"App，首先出现的是奥美公关的危机公关管理"3C"原则——"关心""控制"和"沟通"，以此提醒用户在每次管理危机时都应谨记以上 3 个原则（如图 2-4 所示）。

图 2-4　产品示意

　　点击"危机处理"模块，用户需先选择相应的危机类型，随后进入创建"信息快报表"。填写完快报表后，系统会自动推送相应的解决方案供用户参考使用，方案中包括"涉及部门及主要职责""基本特征分析""危机信息策略表""危机传播核心信息框架""媒体主要关注问题""相关声明模板"等核心内容。当危机处理完成后，用户还可以通过保存按钮完成个人使用记录的实时备案，方便日后自主查阅。

　　与此同时，目前系统已内嵌了类似微信的即时通信功能，文字、图片、语音等均可在系统内随时发送，无须跳转。在危机处理的过程中，相关部门负责人可以在系统中轻松建立临时的群组，以进行相关危机的讨论和信息共享；同时，当需要企业管理层快速决策时，利用手机起草好的内外声明、传播策略等内容还可以第一时间推送给管理层，实现在线审核和修订，这大大提高了内部的审核效率。

除了以上两大核心功能，目前系统还配置了一个工具库模块，里面储存了与危机公关管理相关的各种工具资源，以供用户随时浏览和查阅，从危机信息传播方案出台前的口径、危机管理组织体系与职责、如移动电话通讯录般的危机联络名单到危机公关管理的基本流程均被一一收录。另外，我们还特意开辟了一个与客户行业相关的代表性危机公关管理案例数据库，未来可通过后台数据的定期更新与维护，帮助客户在平日更好地了解、参考和学习相关危机处理技巧，集思广益，触类旁通，取长补短。

最后，为保障内部信息安全，我们还设置了必要的权限功能，让企业员工在获得管理层授权后才能安装 App 并进行登录。

三、这，只是一个开始

由于系统在开发初期已经预留了外部第三方系统接口以提高扩展性与系统的自我成长性，因此，未来我们会以 1.0 版本为原型，根据不同客户的实际需求，不断完善和优化系统功能，如对接客户现有的舆情监测系统、内部 OA 系统等，以提供更定制化的品牌专属服务和功能。

我们有理由相信，这一倾注了奥美公关在危机公关管理上智慧与经验的全新尝试，能帮助客户以更积极、科学、高效的方式处理危机，甚至能成为客户未来日常危机公关管理中不可或缺的一部分。我们也期待着未来能有更多奥美同事的参与，帮助我们不断完善这一也许是奥美在危机公关领域划时代的新产品。

第三节　新世代与传统文化：Z 世代消费者对传统粤品牌的态度调研报告[①]

一、项目背景

每个地区都拥有着时代的印记，符合地方特色、承载着传统文化的广东本土品牌（简称"粤品牌"）曾经是广东人民多年来的回忆。然而，随着信息化时代的发展，不少曾经深受大家喜爱的粤品牌纷纷出现了品牌老化、消费者断

① 本节为中山大学新闻公共传播工作室团队的成果，调研项目的业界导师为高明、邓婉希，项目的学生成员为陈艺倩、黄采倩、黄晓华、黄意舒、李奕萱、邱显雅、吴雨辰、许舒鸿、袁梦。

层的现象。

当下的"95后""00后"正在成为传播的核心群体，其话语权、影响力也在逐渐增强。承载一代代人回忆的品牌，是否能继续被传承和发扬，与Z世代对他们的态度息息相关。

因此，中大—奥美校外实践基地决定开展本次研究，探究Z世代的消费观念以及对传统粤品牌的态度，从而为新时代粤品牌的形象建设和传播提出有针对性的建议。

二、调研过程

本次调研从2016年9月持续到2017年8月，历时近一年。通过前期探索性调研，我们归纳出本次研究的思路：首先深入分析Z世代的价值观念，洞察Z世代的消费观念和品牌观念，寻找有价值的消费趋势；再着重研究粤品牌的经营现状与典型问题；最后结合前两部分的调研结果，总结出Z世代消费者对粤品牌的态度，并据此给出我们的建议。

根据以上思路，我们采用了定性与定量相结合的调研方法：首先开展定性研究，组织4场分别针对"95后""00后"的焦点小组访问；随后在定量研究阶段中，我们针对243位生活在广府地区的Z世代消费者发放问卷，依此分析了他们的消费观念、消费习惯，以及对粤品牌的认知和态度等；最后提出我们的对策和建议。

三、项目调研发现

首先需定义什么是"Z世代"。本次研究中的Z世代指出生于千禧年（2000年）前后的一代人，包括"95后""00后"，这一代人是伴随着互联网出生的网络原住民，他们的消费观和消费行为与父辈截然不同。

（一）那些不得不告诉你们的事实

1. 不再只有你们陪我长大，也就不再非你们不可

我们根据调研结果绘制了图2-5，展现品牌的历史性和地方性对Z世代消费者认知、态度和购买行为的影响。

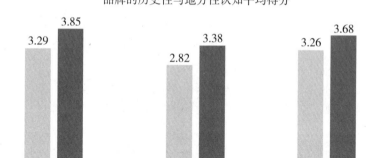

图2-5　品牌的历史性和地方性对Z世代消费者的影响

从图2-5可以看到，相对于品牌的地方性，Z世代消费者更看重品牌的历史性。那么，为什么Z世代对粤品牌不买账呢？品牌依恋理论或许可以解释这个现象。起初是用来研究婴儿和母亲的依恋关系，后被营销大师舒尔茨用于品牌经济学中。我们对品牌依恋的产生如同婴儿对母亲依恋的形成机制，但由于Z世代在成长过程中商品越来越丰富，他们无法像父辈一般培养起对粤品牌的依恋。因此，Z世代难以建立起和粤品牌较强的情感联系。

消费者怀旧情感的相关知识也可以用来佐证我们的洞察。图2-6是消费者怀旧倾向的维度图。Z世代对粤品牌产品的怀旧停留在集体怀旧和间接怀旧的阶段，他们多是通过父母辈的口述或消费来了解粤品牌的产品，这种怀旧类型被称为臆想怀旧。在消费者怀旧研究中，臆想怀旧难以建立消费者和品牌之间的强情感关联。

例如，亚洲沙示是广府地区最有影响力的饮料产品之一，它伴随了几代消费者成长。但对于Z世代来说，他们童年常喝的饮料是可口可乐而非亚洲沙示，因此，他们和亚洲沙示也就不存在情感联系。

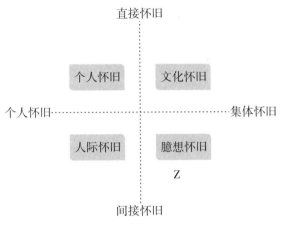

图2-6　消费者怀旧倾向的维度

2."广州制造"标签魔力不再

二十世纪八九十年代，以"广州制造"为代表的粤品牌是中国轻工业的第一集团，"广州制造"的商品意味着质量是可靠的。但随着区域工业水平差距缩小以及进口商品的增多，"广州制造"的比较优势被渐渐蚕食。我们需要注意到，"××制造"的标签内涵并非一成不变。地方制造标签是区域品牌形象的体现，"市场份额""区域文化"和"区域营销"是促使产业集群区域品牌生成的三大因素①。当品牌在年轻一代中失去了市场占有率，也就失去了继续贴"区域品牌标签"的基础。因此，随着市场份额下降和品牌依恋感的缺失，粤品牌的当务之急不是打"广州制造"牌，而是重塑地方制造标签。

曾经的"德国制造"本是假冒伪劣的代名词：1887年8月，英国议会通过侮辱性的商标法条款，规定所有从德国进口的商品必须标注"德国制造"字样，以此将价廉质劣的德国货与优质的英国产品区分开来。128年后的今天，经过历史锤炼的"德国制造"早已不再是假冒低等复制品的标签，而是随着西门子、奔驰、宝马、拜耳等品牌成了享誉全球的高品质产品的代名词。

3.Z世代对广府精神的认知日益模糊化

在调研中，"95后"仍可以说出"街坊精神是广州文化中很重要的一种精神，因为它给人一种亲近、没有距离的感觉"，但对于绝大部分的"00后"受访者来说，广府文化或者广府精神已经是模糊的概念，甚至很多"00后"认为广府文化没什么特别的。广府人一直赖以自豪的广府文化与精神随着时代

① 杨建梅、黄喜忠、张胜涛：《区域品牌的生成机理与路径研究》，载《科技进步与对策》2005年第12期，第22-24页。

的变迁在 Z 世代中仍有一定地位，但他们对家乡文化的认知却愈发模糊已经是不争的事实。

（二）你们想知道"我"究竟在意什么吗

根据调研问题"以下因素在多大程度上会促进您对一个品牌的好感度（1～5 分，分数越高代表影响力越大）"的回答结果，我们绘制了图 2－7 并试图探究 Z 世代的品牌偏好，这里可以显示 3 个重要发现。

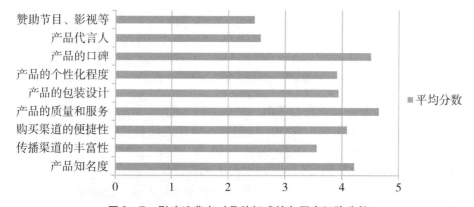

图 2－7 影响消费者对品牌好感的各因素矩阵分数

第一，影响 Z 世代消费者对一个品牌的好感度的几个最重要因素为产品的质量和服务、产品的口碑、产品知名度和购买渠道的便捷性，平均分在 4 分以上，认为该项重要的受访者比例均在 60% 以上。

第二，产品的包装设计、产品的个性化程度、传播渠道的丰富性也是影响 Z 世代消费者对一个品牌好感度的重要因素，每项平均分在 3.5 分以上，认为该项重要的受访者比例均在 50% 以上。

第三，Z 世代消费者对一个品牌的好感度会受品牌所选择的代言人、赞助的影响，但总体影响程度不大，认为品牌代言人有影响的只有两成，认为品牌赞助有影响的只有一成。

综上，影响 Z 世代消费者对品牌好感度的最重要因素是产品的质量、服务和口碑这类产品本身的属性，其中，因为品牌在很大程度上代表了产品的质量，所以，品牌的知名度也是产品获得 Z 世代消费者好感的重要因素。

另外，基于 Z 世代消费者的个性需求和生活习惯，有个性、态度的产品及其包装也很受 Z 世代消费者的青睐；而丰富的产品传播渠道带来的日常接触频繁、产品购买的便捷性带来的使用便利都会让 Z 世代消费者产生好感。相反，产品赞助、代言人的使用并没有给消费者带来对品牌的足够好感度。

从大维度上来看，根据问卷结果，影响 Z 世代消费者对品牌好感度的维度中，产品研发 > 品牌建设 > 传播，3 个维度都受 Z 世代消费者的重视，但是，产品的质量才是吸引消费者的根本。另外，品牌建设也是品牌博得 Z 世代消费者青睐的一个重要方面。因为品牌的知名度和显著度在很大程度上能代表产品的质量、口碑的保证，而有个性、有态度的品牌理念及其推广实现更容易受 Z 世代的喜爱。在做好品牌建设的基础上，如果辅以丰富的传播渠道和手段，使 Z 世代消费者能对品牌有适当的接触和了解，对于提升 Z 世代消费者对品牌的好感度来说也是有利的。

（三）在"我"眼中，粤品牌是什么样的

在上述影响 Z 世代消费者对品牌好感的各种因素中，粤品牌在哪些方面表现较令人满意？问卷调查结果显示，Z 世代认为粤品牌具备以下 3 点优势：情感共鸣、个性特点以及产品质量。

1. 情感共鸣

尽管有 48.79% 的受访者认为他们能和粤品牌产生情感共鸣，但在焦点小组中我们却发现，这种情感共鸣较弱且难以推动购买行为的产生。其中，一位"00 后"受访者提道："我出生在高楼林立的广州，为何总爱把我拽回街坊？"许多传统粤品牌所主打的怀旧与街坊情怀，将随着世代推移逐渐失去对年轻受众的影响力。若希望加强与新生代的情感共鸣，或许"包容创新"将比"回忆怀旧"更有力。

除了上下九步行街的老茶楼，陶陶居现代化茶餐厅于 2015 年 7 月在正佳广场开业，"希望看'小蛮腰'、吃陶陶居成为广州人生活的一部分"是陶陶居全新的口号。"小蛮腰"是现代工业的产物，陶陶居表现出了对年轻消费者的倾斜，对新时代的包容与创新。但事实上，陶陶居仅俘获了渴望年轻化的老一辈的心。访谈中多数 Z 世代表示，只有和父母一起时才会选择去陶陶居就餐。真正博得 Z 世代青睐并与其产生共鸣的广州茶楼，是点都德。作为广东最早一批使用口碑码的商家，点都德开通了口碑线上店铺，包含预约、排队、游戏、优惠、在线点餐、移动支付在内的几乎所有功能。线上解决一切，正是 Z 世代崇尚的生活方式。虽然同样主营广东传统美食，但点都德也在品类方面进行创新。另外，点都德的餐单每几个月便会更换，流水的新品上市让消费者保持新鲜感。传承文化、创新口味、嫁接科技，点都德成功地取得了传统与现代的平衡，以包容创新的姿态迎接新的一代。

2. 个性特点

通过问卷结果发现，45.7% 的 Z 世代消费者认同粤品牌有其个性特点，但

问题在于，他们会为这些个性特点买单吗？答案是不会。个性也具有时代性，而传统的粤品牌所具有的个性特点并不符合新一代消费者的价值观。1991年，《南方黑芝麻糊·怀旧篇》以其优美的意境和完美的视听组合，在当时一片粗俗的叫卖声中脱颖而出。通过主打怀旧牌，南方黑芝麻糊成功塑造其品牌个性，声名鹊起，销量翻倍。1994年，南方食品销售额破亿。

2008年，南方食品继续坚持怀旧个性，重拍经典老广告，以20周年庆的名义在国内多家电视台密集投放，但这也无法成为南方食品集团的转折点。南方黑芝麻糊在竞争力上仍显单薄和不足，特别是年轻的消费群体对黑芝麻糊的接受程度不理想，利润始终呈下降趋势。南方黑芝麻糊在大众媒体上的高调回归令人惊喜，但人们却遗憾地发现当年的怀旧广告竟给这一老品牌蒙上了深深的"怀旧"色彩，甚至使之成为只能活在"旧世界"的品牌，虽有个性，但却难得年轻一代的青睐。

3. 产品质量

有近五成的受访者认可粤品牌产品质量好、性价比高。有学者在对51位广州老字号企业管理人员进行调查，当问及"相比同行的其他公司所具有的优势"时，受访者提及的位居前列的优势是"价格"和"产品质量"：来自新亚大酒店、广州市文化用品有限公司、中一药业、采芝林药业等企业的18位企业管理人员认为是价格；来自奇星药业、陈李济药厂、清心堂凉茶、王老吉药业等企业的18位企业管理人员认为是"产品质量"。[1] 这也佐证了我们的调研结果。因此，我们认为，优质产品开发仍然是粤品牌必须坚持的道路。

四、给传统粤品牌传播的对策建议

结合以上调研成果，我们提出5点建议，希望使粤品牌年轻化并争取Z世代消费者。

（一）推出物超所值的产品，Z世代更容易买单

"才不要一味省钱，我只爱物超所值！"由于物质条件的富足和新奢侈主义的盛行，价格并不是Z世代消费者考虑的首要因素。但这并不代表他们就会非理性消费。相反，Z世代十分注重"物超所值"的消费体验。世界上并没有很多"物超所值"的产品，更多时候是消费者心理感知的状态，而非真正意义上的"物超所值"。如果能买到心理上认为的"物超所值"的产品，那多

---

① 张继焦、丁惠敏、黄忠彩：《中国"老字号"企业发展报告》，社会科学文献出版社，2011。

花一点钱对 Z 世代来说并不是问题。

推出物超所值的商品有几种路径。第一种就是跨界合作，提升品格。第二种便是专注品质，讲好故事。而在 New Balance 的广告片中，一段简单直白的旁白，呈现两个不同人物的故事：New Balance 工匠制作 NB990，李宗盛制作一把木吉他。李宗盛的语音平和舒缓，从自身经历出发，讲述为人处世的人生哲学：一辈子总是还得让一些善意执念推着往前，我们因此能愿意去听从内心的安排，而工匠精神正是 New Balance 想要传递的品牌故事。

（二）打造符合 Z 世代的文化标签

Z 世代愿意为其所认同的文化标签买单，但有个性的文化不一定是年轻人认同的文化。他们认为，消费要体现其个性和特征，喜欢追逐新想法、新产品，重视商品的符号性价值。

中国台湾全联超市将市场定位在年轻消费群体，推出"全联经济学"诉求省钱，文案尤其走心，道出了当下年轻人在全联消费的直接和最终目的，句句朴实，让省钱原来如此有思想主张：省自己的钱，让别人浪费去吧。这种差异化的营销方式，把不重装修只为让利顾客作为自己的品牌态度，吸引了一大批消费者。

（三）运用符合 Z 世代需求的传播方式

什么是切合 Z 世代特点的网络传播？社交化传播和话题性传播便是答案。支付宝的"集福"活动掐中了用户的两个痛点：稀缺性和金钱刺激。活动后产生了 11 亿对好友，红包互动让 45 家参与品牌的总曝光次数超过了 400 亿次。通过精密的算法，大量重复的"福"以及稀缺的"敬业福"一直驱赶着用户不断社交，增加人际传播；而可口可乐的歌词瓶、节日瓶通过紧跟热点、主动带话题，使受众利用产品进行自我表达，吸引粉丝自主讨论和传播，并在节日期间通过创意的互动和内容，有效地传播品牌。

根据我们的调研，只有 32% 的 Z 世代认为他们能够通过多种（3 种或 3 种以上）传播渠道接触到粤品牌的信息。因此，渠道创新十分重要，Z 世代希望传统文化能变革创新，从而使他们关注、喜爱传统文化。而 Z 世代最重要的一个特点就是他们是伴随着"互联网"一起出生、长大的群体，网络上的传播对他们的影响很大，所以，内容创新了的传统文化要影响到 Z 世代，应采取网络传播、新媒体传播的方式。与官方网站、网店等渠道相比，在较受年轻人喜欢的新浪微博平台，大多数粤品牌发布频率低、微博页面设计缺乏个性、品牌差异化意识薄弱、评论互动较少。

（四）注重购买渠道的便捷性

近八成的问卷受访者认为，产品购买的便捷程度使他们对品牌产生好感有比较重要的影响。京东与同行业竞争的最重要的手段是依赖其自营物流体系所实现的特色时效服务。同样，三只松鼠通过打造专业化物流，建立八大仓储物流基地为消费者带来更快的物流体验，重新塑造了坚果的流通渠道。

除了打造线上购物渠道，在便利店等线下 Z 世代更加青睐的购物渠道进行铺货，对粤品牌与广大国际品牌竞争曝光度和购买便利度也十分有帮助。

（五）与消费者积极互动，建立品牌忠诚感

建立与消费者积极互动的反馈机制，而不只是一味接受消费者的投诉，是许多拥有广泛粉丝群体的品牌的秘诀。从建立反馈制度到自有文化建设，小米与消费者一直保持着紧密的互动。在初创期，通过搭建平台，小米让用户直接和开发者沟通，减少新产品的风险，以及提高用户的参与感。而在进入成长期之后，平台内容增加，沟通加强。每次的新产品上线都会有推介、推广，线上、线下活动十分丰富，从而加强了自有文化建设。当小米品牌和产品都进入成熟期之后，公司危机公关增强，宣传活动花样翻新，合作对象数量也随之攀升，社区影响力水涨船高。

（报告中所引用案例均作为教学研究用途，未与涉及单位沟通，不作商业用途。欢迎社会各界人士联系我们对报告内容做进一步探讨。）

第二部分

案例分析

第三章　国家与城市传播

国家与城市传播，是公共传播的经典领域之一。早在古希腊时期，通过演讲与辩论成就了形象宣传的重要方式。许多城市的思想先贤受前人影响而不断涌现，无数的外来学者也因独特的机遇而到访、停驻。时至今日，人们依旧称其为一个"交流的社会"。可见，国家与城市传播的主要任务可以归结为两点——如何对内唤起共鸣、如何对外展示形象。

对内而言，个体的力量在国家与城市传播中发挥的作用越来越大。在过去，国家与城市传播更多地依靠政府部门的推动。如今，唤起共鸣的过程中出现了许多普通人的身影。在本章中，"The Swedish Number"凝聚了瑞典普通公民对自由、开发和包容的追求；"这是我的军装照"唤起了每一位中国公民对强国强军的向往；两位摄影爱好者拍摄的"杭州映像诗"反映了杭州本地市民在生活当中的点滴细节。

对外而言，国家与城市展示形象的载体也更加多元。随着时代和技术的不断发展，单向的宣传方式越来越难以满足公众。传统的形象宣传片不再被广泛地认可。多种多样的参与途径成了当下国家与城市传播的一大亮点。在本章中，泰国旅游局使"文身"成了在游客手臂上的"传单"；英国旅游局把本国的美景趣事交给中国公众命名；"熊猫频道"带来了更加全景和实时的熊猫参观体验；酷MA萌借助社交媒体，从地方代表吉祥物变成了全国关注的"网络红人"。

一个个生动化的案例，为国家与城市传播提出了新的创意方向。宏观的宣传正在变化成为可感知、可参与的具体活动。遥远而模糊的国家与城市形象，也随着科技的发展而不断具象化、清晰化。无论是对内唤起共鸣还是对外展示形象，平等而多元的主体参与和媒介载体的发展创新都将发挥越来越重要的作用。

案例一　熊猫频道

一、案例信息

（1）案例名称：熊猫频道（www. ipanda. com）。

（2）执行时间：2013 年 8 月 6 日至今。

（3）执行机构：中国网络电视台（CNTV）、成都大熊猫繁育研究基地。

二、案例展示

（一）案例背景

随着我国走向世界的步伐加快，我国越来越需要一个既能代表本国形象又能传达中国和平友好态度的文化元素，而"熊猫"刚好契合这一走向世界的中国形象的需求，因此，"熊猫外交"也成了近些年我国进行国家形象传播的重要手段。

作为"熊猫外交"的重要组成，熊猫频道希望运用新的传播理念与手段，将"熊猫"这一种动物形象变成更能吸引公众、传播国家形象的文化元素。

（二）案例策划与执行

1. 案例核心理念

熊猫频道（如图 3 - 1 所示），是央视网利用新媒体传播手段、借助熊猫进行国际传播、提升我国软实力的一次探索。熊猫频道积极利用大熊猫内容资源优势，制作不同定位、面向不同人群的差异化栏目，如直播秀场、滚滚视频等，利用新技术手段在全球独家进行熊猫事件式直播。

图3-1 "熊猫频道"网站页面①

2．案例执行内容

（1）网站上线。2013年8月6日，一个7×24小时直播大熊猫的新媒体产品上线。该网站以大熊猫这一中国特有的珍稀动物为主题，以大熊猫互动直播、点播、纪录片、图片等节目为主要内容，包含中英双语。该网站还包含社区、论坛等多种形式的交流平台，向全球互联网用户展现真实、可爱的大熊猫及其保护情况。

（2）在线直播。成都大熊猫繁育研究基地内架设有28路高清摄像头，熊猫频道通过这些架在熊猫别墅、熊猫母子园、幼儿园等场所内的摄像头，向用户提供大熊猫日常起居、繁育、娱乐等情况的全天候、近距离视频直播和点播。这一栏目也是熊猫频道关注度最高的栏目。

（3）海外社交平台分发。为了增进中国文化在世界范围内的推广及传播力度，熊猫频道通过海外社交平台积极宣传体现中国魅力的传统文化以及各地秀美风光，让用户通过熊猫这一形象了解更多的中国文化。

（4）网站改版。2016年1月15日，央视网熊猫频道全新改版，扩展传播内容，推出新闻类产品《熊猫观察》，旨在阐述独家观点；同时全新整合推出《直播中国》栏目，对长城、泰山等我国最具代表性的名山大川、自然风光，以及金丝猴、朱鹮等珍稀动物进行网络直播，扩大中国国家形象符号群。

（5）开启线下活动。2016年9—12月，熊猫频道联合国家旅游局和成都文旅集团共同策划实施了"熊猫走世界——美丽中国"大熊猫主题文化全球推广活动。在熊猫频道系列海外社交账号发起以中国旅游、中国美食为主线的招募活动，通过对作品的筛选和公开投票，最终评选出来自全球10个国家、地区共计25名粉丝齐聚成都进行为期一周的文化、旅游体验活动。

---

① 图片来源："熊猫频道"首页［2023-11］（https://www.ipanda.com）。

3．案例执行形式

平台借助熊猫，寻找能合理表达国家形象的符号，传播和平、友好的国家形象；利用社交平台进行短视频分发，利用网站进行全天直播，适应传播新形式；推出线下活动，让受众参与其中。

（三）案例效果

1．数据

截至 2017 年 2 月 27 日，熊猫频道多终端、多平台累计的总浏览量已超过 23 亿次，熊猫频道海外社交账号粉丝数超过 800 万，发布的原创视频被包括 CNN、NBC、BBC 等在内的 1144 家境外电视频道使用超过 2 万余次。2017 年 2 月 22 日 19 时，熊猫频道通过 Facebook 平台账号发布了一条 57 秒的短视频，展示了大熊猫与饲养员亲密互动的生动场景，该视频 5 天的播放量超 1.7 亿次，收获 1400 万粉丝点赞、340 万次分享、180 万评论量[①]。

2．获奖

熊猫频道获"2013 网络视听创新典范"称号[②]。

三、案例分析

（一）利用熊猫形象进行符号建构，塑造积极的国家形象

熊猫频道建立之初，央视网便发现海外网民对熊猫繁育方面的知识匮乏，且对熊猫存在强烈的好奇心和潜在兴趣。于是，央视网决定从揭秘中国国宝生存、繁育状态等角度切入，最终让大熊猫的萌趣形象带动海外受众对"中国"产生浓厚的兴趣。由此，"熊猫"这一形象成了连接中外的新桥梁，从侧面塑造、传播中国的国家形象。选择合适的符号进行传播，一改以宣传、硬性输出为主的模式，在潜移默化中塑造了国家形象。

此外，选择合适的符号进行建构，也是成功塑造国家形象的要素之一。传统的对外传播往往以"龙"代表中国。但是，由于"龙"在西方话语体系中有着邪恶的意味，不能准确表述中国的国家形象；而熊猫形象憨态可掬，体型

[①]　张继松、丁小贺：《熊猫频道的成功与启示》，载《传媒》2017 年第 11 期，第 44－46 页。

[②]　中国网络视听大会由国家新闻出版署、国家互联网信息办公室指导，中国网络视听协会主办。这是中国网络视听领域内首个国家级大会，聚焦内容与产业、政策与发展，"熊猫频道"因在产品、内容、技术、运营等方面进行了有益的尝试而获该奖项。

大，食竹草，不与争，不加害，海外媒体普遍将其描述为可爱的动物。英国主流媒体 MailOnline 将其描述为"无可救药的可爱动物"①，这一形象契合中国向外传播的包容开放、和平崛起的国家理念，在价值传播的过程中能达到良好的符号建构效果。

（二）直播手段鼓励不同受众进行多种解读

网络直播与其他的传播方式相比有其独有的传播优势。平台的开放性、传播及互动的实时性，获得了越来越多用户的推崇。

熊猫频道利用网络直播的优势，将与观众生活距离较远的熊猫生活进行实时直播，使外国观众随时观看熊猫生活。在 China Daily 的报道中，来自西班牙的 Michelle 表示自己可以直接在线观看熊猫频道，而不需要前往马德里②。同时，看似平平无奇的熊猫生活，其实蕴含着直播这一传播方式的优势：不编辑、不预设剧本，鼓励不同立场的观众结合自己的感受进行解读。

而这一优势则契合了熊猫文化传播的要求，大众能将熊猫生活与自己的生活相结合，对平淡的熊猫生活进行各具特点的解读。此时，熊猫的生活便渐渐与自己的生活建立了联系。受众与熊猫不再是参观者与被参观者的关系，更像是参与生活的伙伴，拉近了与熊猫在屏幕中形象的距离。

（三）利用社交平台进行内容分发，适应不同传播方式

新的媒介环境要求更加多元的内容分发形式，以适应不同媒介环境下用户的需求。熊猫频道以 7×24 小时高清直播和熊猫实名社交互动功能为特色，以直播与短视频为两种主要呈现方式讲述中国故事，既能长期观看熊猫生活，也能以短视频的方式观看精华内容，契合了当前网络传播形式。

熊猫频道在除网站外的其他平台发布内容时，经过专业人员的再加工，只将长视频中的高潮部分截取出来，搭配文字、音乐、画外音等，制作成精美的短视频、动图，还将相似的内容制作成一系列视频，以适应不同平台用户的阅读习惯。这些视频内容已成为 Facebook、Twitter 等海外主要社交平台的主流内容，将直播与短视频模式相结合，能更大程度地扩大传播范围。

---

① MailOnline. Unbearably cute! Panda cub enjoys a massage given by its keeper. （2017 – 04 – 12）. [2022 – 06 – 10]. https://www.dailymail.co.uk/news/article – 4404836/Panda – cub – enjoys – massage – given – keeper.html.

② China Daily. 2 paws up for online panda cam. [2022 – 06 – 10]. http://www.chinadaily.com.cn/beijing/2013 – 08/07/content_ 16877863.htm.

案例二 这是我的军装照

一、案例信息

（1）案例名称：这是我的军装照。

（2）执行时间：2017 年 7 月 29 日发布。

（3）执行机构：人民日报客户端、腾讯天天 P 图。

二、案例展示

（一）案例背景

长期以来，革命历史和红色文化的传播主要以传统媒体作为媒介，其优势在于内容专业，但也存在传播形式不够丰富、精神价值不易被年轻人接受的问题。

"这是我的军装照"适逢中国人民解放军建军 90 周年的重要时间节点。此次公共传播要解决的关键问题是，既要设计新奇、充满趣味，用网友易于接受、乐于分享的方式，拉近普通人与解放军将士的距离；同时，又要避免对军人形象娱乐化、恶俗化，对军人形象造成负面影响。人民日报团队与天天 P 图团队联手，在已有前沿技术的基础上，通过内容创新，发挥所长，凭借特定的社会热点和热点背后公众的心理需求，为红色文化的传播留下了可供借鉴的经验。

（二）案例策划与执行

1. 案例核心理念

在中国人民解放军建军 90 周年这个节点，通过军装的变化，可以很直观地体现出中国人民解放军 90 年的历史变迁，增进网友对解放军发展历史的了解，激发人们对解放军的崇敬之情。

因此，"这是我的军装照"以简单易行的 P 图形式，将个人形象融入不同时代的军装场景，引发公众的好奇心，提高了公众尝试、参与、分享的积极性，同时因为这一形式极具趣味，进而促进了熟人间相互分享，扩大了传播范围。

2．案例执行内容

（1）参与方式。2017 年 7 月 29 日，"这是我的军装照"的 H5 界面发布，共有两种途径进入制作页面：人民日报客户端、人民日报微信公众号。点击链接进入界面，页面上出现一个相册，上面写着"中国人民解放军建军 90 周年"，其中有多张老照片。点击相册往后翻动，可进入制作程序，上传自拍照、选择年龄后即可生成自己的军装照。

（2）专业支持。在内容方面，为防止出现史实错误，人民日报社政文部军事采访室联络专家为 H5 制作提供指导和帮助，中国人民解放军国防大学联合勤务学院的张磊老师为 H5 制作团队详细讲解人民解放军军服的演变历史，协助对军装照的原始图进行审核把关，最后经过审定，选定了 11 个阶段的 22 张照片。而腾讯旗下的天天 P 图，则提供图像处理支持和后端服务器支持。团队的技术实力和强大的资源调动能力，保障了 H5 海量用户需求的处理①。

3．案例执行形式

（1）"人脸融合"技术②。运用亿万级图片并发处理及高准确度的"人脸融合"技术，让用户体验 5 秒内合成一张军装照。腾讯云对图片上传、下载、存储、智能分析、融合处理等服务提供技术支持，这种"人脸融合"图像处理技术将用户上传的头像与特定形象进行脸部层面融合，生成的图片既有用户的五官特点，也有特定形象的外貌特征。

（2）多平台传播。不仅以人民日报客户端和天天 P 图 App 为载体，同时充分利用开放的社交平台进行传播，以实现传播规模的最大化。

（三）案例效果

7 月 29 日晚发布，截至 8 月 18 日，"这是我的军装照"的 H5 界面浏览次数突破 10.46 亿次、独立访客累计 1.63 亿、一分钟访问人数的峰值达 117 万。不少网友表示："拍摄自己的军装照既新颖又充满现实意义！"

---

① 宰飞：《"我的军装照"为何这么火？主创大神们如是说》，见上观新闻（2017－08－01）[2022－06－10]（https://www.shobserver.com/news/detail?id=60926）。

② 谢宛霏：《"军装照"H5 浏览量破 10 亿　解密背后黑科技》，见中国青年报（2017－08－11）[2022－06－10]（http://zqb.cyol.com/html/2017－08/11/nw.D110000zgqnb_20170811_1－06.htm）。

三、案例分析

（一）"人脸融合"技术支持，提升照片美感

"军装照"之所以能达到如此成功的传播效果，照片美感高度发挥了重要作用。

具有创意的人民日报为了提高照片美感，选择与有技术能力的腾讯天天P图团队携手，在发挥传统媒体内容专业性的基础上，设计了军装样式；而在照片美感方面，则借助腾讯优图的深度学习技术。

天天P图团队在接受中国青年报采访时表示，团队主要利用了神经网络对图片进行学习分析，找到人脸图像的关键点，以降低图片的"违和感"。在提取关键点后，天天P图团队还要运用一些针对性的算法对用户图片进行再次分析修正，以达到面部颜色均匀的效果，降低图片的违和感。天天P图团队进一步对用户面部进行美化，使用户在合成照片后能产生分享的欲望，从而引起链式传播①。

（二）红色文化传播，需要适应新的传播态势

在展示大国强军的时间节点上，借助社群普遍互联的社交网络让用户穿上军装，对阅兵产生沉浸式体验，这不仅能贴合节日氛围，这种新颖的创意和体验也给网友们带来了强烈的参与感，帮助大家抒发了对人民解放军的感情。

人民日报社新媒体中心统筹策划室副主编余荣华认为，"军装照"之所以会火，关键是产品契合了大家情感表达的需求和对人民军队的情感。比如，有个老战士说，他当年参了军，但是留下的军装照不多，想不到现在能重新感受一下。还有年轻人"穿上"父亲当年当兵穿的军装，感受父亲的军旅时光②。

"军装照"的成功，看起来是强大技术发挥了主要作用，但内容仍起了关键作用。在军装照的传播中，用户自主运用新媒体技术，拥有自己独一无二的"军装照"。用户群体在直接参与的过程中，增加了情感体验，使"这是我的军装照"强化了人们的爱国情感。媒介融合不仅意味着传播技术的创新，更

---

① 谢宛霏：《"军装照"H5浏览量破10亿　解密背后黑科技》，见中国青年报（2017－08－11）[2022－06－10]（http://zqb.cyol.com/html/2017－08/11/nw. D110000zgqnb＿20170811＿1－06. htm）。

② 宰飞：《"我的军装照"为何这么火？主创大神们如是说》，见上观新闻（2017－08－01）[2022－06－10]（https://www.shobserver.com/news/detail?id＝60926）。

要重视和利用人们在分享互动中所建立的情感关联。

（三）"沉浸式传播"激发情感共振，推动全民参与

长期以来，革命历史和红色文化的宣传主要出现在报纸、电视、网站等媒体上。在传统的单向传播模式下，受众很难对其进行二次传播，就整体效果而言，无论单向传播的力量多么强大，仍没有用户大规模参与。

而在"这是我的军装照"中，各个年龄段的人群都能找到参与的原因，且都既能参与，也能进行二次传播。对年轻人群而言，美观的军装照是主要吸引因素；而对年长人群来说，对国家、人民解放军的热爱则是吸引因素。据后期数据统计，"这是我的军装照"参与人群覆盖了各个年龄层，以往的线上活动老年人群体参与度低，而军装照这个活动调动了老年人群体，形成了全民参与的热潮[①]。

四、案例延伸

纵向比较

"我的小学生证件照""自制高考准考证变脸秀"等一批之前涌现的产品，也是在合适的节点推出以激发用户传播动力的应用。

"我的小学生证件照"。该活动为天天 P 图在儿童节推出的功能，只需上传正面自拍照，便可合成一张小学生证件照。

"麦满分　满分挺你"。高考季来临之际，麦当劳推出了"麦满分 满分挺你"的 H5 界面，用户可以制作不同年份的准考证，从上海市的 1989 年高等学校招生的复古照片，到 2012 年普通高校全国统一考试的彩色照片，只需上传自拍照，便可定制自己的准考证。

---

① 参见 ZAKER《从证件照到军装照的刷屏，腾讯教你持续打造爆款》[2022 - 06 - 10]（http://www.myzaker.com/article/59e0295a1bc8e0d661000009/）。

案例三　英国等你来命名

一、案例信息

（1）案例名称：英国等你来命名（GREAT Chinese Names for GREAT Britain）。

（2）执行时间：2014 年 12 月—2015 年 2 月。

（3）传播主体：英国旅游局。

（4）执行机构：北京奥美；竞立中国；Black & Cameron；Brand 42。

二、案例展示

（一）案例背景

当今的国家形象传播，已不能简单依靠播放宣传片、投放广告等传统方式，传播主体需要探索能让受众积极参与的有效途径。

"英国等你来命名"试图改变亮点不足、印象不深的传统宣传模式，探寻国家形象传播的新形式。"英国等你来命名"充分利用各行业具有影响力的个人和事件，为"非凡"代言，以展示英国的学习、旅游和商业发展氛围。这一活动主动寻找与受众沟通的有效方式，并试图由线上命名活动的积极参与，进而引发线下参观、游览英国的行为。在这个过程中，国家、企业、个人等多元传播主体结合在一起形成一个积极的传播网络，不断增强活动的影响力。

（二）案例策划与执行

1．案例核心理念

挖掘"名字"在中国传统文化体系的重要位置，通过为英国美景趣事命名的方式，公众积极参与，进而能对英国著名景点有更深入的了解，并对这些受欢迎的风景名胜产生一种亲密感。吸引潜在游客前往英国旅游，是这一活动的核心理念。

时任奥美中国首席创意长樊克明在构思这一策划时，首先注意到"名字"在中国文化中总能激发浓厚的想象与热情，但是，英国的许多美景趣事缺少一个响亮的中文名字，因此邀请中国人来给它们取一个中文名字，成为此次策划的核心与亮点。

2. 案例执行内容

（1）推出活动主题及宣传片。2014 年 12 月至 2015 年 2 月，英国旅游局通过活动网站和社交媒体平台推出"为英国美景趣事征集中文名"的大型线上活动，推出皇家风尚、神秘奇趣、奢华购物、文娱庆典、文学电影、田园风光、自然奇观、历史文化、美食佳酿九大主题，涉及美景、盛事和奇物等，以吸引不同人群。在宣传片中，拍摄不同人群观看英国美景图片，并为其命名的场景，同时推出"在地图上留下你的智慧，'名'扬历史"的口号，利用中文一字两义引起中国受众的共鸣。

（2）线上参与。通过特别打造的活动网站以及社交媒体，公众可以在线上参与此活动。在活动网站上，公众可了解 101 个美景趣事的历史渊源和文化趣闻，并提交中文名、点赞和分享。如果命名足够响亮，英国旅游局会将其更新在电子地图、辞典、百科说明当中，并被命名地的负责人官方认可和采用。

（3）线下参与。中国游客在活动期间可以线下参与活动，或动身前往英国，亲自体验当地风景及文化，并在英国旅游局的中文社交媒体平台上发布照片，在旅行中随手命名。

（4）名人支持。活动还邀请一些有影响的人士参与。英国前驻华大使吴思田，演员胡歌、秦海璐，歌手林依轮，超模刘雯，作家马伯庸等名人还为九大主题代言，在微博上推荐和点评精彩命名。

（三）案例效果

1. 数据

截至 2015 年 2 月 11 日（命名结束日），活动网站收到近 1.3 万个中文名，命名总投票数超过 43 万。

据统计，GREAT Campaign 营销活动为英国旅游业带来了显著的促进作用。2014 年，中国赴英国假日旅游增长 18%，达历史新高，游客总花销达 1.38 亿英镑，同比增长了 7%，在英国逗留天数增长 26%，累积达 88.5 万天并刷新历史最高纪录①。

2. 获奖

2015 年戛纳创意节两项金狮大奖，一项银狮大奖；2015 年大中华区艾菲奖，金奖；2015 年金刀奖，区域最佳 PR 奖。

---

① 参见数英网《英国旅游局"英国等你来命名"营销活动，获戛纳创意节金狮大奖》（2015 - 06 - 30）［2022 - 06 - 10］（https://www.digitaling.com/articles/17372.html）。

3. 业界评价

中国消费者是这一传播营销活动的核心。给他们一个机会去创造历史、与英国建立前所未有的密切联系，这是很重要的。我们确保这一整合的营销活动由强有力的社交理念支撑，可以将中国人与英国相连接，并且激发全中国对"英国等你来命名"这一话题和对英国的关注与讨论。

——英国旅游局全球市场总监杨博路（Joss Croft）

在世界各国文化中，中国人最追求"名正言顺"。"名字"在中国文化中总能激发浓厚的想象与热情。同时，我们也注意到，许多英国的美景趣事都由于缺少一个响亮的中文名字而有些令人遗憾。所以，我们就想：为什么不去邀请中国人来给它们取一个中文名字呢？中国网友在为这些美景趣事想名字的同时，会对英国作为一个潜在旅行的目的地有更深刻的理解，并对这些最受欢迎的风景名胜和鲜为人知的"宝藏"产生一种强烈的亲密感。这就是真正社交理念的力量所在。

——时任奥美中国首席创意长 樊克明（Graham Fink）

三、案例分析

（一）国家形象具化，形成长久的国家品牌联想效应

此次宣传活动与国家品牌的关联度高，将宏大的"英国国家形象"这样一个抽象概念拆分为由一个个景点组成的、可感知的实景。通过命名的形式，受众首先接触英国的风土人情，进而形成关于英国的整个国家形象。因此，当受众想起英国国家形象时，不再是笼统、模糊的概念，而是蕴含了"英伦元素"的一个个景点和故事，能够形成极强的国家品牌联想。

正如 VisitBritain 的首席负责人 Sally Balcombe 所说："这次活动的目的在于让中国的客人探索我们的国家。"[①] 当中国民众将 The Shard 命名为摘星塔，将 Beafeater 命名为大英锦衣卫时，民众对英国的理解便更深刻，而这些具体的英国景象也会形成更具体的英国国家形象。

---

① VICTORIA W. The Telegraph：VisitBritain asks Chinese to name British landmarks in campaign to generate publicity. （2014 - 12 - 05）［2022 - 06 - 14］. https：//www. telegraph. co. uk/news/earth/environment/tourism/11272911/Chinese - asked - to - name - British - attractions. html.

（二）将线下旅游与线上活动紧密结合，通过互动模式与大众建立紧密联系

此次活动在参与方式上，不仅改变了传统模式中仅仅使用宣传片或颁布旅游优惠政策的推广方法，且能让受众成为活动的主人和意义的赋予者，创造了一种高度卷入的公众参与方式，有效打通了双方的信息沟通渠道。

这种双向互动的模式是一种互惠的信息沟通模式。HPI 在 2014 年 9 月的调查显示，英国是中国人最喜欢的国家之一①。但是，中国消费者由于对英国的自然、文化、社会的了解不够深入，故而没有足够动力前往英国。在"英国等你来命名"活动中，中国民众可以在命名的同时了解英国。同样地，英国旅游局在收集命名并与消费者进行沟通时，也可以更好地处理对于中国消费者的文化喜好感知模糊的问题，收集中国消费者的消费习惯，进而使用更易被中国人接受的模式对其形象传播。

同时，"英国等你来命名"之所以能有效调动公众参与的积极性，主要由于"命名"这一行为为参与者赋予了一种历史使命。公众参与命名的积极性并非来源于活动本身给公众带来了物质利益，而在于其赋予了在产品之上的精神关系，即消费者在命名被采纳后的自我价值认同感和成就感。公众不再是被动的接受者，他们的身份被定义为能参与、有机会创造历史、具有更高的责任的参与者。这种价值的赋予，能有效提高公众参与的积极性，并使公众通过参与活动进而了解英国并走进英国。

（三）将英国国家形象与中国文化相结合的互动理念

"名字"在中国文化中有重要的意义，中国人热衷于取名字，并且中国人的命名文化渊源深远。这一活动抓住受众这一内心需求，将英国的美景趣事用中文命名，契合了中国人的文化传统。这种"本土化"的形式，更有效地激发了中国民众的参与热情。

国家形象是一个动态的概念，在进行国家形象传播时，需要根据受众需求对传播内容进行及时调整，由此引发互动。在此次参与命名的景点列表中，除了一些经典的、具有历史意义的景点，还包含了近些年来热门电视剧的拍摄场地，以及文学作品相关场景，这些新颖的景点契合了受众对于当下

---

① ALISON M. Marketing Britain to the Chinese: How VisitBritain plans to tap a multimillion market. (2014-12-05) [2022-06-14]. https://www.marketingweek.com/visitbritain-to-turn-positive-perceptions-of-uk-into-tourism-spend-with-largest-china-push/.

英国的文化期待。

四、案例延伸

"受众思维"在国家形象塑造中的应用

在传统的宣传片、广告投放的模式中，国家形象传播主要侧重于展现国家客观面貌。传播者缺少"受众思维"，往往忽视受众"主观印象"的塑造，导致公众对国家形象的认知不够深入、生动。

"英国等你来命名"的一大优点在于兼顾主观与客观印象的塑造，传播者从受众出发，积极寻找可塑造本国客观印象的渠道。同时，将国家形象拆分，通过互动的方式，使受众形成关于英国的鲜活形象，收到了良好的国家形象宣传效果。"从传播学角度来看，承认受众的主体地位，激发受众的参与欲，是成功传播的重要因素。"[①]

国家形象互动模型认为，国家形象存在"自我认知形象""他者认知形象""自我期待形象"和"他者期待形象"这4个向度上的互动关系，国家形象是这4个向度上动态变化平衡的结果。[②]"自我认知形象"与"自我期待形象"是宣传者对本国形象的既有印象的定位以及对未来渴望塑造形象的期待。在既往的国家宣传片、广告中，主要体现的是这两个维度的国家形象，以文化民俗传统、自然建筑、历史建筑、饮食文化等元素为主的宣传片，便是侧重于宣传国家希望受众了解的国家形象。

然而，由于文化差异或经济历史因素，受众对国家的形象期待可能与传播者所传递的形象并不一致。对于与自身有文化共鸣的元素，或是当下相关流行因素，受众的接受度更高，如英国于2017年推出的英国文学主题旅游便结合了公众近些年来对于英国文学、戏剧等元素的关注。当今国家形象的传播，更需考虑受众所希望接受的国家形象，将主观与客观形象得到良好的平衡，才能收到好的传播效果。

---

① 袁爱清、查小红：《从传播学视角探索娱乐化电视节目的发展趋势：以〈开心辞典〉改版为例》，载《传媒观察》2007年第1期，第35页。

② 张昆、王创业：《时空维度下的国家形象模型探析：基于认知互动的视角》，载《新闻界》2017年第5期，第45－51页。

案例四　瑞典专号

一、案例信息

（1）案例名称：瑞典专号（The Swedish Number）。
（2）执行时间：2016 年。
（3）传播主体：瑞典旅游协会（Swedish Tourist Association）。
（4）执行机构：INGO Stockholm。

二、案例展示

（一）案例背景

长期以来，在推广国家形象的过程中，国家旅游局往往只扮演策划者以及实施者的角色，旅游者也很少有机会直接与当地民众通话。这种单向宣传所导致的信息及形式的单一化，不仅降低了大众的参与积极性，也削弱了国家传递自由形象的效果。

对瑞典而言，开通"瑞典专号"（The Swedish Number）不仅为了改变以往的单向宣传模式，传递国家自由、开放的形象，而且是为了纪念瑞典引进宪法废除审查制度。（如图 3-2 所示）

图 3-2　瑞典专号①

---

① 图片来源于瑞典旅游协会（Svenska Turistföreningen）官网 ［2022-06-14］（https://www. svenskaturistforeningen. se/om-stf/stf-arrangerar/the-swedish-number/）。

1766 年，瑞典成了世界上第一个引进宪法废除审查制度的国家，为了纪念瑞典审查制度的废除，瑞典现在又成为世界上第一个引入"专号"的国家。人们可以和一个随机选中的瑞典人通话，和他谈任何想谈的事情。

瑞典旅游协会秘书长兼 CEO Magnus Ling 表示，本次活动的目的就是为了展现一个真实的瑞典。"在这个值得游览的独特国度，旅游业可持续发展、文化遗产丰富。通过'瑞典专线'，我们的目标是让人们更以瑞典为傲，更加了解瑞典。"①

（二）案例策划与执行

1. 案例核心理念

为受众展现一个真实可感的国家形象是许多国家形象传播活动的核心理念。

"瑞典专号"（The Swedish Number）则率先在沟通方式上进行变革，实现了民众与民众的直接沟通，呈现一个未经加工的"瑞典形象"。同时，"瑞典专号"的另一个重要目的还在于以实际行动向世界展现瑞典包容、友好、开放的传统。人们无论是否实际参与了活动，仅从开通"瑞典专号"这一行为，便感受到瑞典的自由与开放。

2. 案例执行内容

（1）参与方式。世界上任何一个人可以在任何时间拨打"瑞典专号"，接电话的会是一名随机选中的瑞典人。希望通过"瑞典专号"进行沟通的瑞典人只需下载 Swedish Number App，注册他们的电话号码，并且设置接收电话，便可以成为一名"未经训练的新外交大使"。他们没有接受任何训练，也不会被要求该说什么、不该说什么。瑞典人可以向外国人介绍瑞典，也可以聊其他任何话题②。

（2）常见问题解答，保障参与流程畅通。"瑞典专号"作为一次自由沟通的大胆尝试，面临着一些阻碍执行的问题。于是，主办方将常见的问题详细罗列在活动页面中，既有涉及安全隐私的问题，例如，"接听'瑞典专号'的是谁""我需要为这通电话支付多少""我的电话号码会被得知吗""我的电话是否会被录音"；也有涉及瑞典本国的一些常识性问题，例如，"瑞典的时区

---

① 唐玮：《打这个号码 你就能和一位随机普通瑞典人来一场自由对话》，见界面新闻（2016 – 04 – 11）［2022 – 06 – 09］（https://www.jiemian.com/article/603532.html）。

② CNN. Swedish Number：People can call random Swedes for a phone chat.（2016 – 04 – 18）［2022 – 06 – 10］（http://edition.cnn.com/travel/article/sweden – phone – number – launch/index.html）.

是什么""我该如何用瑞典语说你好"。

对于这些常见的问题的回答，既打消了人们拨打电话时的安全顾虑，也对有关瑞典的基本常识进行了科普，在一定程度上保障了参与流程的畅通。

（3）活动视频。网站放置了活动视频，视频除了展示瑞典的风土人情，还展示各行各业、不同年龄段的瑞典人参与"瑞典专号"活动，与外国人进行通话。这些瑞典人有农夫、卡车司机、设计师等，向外界传递全体瑞典人自由、包容的理念。

（4）执行亮点。通过简单的技术手段，改变以往通过官方渠道进行沟通的方式，直接实现民众间的沟通，以直接参与的方式塑造开放、包容的国家形象，这种新颖的形式吸引了不少民众的参与。

（三）案例效果

1. 数据

据 NewBites Finance 报道，"瑞典专号"启用 79 天，共收到 197678 通来电，累计通话时长达 367 天，来电号码数量统计中，美国、英国、荷兰、中国、德国位列前五，平均通话时长为 2 分 41 秒，共有 190 个国家（地区）来电[①]。

2. 获奖

"瑞典专号"获戛纳金狮国际创意节直销类最高奖（Grand Prix in the Cannes Lion International Festival of Creativity's Direct category）。

三、案例分析

（一）塑造国家情感形象，增强公共传播中的情感纽带

外界对某一国的国家形象，是由个人对该国的知识、情感及综合印象构成的，这种形象包括认知和情感两种成分。传统的国家形象宣传模式，更适合对认知进行传播，如对经济、文化、政治领域的发展与成就进行介绍，但是，情感形象更需要通过感知的手段进行塑造。

在"瑞典专号"这一案例中，开放的本国民众与他国民众直接沟通渠道，使民众间直接沟通、交流成为可能。可感知声音、情绪使受众内心形成独特

---

① Contagious Communications Ltd. The Swedish Number ［2022 - 06 - 10］. https://www.contagious. com/blogs/news - and - views/insight - strategy - the - swedish - number.

的、个人的对瑞典的情感形象，这一情感形象是通过通话的形式自动生成的，更具真实性。这种体验、参与所带来的情感认同，效果远远优于传统的宣传式传播。

（二）瑞典民众直接参与，提高国家认同感

在传统的国家形象塑造中，本国民众缺少直接参与的渠道，往往由国家充当执行者。这使国家形象本身与本国民众脱离，本国民众对塑造本国形象的积极性较低。而"瑞典专号"则一改传统方式，使本国民众作为"未经训练的新外交大使"，让民众参与推广本国的活动。这样的形象塑造方式更具温情，也更能建立起民众与国家间的情感纽带。

同时，传统的以宣传片为主的传播方式，无论是传播内容，还是拍摄人物的选取，都稍显脱离民众，所选择的人物往往是更为宏大的人物群体，缺乏与受众之间的熟悉度、亲密度，难以达到良好的传播效果。而"瑞典专号"则是由普通本国民众来展示瑞典国家形象，作为普通人，他们了解民众最想了解的话题，使国家形象更加贴近生活、充满温情，从而收到良好的传播效果。

（三）注重活动细节，以行动传递价值

"瑞典专号"这一活动的推广与执行难度较大，不少细节性的问题可能会成为阻碍受众参与的因素，诸如个人隐私安全问题、付费问题等。"瑞典专号"在执行前便将这些问题罗列在页面中，为参与者进行详细解答，打消了其顾虑。

但与此同时，活动过程中缺乏在线反馈与沟通也是这一活动需改进的地方。对"瑞典专号"这类活动而言，活动过程的确定性低，因此，参与者需要对可能遭遇的一些问题进行及时反馈，并督促服务提供者尽快改进。然而，在该活动过程中，网站仅提供了邮箱进行反馈，不少中国网友在知乎上分享了自己在活动中遭遇被挂断电话的困扰①，却无法对该问题进行反馈。

即便如此，"瑞典专号"仍然获得了成功。因为该活动除了为号召更多人实际参与，也希望以行动塑造瑞典自由、开放的形象。虽然短短几分钟的通话所传达的信息有限，但"瑞典专号"的意义在于通过较少干预的参与、互动的方式，以行动塑造国家自由、开放的形象。

---

① 参见知乎网《如何评价瑞典旅游局最新的推广活动瑞典号码（The Swedish Number)？》［2022 - 06 - 10］（https://www.zhihu.com/question/42286033/answer/94871451）。

四、案例延伸

联合国儿童基金会在宣传叙利亚难民问题时（3 月 15 日是叙利亚战争爆发的日子），借助了瑞典旅游局的这个创意，推出了一个"The Syrian Number"（叙利亚电话）活动。叙利亚经历了 6 年战乱，几乎所有人都逃离了家园，数百万儿童受难，而联合国儿童基金会的这个活动是号召瑞典人来拨打"The Syrian Number"电话。用户会接收一个来自叙利亚难民儿童的声音，他会向打电话的人介绍经历战争的磨难，以此来提醒大家帮助那些战乱中的儿童。

这一案例借鉴了双向沟通的理念，通过通话的方式，更加直观感知战争所带来的伤害，起到了警示的作用。而该活动执行难度更大，要面临语音通话保障的问题，但同样该活动的目的不仅仅局限于参与，更大的意义在于能唤醒人们内心对叙利亚战争的关注与反思。

案例五　泰国文身传单

一、案例信息

（1）案例名称：文身传单（The Tattoo Flyer）。
（2）执行时间：2014 年 11 月。
（3）传播主体：泰国旅游局。
（4）代理机构：李奥贝纳。

二、案例展示

（一）案例背景

在泰国，文身被视为一种文化，已经传承了数百年。泰式文身融合了宗教、民俗和某些特殊象征，其神秘色彩不言而喻。不同的文身代表了不同的寓意，如老虎象征勇猛、大象意味着力大无穷、猴子代表了身手敏捷。①

---

①　参见豆瓣网《不用搞得那么复杂神秘，一分钟让你读懂泰国刺符，泰国文身》［2018 - 04 - 11］（https://www.douban.com/note/562001644/?type = like）。

无论是在泰国哪个城市，"TATTOO"（文身）店都会出现在大街小巷，而每一家都能提供上千种图案供消费者选择。可以说，文身在泰国已经融入当地居民的日常生活。同时，泰国作为佛教国家，文身符号包含了独特的文化价值，人们相信不同的符号可以带来好运或魅力，但泰式文身背后的这一文化深意，却鲜少被大众熟知。

除文化因素外，随着泰铢贬值、航班开放、娱乐宣传等其他因素的助力，赴泰国旅游正成为众多国人走出国门的首要选择。泰国旅游业也正面临着一次难得的发展机会。通过公共传播成功地吸引外国游客前往泰国旅游，成了泰国旅游局的首要任务。

（二）案例策划与执行

1．案例核心理念

文身传单唤起公众对于泰国的好奇，吸引更多游客前往泰国旅游，向外国游客传播泰国文化。

2．项目执行内容

2014 年 11 月，在上海市举办的中国国际旅游交易会（CITM）中，如何最大限度吸引游客的注意力成了各个国家旅游局最关心的事情。广告代理商李奥贝纳为泰国旅游局定做了一系列临时文身，取名"文身传单"（The Tattoo Flyer）。这里的"文身"不是真的文身，而是一次性贴纸。贴纸可以被贴在手背、腕部、肘部等地方，只需短短几分钟，就可以让参与者感受泰式文身独特的艺术之美。

活动后期的宣传视频显示，展会上的观众可以选择各种各样的文身贴纸。贴纸的花样繁多，每张贴纸都有独特的泰国元素，比如泰式按摩、神庙、泰拳等。这些文身还可以作为二维码使用，人们只要拿出手机扫一扫文身图案，就能链接泰国各地的宣传片，而且不同的文身链接不同的宣传片（如图 3-3 所示）。

图 3-3 扫描文身传单①

---

① 参见腾讯视频《The Tattoo Flye》（2015 - 09 - 30）［2018 - 04 - 11］（https://v. qq. com/x/page/a0167ftaxme. html）。

在活动结束后，主办方也将整个活动记录并剪辑成一个视频短片，上传到各大视频网站，吸引了大量关注。短片呈现了各种文身贴的样式和对应的泰国宣传短视频。许多来到展会现场的观众都表示文身传单是"富有创造力"的宣传方式。

（三）案例效果

据泰国旅游局宣称，展会过后，赴泰国旅游的人数比例增加了42%，其中大部分游客来自中国。文身传单无疑是当中重要的推动因素。[①]

同时，泰国旅游局也计划在2015年内，将文身传单推广到其他旅游文化展会当中。2015年外国游客赴泰国旅游共计2990万人次，同比增长20.7%，创下过去10年最高纪录。其中，赴泰国旅游的外国人第一大客源国为中国，总人次已跃升至793.48万人次；与2014年相比，增幅高达71.6%。[②]

三、案例分析

（一）文身形式创新，与公众产生互动

此案例的举办场地为展会场馆。在展会中，传统的传单宣传方式效果并不如预计的出色。一方面，传单较容易出现雷同的问题。许多国家的宣传彩页，包括国家介绍、景点介绍、旅游指南等内容，内容和形式上缺少创新；另一方面，公众的卷入程度低，往往在拿到传单后粗略地看一两眼就将其丢弃，不会仔细阅读传单上的内容。这也导致了公众对传单的内容认知较浅。

然而，泰国旅游局的"文身传单"采用了全新的形式，和公众积极地产生互动。公众可以主动地扫描文身上的二维码，观看不同的旅游宣传片。在日常生活当中，公众不会或者很少接触文身，对此了解不多。但是，在泰国旅游局的宣传之下，公众往往会出于兴趣和好奇而参与到宣传当中。因此，公众和泰国旅游局之间存在一定的互动，提高了参与程度。泰国旅游局的信息能够更好地被公众接纳和吸收，用趣味化的方式产生更好的宣传效果。

---

① 周卓然：《泰国旅游局为了吸引中国游客 把宣传信息做成了二维码文身》，见界面新闻（2015 - 10 - 06）［2018 - 04 - 11］（http://www.jiemian.com/article/395253.html）。

② 参见中华人民共和国驻泰王国大使馆经济商务参赞处《2016年泰国旅游业有所增长》［2018 - 04 - 11］（http://th.mofcom.gov.cn/article/jmxw/201604/20160401308731.shtml）。

（二）基于本国文化，独具异域风情

泰国有着浓厚的文身传统文化，许多人在泰国旅游的时候都愿意体验一下独特的文身。因此，泰国旅游局的文身传单并非只是为了追求噱头和创意而想出来的宣传方案，而是基于泰国旅游的文化传统和特色享受推出的新形式。

对其他国家而言，泰国是一个充满了神秘宗教色彩的国家。而泰国旅游局则把握好了公众对其的固有认知，如佛教的神秘、文身的艳丽、泰拳的威猛等。另外，在文身传单当中，公众可以看到具有泰国特色的图样，如按摩、大象、泰拳等。这既丰富了公众对泰国文化的认知，又使公众对泰国旅游产生一定的向往。

（三）线上线下整合，融合多种媒介形式

文身图案也是此案例的亮点之一。人们只要扫描文身上的二维码，手机就可以播放一段有关文身的动画短片。在此案例中，二维码不再是以往的黑白方块图形，而是更加艺术化的呈现形式。泰拳文身用卡通的形式展现了一个正在挥拳的运动员形象，并附带专门的宣传短片。文身传单既是富有艺术情趣的图案，又是一张张"行走的宣传海报"，可谓一举两得。

相较于文身而言，泰国旅游局的文身传单则更加类似于一种"贴纸"，时间更加短暂。如果二维码链接的内容没有稳定而永久性的平台，在链接内容过期或消失后，二维码文身也容易成为累赘。因此，活动结束过后，相关的扫码链接通道也随之关闭。

当文身的艺术和二维码的新科技相遇，让线下的宣传文身和线上的网络视频结合，可以吸引更多的公众参与到活动之中。同时，活动创意也能激发二次传播，获得更多的社会关注度，让传播效果更加显著。

四、案例延伸

泰国旅游宣传片：《我讨厌泰国》

泰国的宣传广告一直以独特的创意和巧妙的情节构思为人称道。泰式的旅游宣传片不同于其他国家的宣传风格，"神转折"是泰式广告的一大特点，往往让人看完宣传片过后才恍然大悟，令人赞叹其独特的想法。

泰国旅游宣传片《我讨厌泰国》完整时长约5分钟。影片一开始，主角英国游客詹姆斯衣衫不整地坐在海滩，讲述行李被偷的经历，更坦言："我讨厌泰国！"

但他在求助期间遇到一名泰国少女，在与她的相处过程中，慢慢习惯了泰国的生活方式。后来，詹姆斯与当地人打成一片，还教授当地孩子如何讲英语。结果，在某一天他意外找回了丢失的行李——原来是猴子偷走的！最终，詹姆斯选择留在泰国工作，成了当地的一名外语教师，认可并接纳了泰国的文化。

影片没有正面、直接地宣讲泰国民风淳朴的特征，而是运用叙事的手法，让观众自己在影片当中认知、理解、接受泰国人民热情好客的特点。影片展示了整个村庄都出动，在海边打着灯光寻找行李的感人场面；同时，这样一段典型的浪漫故事情节，也给人温馨和感动的体验。结尾的反转既出人意料，又在情理之中，让人被情节的惊喜所打动，从而产生深刻的印象。

案例六　熊本县吉祥物

一、案例信息

（1）案例名称：日本熊本县吉祥物——酷 MA 萌（くまモン，Kumamon，又称"熊本熊"）。

（2）执行时间：2011 年至今。

（3）传播主体：熊本县政府、水野学及 Good Design Company 工作室。

二、案例展示

（一）案例背景

日本熊本县面临着高度老龄化的问题，财政处于全国中下游水平。[①] 而在九州新干线正要开通之时，熊本县政府发现这条铁路恰好经过他们那里。关西地区的旅客可以搭乘九州新干线，更加方便地来到熊本县观光。为了让更多的游客来到熊本县参观、旅游，刺激当地的旅游经济发展，熊本县政府决定举办城市推广活动。

出生于熊本县的日本知名作家小山薰堂和著名设计师水野学负责构思整个活动的视觉元素。两个人以"熊本惊喜"的概念为设计核心。小山薰堂认为，

---

① 参见环球网《日一县人口连续 3 年减少 平均每户人数创新低》（2013 - 12 - 31）［2022 - 06 - 10］（http://world. huanqiu. com/exclusive/2013 - 12/4712541. html）。

熊本县首先应该发掘一些让熊本人自己能感到开心的东西。但是对于熊本县当地人来说，很难发现身边的东西有什么特别的地方。"于是，我们把酷 MA 萌作为一个'发现的带头人'推出来，让他带领大家发现日常生活中美好的地方，先让熊本人自己感受到惊喜，进而推广到熊本县以外的地方，让大家觉得'原来熊本县有这么多好的地方啊'。"① 因此，一个面部表情总是"惊讶""震惊"的吉祥物诞生了，并取名为"酷 MA 萌"，意为"熊本县当地的人"（如图 3 – 4 所示）。

图 3 – 4 酷 MA 萌的设计演变②

（二）案例策划与执行

1. 案例核心理念

在熊本县知事蒲岛郁夫的支持下，酷 MA 萌被授予了熊本县政府营业部长和幸福部长的重任。该职位在县政府内部仅次于知事与副知事，且直接听命于蒲岛知事，可见县政府对熊本熊的重视。③ 吸引外地公众关注，进而推动关注熊本县当地的经济发展，成了这位"公务员"的首要工作。

2. 案例执行内容

熊本县政府抓住社交媒体在全球兴起的机遇，组织了一支专业的公共传播的策划团队，开展了一系列营销计划。

---

① 参见东方日本新报《"熊本熊之父"小山薰堂：不完美的人设让熊本熊走向世界》[2022 – 06 – 10]（http://www. livejapan. cn/news/news_ interview/news_ interview_ economics/20180525/11993. html）。

② 参见富景垚文旅商品基地《一只熊养活一座城，这个文创 IP 比故宫淘宝还牛》（2019 – 06 – 18）[2022 – 06 – 10]（http://www. sohu. com/a/321301218_ 120133544）。

③ ［日］信河田：《熊本熊是如何成为风靡全球的吉祥物'网红'的？》，见 SocialBeta 网（2016 – 01 – 19）[2022 – 06 – 10]（http://socialbeta. com/t/how – kumamon – become – the – most – popular – bear）。

（1）具有代表性的外观。酷 MA 萌的外观蕴含着熊本县的特征。酷 MA 萌浑身黑色，是熊本县的主色调。腮红则是大红色，突出了酷 MA 萌的可爱呆萌特征。黑色和红色的搭配，蕴含了熊本县"火之国"称号，一方面代表了熊本县的地标阿苏山，另一方面是熊本县众多红色美食的象征。酷 MA 萌的动作必须是让人感到可爱的，所以其动作也需要经过精心设计。因此，酷 MA 萌的招手、歪头、捂嘴等动作都必须符合其"人物设定"。

（2）社交媒体宣传。2010 年，酷 MA 萌正式开通 Twitter 账号。在 Twitter上，公众不仅可以了解酷 MA 萌的最新情况，还可以了解各次活动的时间、地点等信息，方便粉丝们追逐"熊出没"的足迹。除此之外，在 2016 年熊本县地震后，酷 MA 萌也担当起自己"幸福部长"的职责，在 Twitter 上继续为当地居民带来欢笑与慰问，帮助居民渡过难关。这种亲民的宣传行为，不仅让酷MA 萌在互联网上获得了本地居民的青睐，也吸引了大量外地游客甚至外国网民的关注。

（3）寻找失踪的酷 MA 萌。2010 年，熊本县知事蒲岛郁夫将"在大阪分发一万张名片"的任务交给了酷 MA 萌。酷 MA 萌在商业区和市民区四处徘徊晃荡，让更多的市民可以注意到它。在这个过程当中，熊本县的路线、动作、时间都经过精心设计，保证了其品牌的充足曝光。酷 MA 萌的 Twitter 也充分发挥社交媒体的优势，及时地预示和汇报酷 MA 萌出现的地点。

然而，2010 年 11 月 1 日，蒲岛郁夫紧急召开记者发布会，声称酷 MA 萌失踪了。他号召当地的市民寻找酷 MA 萌，并劝它回来完成原有的工作任务。寻找失踪的酷 MA 萌的"危机"，激发了整座城市的好奇心。大阪街头许多人都在留意着有没有酷 MA 萌的身影出现。市民可以通过 Twitter 提供线索信息，并分享给网络上的伙伴。最终在　轮全民全城的大搜索中，酷 MA 萌回来继续完成了发放名片的任务。[①]

酷 MA 萌重回街头，让人们更加关注到这只在街头出没的吉祥物。其实，这一紧急事件是宣传事件，酷 MA 萌并非真正"走丢"。但本次活动让公众进一步了解这只可爱滑稽的熊本县"公务员"，并对熊本县产生了好奇心。

（4）寻找丢失的腮红。2013 年 11 月，酷 MA 萌遗失了自己两颊的腮红。没了腮红，其所代表的"火之国"内涵也没了。熊本县政府认为，此次事件非常严重，蒲岛郁夫再次召开新闻发布会，表示县政府已成立调查组专门调查此事；同时，他也呼吁大家帮酷 MA 萌找回腮红，甚至东京警视厅也参与到了

---

① 熊本县政府酷 MA 萌团队：《酷 MA 萌的秘密》，陈榕榕译，北京出版社 2017 年版。

调查之中。熊本县政府还在各大媒体上投放"寻腮红启事",希望大家提供线索。①

最终,酷MA萌找回了丢失的腮红。事后有日本媒体表示,这次"虚拟危机"事件达成了6亿日元的广告营销成果。② 其实和上一次的"寻找失踪的酷MA萌"一样,"寻找丢失的腮红"也是一次营销行为。熊本县政府希望通过这一事件,让外界了解红色对于熊本县的重要性;而其中更深的内涵,则是将红色指向熊本县的红色农作物,进行城市的农业宣传。

（三）案例效果

2010—2011年,酷MA萌为熊本县带来了12亿美元经济效益,相当于9000万美元广告和宣传的效果;它还成了一个备受关注的营销研究个案,2011—2013年,其为熊本县带来了1244亿日元的经济收益。③

2013年4月,日本地方经济综合研究所的调查显示,九州、关西和首都圈地区的居民对熊本县的印象排名分别从2011年的第六位、第六位和第七位,上升至第二位、第三位和第五位。酷MA萌推出不到3年,其在日本的知名度已经名列第一,可与大受欢迎的Hello Kitty和米老鼠相提并论。④

三、案例分析

（一）吉祥物与城市精神的契合

在设计一个城市的吉祥物的时候,最重要的就是关注城市精神与吉祥物的契合程度。作为城市代表,吉祥物必须有城市独一无二的精神特征。比如,在熊本县,其城市精神莫过于对当地自然环境的热爱。这种城市精神来源于地理特征（活火山）和经济特征（海产品为经济支柱）。跳脱出熊本县,其他的城市则没有与之相匹配的特征。⑤ 这种量体裁衣式的吉祥物设计,能确保公众在

---

① ［日］蒲岛郁夫:《酷MA萌与我》,曹逸冰译,南海出版公司2017年版。

② 阿米巴学堂:《贱萌熊本熊,身价是如何达到60亿的?》,见搜狐网（2017 - 07 - 15）［2018 - 04 - 11］(http://www.sohu.com/a/157390529_ 390077)。

③ 参见新芽网《玩失踪、拍电影、要上天,将一只普通熊打造成熊本熊需要几步?》［2018 - 04 - 11］(http://news.newseed.cn/p/1323586)。

④ 参见百度百科《熊本熊》［2018 - 04 - 11］(https://baike.baidu.com/item/% E7% 86% 8A% E6% 9C% AC% E7% 86% 8A)。

⑤ ［日］水野学:《创意黏合剂:日本设计大师水野学的创意养成训练》,张惠佳译,电子工业出版社,2016。

对吉祥物产生兴趣的同时，自然而然地转化到对城市的兴趣与关注，最终转换成旅游等相关实际活动。

所谓城市精神，并非一个标准化、统一化的概念，而是深深扎根于城市特征而得出的一种文化气质。比如，提到杭州，就想起西湖柔情、烟雨迷蒙；提到吐鲁番，就想起热情好客、能歌善舞；提到北京，就想起帝王气象、大气磅礴……城市精神来源于城市的地理、历史、文化、经济等方面。不同的城市吉祥物不能通用，正如沿海城市的吉祥物不能是大漠苍鹰，东北城市的吉祥物不能是沙滩椰子。

值得注意的是，作为城市的代表，对吉祥物本身的评价也将影响公众对城市的评价。在一些吉祥物中，部分吉祥物出现了质量较低的情况。这就容易使公众对吉祥物产生的不好印象，并影响对城市本身的印象。

（二）政府主导下各部门通力合作，引发社会关注

政府作为城市的管理者，有责任推广城市的形象，让更多的公众了解并喜爱其所管理的城市。因此，政府应当了解城市吉祥物对城市推广有着重要的推动作用。蒲岛郁夫就曾经表示："我们（熊本县政府）之所以看重酷MA萌，正是因为它代表了一系列促进县民幸福总值最大化的政策。熊本县在2014年年初成立了一个新部门，叫做'幸福部'。酷MA萌光荣就任幸福部的部长。幸福部长的职责就是'实现县民幸福总值的最大化'。"[1]

一般而言，城市推广是单一部门的工作。这种宣传效果在大部分情况下很难做到全社会关注的程度，而且传统的严肃刻板的印象也使公众难以接受政府的宣传推广。但是，在酷MA萌的案例当中，我们可以看到熊本县政府和各个政府机构之间的配合。这不仅仅是宣传部门的主导，也有警署等相关部门的配合，使"紧急事件"更加逼真，能吸引更多的公众参与其中。

多个政府部门的合作，可以打通各个部门之间的隔阂，形成完整的公共传播企划。公众对政府的了解和认知往往是将政府视作一个整体。当宣传城市吉祥物的时候，各个政府部门通力合作能够改变以往的形象，产生更好的传播效果。

（三）"意外"走红，契合表情包文化

在中国，酷MA萌的走红更加"意外"一点。由于许多表情包的出现，酷MA萌的"萌"形象逐渐变成"贱萌"和"呆萌"。伴随着网友们丰富的创

---

① ［日］蒲岛郁夫：《酷MA萌与我》，曹逸冰译，南海出版公司，2017。

意和极强的动手改造能力，酷MA萌"入侵"微博、微信等各大社交媒体，成为名副其实的表情包"网红"。

酷MA萌的意外走红归因于其整体形象的包装与设计。除酷MA萌的外形外，酷MA萌的表情和动作也必须经过设计。酷MA萌的表情无法表达强烈的情绪，只能通过动作来展示其所思所想。抬脚、挥手、弯腰等细节看似不经意，实际上给了受众多种解读的空间。如此一来，酷MA萌的"呆"出现在网络媒体平台上，"段子手"们则可以依据自己的理解创造出许多幽默风趣的表情包来使用。这一契合当下年轻人表情包使用习惯的设定，加速了公众对酷MA萌的喜爱。

（四）吉祥物文化的传统力量

在古代日本，有一种说法名为"八百万神灵"，即万事万物皆有神灵保佑。"八百万"意为无限。这一传统思想无疑有利于形成日本对吉祥物的热衷之情。除酷MA萌以外，日本的吉祥物文化几乎遍布全国的大街小巷。每座城市都有自己的吉祥物，以此来告诉公众其本身的文化特质和城市精神。

其实，除文化因素以外，也有现代的政治因素助推日本的吉祥物文化盛行。日本的吉祥物文化背后反映的正是日本政府想要提高亲和力、拉近与民众之间距离的想法。以往日本政府的公务员往往被视为严肃、呆板、效率低的代表，在公众心目当中形象不佳。但如果使用一个可爱的吉祥物形象来与公众进行沟通，通过各种社交媒体平台和有趣的活动形式，自然而然可以获得大量公众的支持，并获得政治和经济上的双向丰收。所以，政府也相当乐意采用吉祥物的方式，扭转在公众心目当中的形象，打造亲民可爱的印象。

由此看来，日本的吉祥物文化，并非只有熊本县的酷MA萌一个成功案例。我们更应该看到背后多种因素的相互影响，才能进一步优化政府的形象以及与民众之间的沟通。

案例七　杭州映像诗

一、案例信息

（1）案例名称：杭州映像诗（Time-portrayed Hangzhou）。
（2）执行时间：2016年4月。
（3）传播主体：程方程晓工作室。

二、案例展示

（一）案例背景

杭州是浙江省的省会城市。自古以来，杭州就是文人墨客聚集之地。如今随着经济不断发展，人口规模不断扩大，杭州成了华东地区一颗耀眼的明珠。相较于举办过奥运会的北京、举办过世博会的上海、举办过广交会的广州，杭州独有的价值在于江南的气质。如何将杭州独有的城市特征和新潮的互联网媒体平台结合，成为城市传播的一个机遇与挑战。

2016年，G20峰会在杭州举办。如果有一部良好的城市宣传片，就可以借助社交媒体和视频网站的传播渠道，引发全世界人民对于杭州的强烈关注和讨论。于是，作为延时摄影①界的知名人物，曾经参与拍摄过著名摄影作品《韵动中国》的程方和程晓团队决定为杭州拍摄一部专属杭州的宣传片（如图3-5所示）。

图3-5 《杭州映像诗》视频截图②

---

① 笔者注：延时摄影是一个小众的摄影流派，英文名为Timelapse，直译就是慢拍快放。其原理是一种低帧率拍下图像，然后用正常或者较快的速率播放画面的摄影技术。在一段延时摄影视频中，景物缓慢变化的过程被压缩在一个较短的时间内，呈现用肉眼无法察觉的奇异景象。延时摄影的技术最早在国外兴起，目前已经衍生出轨道延时摄影、六轴飞行器延时摄影等方式。

② 参见浙江日报《〈杭州映像诗〉央视滚动播出 希望世界为杭州倾倒》（2016-09-04）[2022-06-10]（https://zj.zjol.com.cn/news/436840.html）。

（二）案例策划与执行

1．案例核心理念

城市宣传片《杭州映像诗》的时长在 8 分钟内，展示了杭州的自然风光和人文生活。影片对杭州的定义是"繁华与古韵在山水间交融的城市"。这也是整部影片紧紧围绕的核心价值。

2．案例执行内容

8 分钟的影片，对主题、画面、配乐十分考究。整个影片一共分为三部分：第一篇章"活"，聚焦杭州的活力和现代化的一面，采用节奏明快的轻摇滚作为背景乐；第二篇章"韵"，侧重于杭州的人文艺术气息，配乐选择了含有笙、箫、长笛等乐器的传统音乐；第三篇章"画"，主要展现了杭州的自然风景，配乐为既大气又婉约的流行乐。

3．案例执行形式

《杭州映像诗》成功的一大关键因素是其对于杭州风光的独特表达。在观看影片时，观众可以与飞鸟一起俯瞰整片西湖，看亮黄的车灯组成城市的动脉，看荷花从才露尖尖角到盛开之时。这种视觉上的新鲜感受，离不开程方和程晓强大的拍摄执行能力。

为了拍摄杭州方方面面的风光，程方和程晓花费了 5 年的时间，共拍摄了 8000 G 的素材，并最终选取了 1800 G 来进行编辑。同时，也用延时摄影、高速摄影、航拍摄影等技术。整个拍摄过程共计 9 万余张照片，最终选择了超过 1.8 万张照片放在影片当中。[①]

除对技术要求高以外，影片拍摄的另一个难点在于其对时间、天气的要求非常苛刻，一不小心就可能影响后期的效果。在拍摄中，程方回忆道："经常是拍了大半天，到晚上才发现景观没亮灯，那一天就算白拍了。"还有在拍摄西湖的全景照片的过程中，经常不是对面的山体没有亮灯，就是雾霾太重，拍不出效果。程方和他的助手就这样背着设备上山下山好几回。程方在接受媒体采访的时候，曾经打趣地调侃自己："我现在对杭州特别熟悉，大街小巷的特色建筑、景观的亮灯时间，这些我都一清二楚。"[②]

（三）案例效果

《杭州映像诗》在视频网站的全球播放量早已破千万次。百度百科将其收

---

① 程晓、程方：《五年时间，为杭州写一首诗》，载《浙江画报》2016 年第 7 期，第 24 - 35 页。

② 董颖：《韵动中国，别样的美》，见杭州网（2015 - 06 - 19）［2018 - 05 - 27］（http://hznews. hangzhou. com. cn/wenti/content/2015 - 06/19/content_ 5815716. htm）。

录到"杭州名片"中。截至 2017 年 10 月，仅腾讯视频一家网站的点击率就已经高达 3076.8 万次。

中国中央电视台也选取了该影片作为 G20 峰会期间杭州城市的宣传片在电视上滚动播出。2016 年 5 月，G20 倒计时 100 天的中外媒体吹风会上，在场记者收到的杭州明信片就源于《杭州映像诗》中的画面。这也从国家级媒体的高度肯定了影片的质量和影响力。

三、案例分析

（一）延时摄影技术与城市形象表达结合

摄影作为一种传达视觉美的技术，本身就含有极其丰富的艺术价值。在当今摄影界，各类新型器材和摄影方式层出不穷。不同的摄影方式适用于不同的摄影主题。比如，此案例中的《杭州映像诗》，所采用的正是对技术、环境、人员都有更高要求的新型摄影技术——延时摄影。在灵隐寺墙面移动的光影、西湖湖畔荷塘的四季演变、杭州城内游人如织的动态变化，都通过延时摄影技术带给观众肉眼无法感知的体验。

传统的城市形象宣传片大多采用平视、仰视等角度拍摄，无法从多个角度对城市风景进行展示，更不用说在画面上与延时摄影等新型技术所带来的视觉冲击力相比较。延时摄影通过快速地展现长时间的景物变迁，让人产生了气势磅礴的视觉感受，适合展现城市、国家、历史、自然等宏大主题。这些新奇而高端的摄影技术，无疑将引起公众的好奇心，并为其带来的视听画面所折服。

不仅仅是技术，程方和程晓的作品中更使公众融入了对杭州城市形象的理解。通过延时摄影技术，影片仅用短短的几十秒就展示了杭州市民一整天的生活。他们曾在采访中表明："我们用长曝光拍摄中河高架车流，拉长的尾灯里能看到金色的线，这时你会觉得道路就像是城市的毛细血管，每辆开过的车就像是奔忙的细胞，为整个城市的运作输送能量。"[1] 伴随着风景和时间的快速流逝，不断变化、改革、创新的城市形象生动地展现在了观众面前。延时摄影不仅能更好地让外地游客了解杭州的生活风貌演变，而且可以唤起当地市民对于城市历史和发展的认同感。

---

① 参见环球网《摄影师程方：让大家发现一个更美的杭州》（2016 - 08 - 30）［2018 - 04 - 11］（http://www.huanqiu.com/r/MV8wXzkzNzY2MTFfOTBfMTQ3MjUyNDQyNg = = ?s = uc_zaozhidao）。

（二）公众参与城市传播过程

在过去，城市传播大多由政府主导。宣传部、旅游局等相关部门负责主导城市宣传片的相关工作。而随着互联网的不断兴起，原有的政府主导地位被削弱。以程方和程晓团队为代表的多个主体正在城市传播当中扮演着越来越重要的角色。

从拍摄者的视角来看，社会团体和公民来自城市的多个角度，对城市有自己独特的理解，尤其是作为杭州临安本地人的程方和程晓团队。他们没有在《杭州映像诗》的开头展示西湖十景、钱江新城等游客们耳熟能详的景点，而是聚焦百姓日常生活的一角——钱塘江畔。观众从市民生活的角度来观察杭州，与普通市民的距离更近，也就更容易产生共鸣。

所以，来自市民的程方和程晓团队更加了解什么是公众真正感兴趣的内容，也能在城市宣传片的拍摄过程中找到更独特的角度，更好地打动市民。作为城市的决策者和管理者的政府，也不妨利用好市民的力量，让更多的主体参与到城市传播当中。当每个市民都意识到自己就是城市的"宣传者"的时候，城市传播才有更大的进步空间。

四、案例延伸

延时摄影宣传片：《韵动中国》

《韵动中国》是我国拍摄的第一部延时摄影宣传片，也是非政府机构主导拍摄的形象宣传片的代表之一。影片一共展现了 58 个城市的风光，共计 75 名摄影师参与拍摄，拍摄时长达 200 余天，累计素材约 20 万张照片。如此庞大的工程量，最终凝聚成 8 分钟的豪华视觉盛宴。影片中不仅有大漠、湖海、雾凇组成的自然风光，也有高楼、长城、园林组成的人文景观，因此，影片也被网友誉为"8 分钟内游遍中国"。

系列影片一经推出，就收获了大量的观众。仅 2015 年推出的《韵动中国2》就在优酷累计播放 228 万次、腾讯视频累计播放 200 万次、56 网累计播放231 万次。这无疑为国家形象宣传片填补了在延时摄影领域的一大空白。[1]

---

[1]　参见凤凰网《75 名摄影师在 58 个城市拍摄大美中国 南京三地"出镜"》［2018 - 04 - 11］（http://js.ifeng.com/humanity/cul/detail_2015_03/16/3662997_0.shtml）。

第四章　环境保护

从古至今，人类对自身生活环境的"忧思"从未停止过。尤其是在工业革命后，日益突显的环境和生态问题使"忧思"愈发强烈。伴随着新媒体的出现与发展，环保传播的舆论场域也呈现新的趋势与特征。

第一，传统的环保传播主体开始寻求创新的传播方式。传统媒体时代，环保传播的主体主要分为3类：一是各级环境保护行政管理机构；二是以专业刊物等为代表的传媒机构；三是散布在民间的各类环保非政府组织（NGO）等[①]。随着自媒体的兴起和社交平台的发展，传统主体开始改变原有的单向号召宣传方式，转而寻求创新的传播模式。例如，美国NGO"海洋守护者"联合创意公司设计了互动性益智玩具，引发2～5岁的孩子对海洋污染的思考。

第二，环保传播主体向多元化发展。除行政机构、传媒机构和NGO外，企业作为社会的重要一员，越来越多地将目光投向环保领域，通过有效的环保议题传播来提高企业声誉，树立积极承担社会责任、注重社会利益的企业形象。例如，电商平台京东通过发起"旧衣回收"计划，将企业在平台、物流等方面的特长与社会责任相结合。而普通公民的角色亦发生了转变，从被动的信息接受方，到自愿自觉的行动方，再到主动传播的分享方。其中，公民的主动传播多以社交媒体为载体，许多环保议题的传播会通过社交媒体给参与者相应的"参与证明"，满足参与者"秀出来"的需求，从而激发环境议题的扩散和参与，如世界自然基金会（WWF）的"用表情包保护濒危动物"的活动，便是以这样的方式引起广泛的公益传播。

第三，公共传播活动中市场逻辑的恰当应用。环境议题具有很强的公共性特征。这种公共性导致了自然环境权利与义务的失衡，相比对私有物品的清晰与敏感的认知，人们更容易对公共范围的事物漠然置之。因此，以维护公共利益为主要内容的环保信息传播未必行之有效。基于这样的现状，当下的环保议题传播开始融入市场化的思维，以"互惠共赢"为目标，以"等价交换"的原则，给予受众可感知、可获得的利益，从而激发其对环保的关注和行动。"阿根廷森林保护生态闹钟"，便是将利己与利他相结合以激起公众参与的

---

① 赵英燮、杜斌：《新媒体时代环保传播的变迁及发展趋势》，载《中国人口·资源与环境》2013年第23卷第S2期，第119-121页。

热情。

伴随着环保传播主体、方式以及技术的深刻变化，环保传播由传统主体向多元主体转变，逐渐形成全民参与的传播环境；环保传播在市场逻辑的助力下拥有更广泛的受众基础、更高质量的反馈。环保传播的发展也将作用于公民意识、环境效益和经济效益，推动全民环保行动向高层次发展。

案例一　京东"旧衣回收"计划

一、案例信息

（1）案例名称：京东"旧衣回收"计划。
（2）执行时间：2016—2017 年。
（3）传播主体：京东集团、同心互惠公益组织等。

二、案例展示

（一）案例背景

随着中国经济发展水平的提高，现代都市里很少有人穿破旧、缝补的衣服，购买新衣服的频率较高。换季过时的衣服不愿再穿，直接扔掉比较浪费，囤积在家又占据储物空间，这给现代人造成不小的困扰。2013 年，中国资源综合利用协会的数据显示，每年我国大约有 2600 万吨旧衣服被扔进垃圾桶，大量旧衣服最后进入填埋场、焚烧厂，这不仅浪费资源，还加重环境负担。这一方面是因为都市人守着旧衣却捐赠无门，另一方面是因为公益组织由于成本等各种原因，拒绝接收旧衣物。捐赠、回收的渠道不畅通，导致大量旧衣物浪费。因此，中国的捐赠衣物公益活动需要更加方便、高效的方式来解决上述问题，让爱心能更好地温暖真正需要的人。

京东作为家喻户晓的电商企业，拥有强大的物流支持，站点多、覆盖广，服务质量高。截至 2016 年第三季度末，京东物流实现了对全国 2646 个区县的覆盖（中国境内一共有 2854 个县城）。从配送质量来看，延误、损毁率都远低于行业平均水平。

（二）案例策划与执行

京东 App 捐赠的操作流程如图 4 - 1 所示。

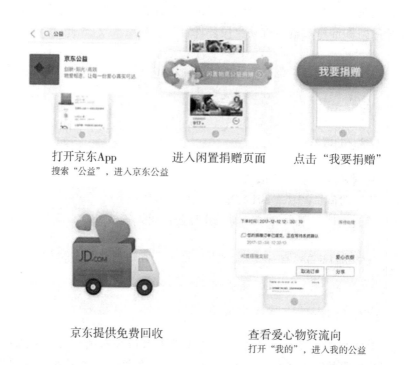

打开京东App
搜索"公益"，进入京东公益

进入闲置捐赠页面

点击"我要捐赠"

京东提供免费回收

查看爱心物资流向
打开"我的"，进入我的公益

图 4 - 1　京东 App 捐赠操作流程

1. 第一季活动

2016 年 10 月 10 日至 15 日，仅限北京、天津地区。

限于配送员的装载条件，旧衣物的单次上门取件标准为冬装 3 件以内/春秋装 5 件以内/夏装 10 件以内，总件数不超过 10 件。如果单次捐助衣物超过 10 件，可以和配送员再次约定时间进行二次取件。

取件方式：可以预约配送员上门取件，也可以将衣物送至附近的京东配送站点。捐赠衣物数量超过 50 件，需要联系京东商城合作的公益组织"同心互惠"进行上门收取。如果想了解衣物捐赠后的相关信息，可以关注"京东物流"或者"京东公益"微信账号进行查询。

回收的衣物由京东物流统一交于公益组织——同心互惠。经过统一整理、清洗后，该组织根据具体情况将这些衣物发放到有需求的工友子弟手上，并将多余的衣物进行低价义卖等处理。同时，参与活动的用户都可获得京东的惊喜购优惠券。

2. 第二季活动

2017 年 3 月 15 日至 19 日，仅限北京、上海、广州、深圳。

单次上门取件标准为冬装 3 件以内/春秋装 5 件以内/夏装 10 件以内，总件数不超过 10 件。如单次捐赠超过 10 件，需预约二次上门，或致电所在区域的公益机构，沟通其他方式捐赠。同时要求捐赠人将捐赠的衣物清洗干净、保持整洁，并做大体分类。

取件方式：下载并打开京东 App，搜索"公益"，进入京东公益。然后进入闲置捐赠页面，点击"我要捐赠"，填好衣物信息及地址，确认后京东的工作人员会在 3 日内上门取件。

收取活动成功后，用户还将获得京东服饰春尚新活动礼券，温馨回馈公益之举。回收的衣服处理方式同第一季活动。

3. 第三季活动

2017 年 10 月 12 日至 17 日，在北京、上海、广州、深圳、成都、西安、武汉、沈阳 8 个城市开展。

由京东公益联合联合国开发计划署（UNDP）、中国纺织工业联合会、中国社会福利基金会，以及众多知名品牌共同举办的"蔚蓝地球可持续周"活动在全国展开。活动期间，京东倡导"旧衣新生"，消费者可以通过京东"物爱相连"平台，一键呼唤京东快递员，免费上门收取闲置衣物。[①]

（三）案例效果

第一季活动在北京、天津展开后，6 天时间内近 9000 人次参与捐赠，参与站点 388 个，配送员 1762 名，回收旧衣物 14 万余件。第二季活动回收衣物 368459 件。为打工子弟学校的孩子和父母们送去温暖之余，其他衣物在分类处理后对应进行了低价义卖、旧物改造、捐赠转赠、废品销售等去向处理，引发积极的社会反响。人民网、搜狐网、凤凰网等多家网站对此进行了报道和转载，纷纷给予高度评价。

用户任女士在秋季换季时通过京东回收捐出了两包整理出来的旧衣，在接受科学网采访时评价了这次体验，她回答道，"省心省力"，而且"快递小哥

---

① 随心：《京东快递小哥 8 城免费上门回收旧衣》，见快科技网（2017 - 10 - 12）［2020 - 06 - 09］（http://news.mydrivers.com/1/551/551606.htm）。

说了好几声谢谢，其实也许并不是他需要，但是，大家一起做公益的感觉很温暖"。[①]

三、案例分析

（一）发挥企业特长以承担特定社会责任

京东的优势在于，能够通过遍布全国的物流配送体系和快速到达的服务系统满足公益的捐赠和分配需求；能够通过庞大的京东用户群的公益行动轨迹逐步构建公益大数据库，这些信息分析结果将为公益组织更科学、有效地开展公益行动、推广公益产品提供有效数据支撑，有力推动了公益事业格局的全新升级。

（二）执行过程高效，服务质量高

捐赠者只需操作几个步骤即可通过京东 App 预约取件，快递员会在 3 日内上门取件。上门取件的快递员经过层层培训，确保旧衣回收整个流程的顺畅，为参与捐赠的人提供良好的体验。同时，京东派联合北上广深 4 城的 46 所知名高校，在京东派门店进行旧衣回收，让大学生们也能通过京东派参加活动，为社会奉献一份爱心。

（三）闭合环路完整，信息透明可追踪

用户通过 App 在线上下达回收订单，系统得到需求后派遣对应站点的快递员上门收货，快递员收到回收物品后点击"确定"，即时触发电子优惠券给客户，至此完成客户端闭环。回收衣物由配送员终端放进特别装包袋，返回分拣中心集中，通过城区摆渡车配送到公益组织所在地址，至此完成公益端闭环。在此过程中的物流环节的每一步都公开可查询，程序透明有助于提高公益组织、公益项目的可信度，让每一份爱心真实可达。

（四）回馈礼券激励用户参与，增加用户黏性

一般的公益项目普遍强调捐赠者的无私奉献，而京东"旧衣回收"计划解决了城市居民的闲置衣物处理问题，让参与者享有公益成就感的同时获得实

---

① 张晶晶：《你的旧衣还能温暖谁?》，见科学网（2016 - 11 - 18）［2017］（http://news.sciencenet. cn/sbhtmlnews/2016/11/318004. shtm）。

际的物质优惠，一举多得，提高了用户参与回收计划的积极性。

（五）旧衣处理方式多样，尊重受捐者

同心互惠公益组织把收集到的旧衣物进行清洗、分类处理，挑选适合受捐赠者穿戴的衣物，给打工子弟学校的孩子和父母们送去温暖。此外，同心互惠组织受捐赠者们把剩下的旧衣物作低价义卖、旧物改造处理，获得的收入用以补贴家用。献爱心不是施舍，同心互惠公益组织不仅满足受捐赠者对"穿暖"的基本需求，还让受捐赠者们感到被尊重，用劳动维护了自己的尊严。[①]

四、案例延伸

（一）横向对比

京东曾表示有望长期开展"旧衣回收"活动。因此在旧衣长期循环利用上可以借鉴美国 Goodwill 慈善超市模式。美国著名非营利性慈善组织 Goodwill Industries International（即"好意慈善事业组织"）成立于1902年。最初创始人赫尔姆斯在富人区收集家用物资以及衣物，然后训练和雇用穷人来修补和改良这些旧品，经过修补的旧品就分发给他们或再次出售。目前，这仍是 Goodwill 主要的经营方式，也是它最主要的资金来源，只是在救助方式上，Goodwill 已经从单纯的物品救助发展为集物资救助、技能培训、信息咨询、业务承接、劳动力介绍等为一体的综合性救助体系。

（二）纵向对比

京东"旧衣回收"活动从第一季到第三季，不断扩展影响范围，优化流程，同时提高联动能力。

（1）第二季活动在中国四大一线城市进行，从北至南辐射范围更广，参与人次更多，回收的旧衣物数量是第一季的两倍多。

（2）第二季活动中京东优化了 App 线上预约功能，比第一季仅能通过电话预约的方式节省更多人力，提高执行效率，同时收集用户数据，为进一步的公益研究提供支持。

（3）2017年10月12日至17日举办的第三季活动已经覆盖8个城市，京

---

① 京东集团：《京东旧衣回收计划升级　北上广深四城联动》，见搜狐网（2017－03－15）［2022－06－10］（https://www.sohu.com/a/128980452_310397）。

东公益更是跟联合国开发计划署（UNDP）、中国纺织工业联合会、中国社会福利基金会，以及众多知名品牌共同举办，主题也从聚焦旧衣物处理提升至可持续发展（"蔚蓝地球可持续周"）。

可以预见的是，"京东旧衣回收计划"同时依托完善的京东公益物资募捐平台和强大的京东物流配送体系，今后还将推广到全国各区域的重点城市，给更多人提供二手衣服回收的渠道，提升社会闲置衣物的使用率，减少服装丢弃造成的环境污染，帮扶弱势群体。

案例二　海洋污染教育，从一个玩具开始

一、案例信息

（1）案例名称：海洋污染教育，从一个玩具开始。

（2）执行时间：2017 年 4 月。

（3）传播主体：FRED & FARID（上海）、美国非营利组织"海洋守护者"（Sea Shepherd）。

二、案例展示

（一）案例背景

海洋覆盖了地球上三分之二的面积，它提供了地球上　半以上的氧气，在气候调节上起到了至关重要的作用。人类探索海洋的脚步从未停止，但是，在真正了解这片神秘的世界之前，人类活动就已经给海洋带来了巨大的伤害。

海洋垃圾污染不仅使海洋生态系统遭到破坏，而且有毒物质经过食物链的累积会危害人类健康。环境保护组织及环保人士一直呼吁大众减少污染海洋的行为，通常的做法是通过骇人的宣传图片来引起重视。保护海洋环境不只是成年人的义务，更应该在儿童时期就加强环保意识的教育。对于心智尚未成熟的儿童，骇人的图片往往会造成恐惧的心理，其教育效果并非最佳。因此，选择更亲近孩子心灵的方式——玩具来引导儿童，不仅可以达到加强环保意识的目的，而且有益于儿童的心智健康。

Pollutoys 的设计师 Andrea Vida 从可以拿针线的那天起就开始设计动物玩具，具有强大的粉丝号召力。在她的工作室里，她制作的毛绒玩具有着不同的

性格特点，并通过网络卖给全球的粉丝们。和很多人一样，她懂得孩子有多喜欢抱着毛绒玩具，并带着它们周游全世界。①

（二）案例策划与执行

FRED & FARID（上海）要联合海洋守护者（Sea Shepherd）发起名为"Pollutoys"的活动，呼吁"海洋污染教育，从一个玩具开始"。所谓 Pollutoys，就是 Pollu（污染）和 toys（玩具）的复合体，顾名思义，这些玩具是用来提醒人们重视海洋塑料污染。

实际上，它们就是一系列的毛绒玩具，一共包括 8 款公仔，有鲸鱼 Willy（如图 4-2 所示）、海象 Waldo、海龟 Turf、企鹅 Penny、鹈鹕 Pelle、蝠鲼 Martha、鲨鱼 Mark、海豚 Darla。②

图 4-2 海洋污染教育玩具（Pollutoys）之鲸鱼（Willy）展示

在这 8 款公仔可爱的外表下却隐藏着一些令人伤心的小秘密，它们的肚子里塞满了垃圾：塑料袋、塑料瓶、吸管、塑料餐具、气球、帽子以及其他容易被动物们误食的塑料垃圾。

这款"八公仔"的毛绒玩具是由非营利性海洋保护组织 Sea Shepherd、专注独立创意的公司 FRED & FARID（上海）和布达佩斯的玩具设计师 Andrea Vida 三方合作，再结合幼师的建议设计而成。而在每个 Pollutoy 上，都附有它们的故事，包括在它们身上发生了什么，孩子们要做什么才可以帮助它们。

---

① 参见 SocialBeta 网《【案例】这 8 种可爱的毛绒玩具，能让孩子们认识塑料污染问题》（2017-04-12）[2022-06-10]（https://socialbeta.com/t/100992）。

② 参见搜狐网《一群行走于海上的游侠》（2017-07-06）[2022-06-10]（https://www.sohu.com/a/155156324_242033）。

（三）案例效果

Sea Shepherd 上传的宣传视频 *Pollutoys：Plush Toys to Teach Kids about Plastic Pollution* 在 YouTube 上播放超过 1.9 万次。

目前，作为一种特殊的环境教育方式，Pollutoys 已经被荷兰早教组织 Compa Nanny 及国际托儿所 Orange Panda 用作教育工具和器材，并在它们旗下的多所幼儿园中投入使用。国际幼儿园——Magnolia Kindergarten 也将 Pollutoys 带入了课堂之中。除此之外，"Pollutoys" 教育法还被亚欧其他的多家早教机构采用。

来自上海 Orange Panda 的幼师 Emilie Perier 在 2～5 岁的班级里使用 Pollutoys。她说："班里的孩子们很喜欢 Pollutoys！打开小动物的肚子后发现里面塞满了垃圾，小朋友一开始被这样一个简单的东西惊呆了，接着他们会持续讨论好几周……Pollutoys 是最能吸引他们的注意力、能打动他们并让他们一起发挥想象力去寻找答案的一种玩具。这是个很好的结合。"[①]

三、案例分析

（一）利用玩具作为教具直观又温和

Pollutoys 可以让孩子们直观地看到海洋生物误食垃圾后的情况。同时，它采用了一种相对柔和的方式，贴合了孩子们的理解力、对外界信息的接受程度，从激发孩子内心深处对"海洋动物"的同情心开始，达到了"帮助孩子们增强生态保护意识"的目的。

（二）互动性益智玩具引导孩子主动发现与思考

这些玩具非常适合集中孩子们的注意力。当孩子们在和公仔们愉快地玩耍时，细心的他们会发现公仔肚子里面的"小秘密"，直到他们自己从公仔的肚子里拖出一堆毛茸茸的"垃圾"样品。看到"小动物"的肚子里面塞了这么多东西，孩子们的心灵受到了触动。这个时候，老师们就会根据玩具附带的故事卡和提示，给孩子们提供解决的方案，进而延伸到教育他们如何更好地保护环境中去。

---

① 参见 SocialBeta 网《【案例】这 8 种可爱的毛绒玩具，能让孩子们认识塑料污染问题》（2017 - 04 - 12）［2022 - 06 - 14］（https://socialbeta.com/t/100992）。

（三）玩具嵌入课堂，为教育提供新的方式

玩具设计的使用对象是 2～5 岁的儿童，与教育机构合作强调了玩具的教育意义。一项研究显示：接触具有环保性质的意识信息，能帮助幼儿建立一个可持续发展观念的基础；玩具学习有助于提高 3～5 岁幼儿的记忆保留率，这也使 Pollutoys 有机会成为一种有趣的方式来鼓励孩子们保护海洋环境。

四、案例延伸

互动性玩具发展孩子的"情与智"

儿童在 3～6 岁时处于学前期，其生理发展受周围环境的影响较大，有时智力发展超前于体能发展，小幅度的运动变得更精巧，能意识到并且重复节奏，眼手的协调一致性增强，对色彩有了敏锐的感官反应，色彩使用一般在 3 种以内。其心理特征不断发展，自我意识加强，具备逻辑思维能力，可以分辨自己的观点和别人观点的明显区别，会主动选择玩伴，想象力丰富，喜欢模仿各种事物，能够初步进行独立思考与社交，是进行语言教育的最佳时期。[1] 因此，在以儿童为对象的传播活动中，要注意年龄范围的选择，提高受众群的精确度。但这并不意味着只要选择了让儿童印象深刻的传播方式就有最佳效果，针对儿童的传播活动不仅是让儿童接受所传播的思想，更要对其长远发展有所裨益。

Pollutoys[2] 属于互动性益智玩具。互动性益智玩具的显著特征是具有社交性，根据其社交对象可分为同龄互动、亲子互动和师生互动。孩子们彼此具有相近的思维方式与沟通语言，在一起玩 Pollutoys 时用他们自己的方式交流。同时，师生活动有助于引导孩子树立正确的价值观，培养其情商与智力。

---

[1]　王一丹、卢钰洁、颜冉等：《发展"情与智"的互动性益智玩具设计报告》，载《设计》2017 年第 13 期，第 120 – 121 页。

[2]　Polluyoys 活动官网（http://www.pollutoys.com/），腾讯视频网址（https://v.qq.com/x/page/n0391gs13sy.html），海洋守护者组织（Sea Shepherd）网址（www.seashepherdglobal.org），设计师 Andrea Vida 个人网站（https://www.avidatoys.com/）。

案例三 用 Emoji 表情保护濒危动物

一、案例信息

（1）案例名称：用 Emoji 表情保护濒危动物。
（2）执行时间：2015 年。
（3）发起组织：世界自然基金会（WWF）。
（4）代理机构：Wieden + Kennedy 广告公司。

二、案例展示

（一）案例背景

濒危动物是指由于物种自身的原因或受到人类活动、自然灾害的影响而有灭绝危险的野生动物。由于生态破坏和环境污染，以及人类对野生动物的乱捕滥猎，每天都有相当数量的濒危物种从地球上消失。

为了唤起人们对濒危动物生存现状的关注，用实际行动保护濒危动物，WWF 和 Wieden + Kennedy 将目光投向了社交媒体。他们发现，当下表情符号在社交网站上的传播度、使用频率都很高，表情包文化在年轻人中盛行。根据活动方统计，Twitter 自从 2014 年 4 月推出表情包后，这些表情就在社交平台上被使用了 2.02 亿次。年轻人常常会使用 Twitter 中各种动物表情包，但鲜有人注意到其中的一些动物却在现实中面临着物种灭绝的威胁。

（二）案例策划与执行

1. 核心理念
别让濒危动物只能永远存在于 Emoji 中。

2. 执行内容
（1）WWF 在 Twitter 上发起名为 "EndangeredEmoji" 的倡导活动，公布了 Twitter 动物表情中的 17 种濒危动物，包括亚洲象、绿甲海龟、毛伊海豚、非洲野犬等，如图 4-3 所示。

（2）网友可以转发该 Twitter 并进行登记来加入活动，登记成功后将得到 WWF 的确认信息。

（3）加入活动的网友，其使用17种濒危动物表情的次数将会被记录下来。WWF每个月发送一封有趣的使用次数统计邮件到网友的邮箱中，并按照头像数量提供一个建议捐款额（11美分/次），网友通过邮件链接便可轻而易举实现捐款。

（4）同时，WWF搭建了一个EndangeredEmoji的官方网站，为大家介绍17种濒危动物的物种名称及生存现状。

WWF
#EndangeredEmoji
17 emoji animals are endangered. Help them by donating €0.10 / £0.10 for every one you tweet. Retweet to sign up and start.
WWF
@WWF
Follow
We're using #EndangeredEmoji to save real animals from extinction. Please retweet to sign up and help.
3:38 PM - May 12, 2015
38,156
35,080
11,576

图4－3 WWF的Twitter活动界面①

（三）案例效果

（1）根据活动结束后2015年7月的统计，此次活动在Twitter上得到了55.9万次提及、5.9万次注册②。

（2）公众人物包括演员Russell Crowe、赛车手Jenson Button都参与到活动中。

（3）但由于许多网民误解了活动的参与方式，只转发Twitter，没有登记加入活动，导致许多人未能实现有效的捐款。

---

① 图片源自WWF官方Twitter［2022－06－14］（https://mobile.twitter.com/WWF/status/600952944654209024）。

② NATALIE MORTIME. Lessons from WWF's #EndangeredEmoji campaign.（2015）［2018－04－09］. http://www.thedrum.com/news/2015/07/28/lessons－wwf－s－endangeredemoji－campaign.

三、案例分析

（一）从表情包中挖掘公益元素，契合年轻人的兴趣点

WWF 此项活动的主要目标群体是年轻人。WWF 的数字化革新经理 Adrian Cockle 认为："想要有效地推动年轻人去关注公益事业，最重要的是改变我们与他们的沟通方式。"所以在这一案例中，WWF 不再使用传统的直接募捐的方式，而是抓住了表情包文化在年轻人中盛行的契机，将公益的元素注入年轻人的日常生活和网络社交上，利用世界上最大的社交网络，形成大规模的自发参与和传播。这是 WWF 首次通过社交表情符号实现的网络筹款活动，Emoji 是一种全球性语言（global language），人们可以共同参与和分享，活动取得了十分可观的传播效果。[①]

（二）充分利用社交平台上的主观规范促进传播

主观规范（subjective norm）是指对"别人认为我应该做什么"的个人感知。参与该活动的步骤之一是进行转发，若网友申请加入活动，其个人主页将会出现其转发的 Twitter，告知朋友们自己参与了这一项公益活动。这种公开化的个人参与使社交媒体上的主观规范被加强，有力地促进了活动传播。社交媒体作为个人化表达的分享互动平台，具有高度开放性、分享性和人际传播的特点，人们容易在主观规范和群体压力的影响下发表展现个人形象的内容。因此，许多环保议题的传播会给参与者相应的"参与证明"，满足参与者对外展示的需要，从而激发环境议题的扩散和参与，并且在扩散的同时又提高了活动的曝光率，吸引更多亲近的网友们参与到活动中来。

（三）操作简单，执行顺畅的定制化公益参与

用 Emoji 表情保护濒危动物活动具备十分重要的传播特质——简单易操作。当年轻人看到社交圈中有朋友参与这一活动时，只需转发推送并点击参与活动后留意邮件进行捐款，便能顺畅地完成此项公益捐款，而无须专门登录官网或进行其他的步骤。毫无疑问，在快节奏的社交生活中，简单的活动说明降

---

① WWF. WWF turns tweets to donations with #EndangeredEmoji social campaign. （2015 – 05 – 12）［2022 – 06 – 14］. https://wwf. panda. org/wwf_ news/?246650/WWF – turns – tweets – to – donations – – with – EndangeredEmoji – social – campaign.

低了活动的参与门槛，容易引起广泛的公益行动。值得注意的是，越是简单的指引，对操作说明的清晰程度提出了越高的要求。WWF 在本次活动中由于过度简化了活动说明，使一些用户对活动的参与机制产生误解，最终未能达到理想的募捐效果。因此，活动方应站在参与者的角度进行活动流程的设计和说明，在表达清晰、无歧义的基础上再追求活动指引的简化。

四、案例延伸

计划行为理论在公益传播中的应用

计划行为理论（theory of planned behavior，TPB）可以在一定程度上解释此类社交平台上的公益传播现象。这一理论是 Icek Ajzen 提出的行为理论研究模式，他认为，行为（behavior）是由行为意向（behavior intention）引起的，而行为意向由态度（attitude）、主观规范（subjective norm）和感知行为控制（perceived behavioral control）共同决定。行为态度指的是他对自己实施这一行为的或好或坏的评价；主观规范指的是他认为大多数对他而言重要的人，认为他应该或不应该实施这种行为的感知，通俗而言是"我认为别人认为我应该做什么"；感知行为控制指个体感知完成行为的难易程度，这三者相互作用，能对个人的行为进行预测和解释。

这个案例也能用计划行为理论来解释其传播原因。首先，绝大多数人认为保护濒危动物、进行公益捐款是一个好的行为，因此对这一行为有着积极肯定的态度；其次，由于活动参与是公开的，网友们可能会认为，自己在别人的心目中是一个环境友好、满怀善心的人，自己的朋友们认为自己会加入活动中来；再者，这一活动的参与门槛极低，只需转发推送便可参与其中，多数人认为这一操作是比较容易的。因此，在三者的作用下，网民便更拥有参与这一活动的行为意图，最终形成广泛的转发和捐款的行为。

案例四　阿根廷森林保护生态闹钟

一、案例信息

（1）案例名称：阿根廷森林保护生态闹钟。

（2）执行时间：2017 年 3 月 21 日。

（3）传播主体：阿根廷森林银行基金会（Banco De Bosques）。

（4）代理机构：伟门广告（Wunderman）布宜诺斯艾利斯公司。

二、案例展示

（一）案例背景

森林占地球面积三分之一以上，它们被认为是地球之肺，是为人类和野生动物提供重要的氧气和家园。但近年来森林砍伐日益严重，阿根廷在 25 年的时间里森林面积损失了 22%，全国天然林面积从 3470 公顷减少到 2711 公顷①。

尽管阿根廷许多 NGO 或社会团体都致力于森林保护的议题，但未能很好地唤起阿根廷民众的森林保护意识。据联合国的报告，阿根廷目前在对本国林木不太关注的国家排名中居第九位。因此，在活动视频中，阿根廷森林银行基金会提出希望通过有吸引力的传播，唤起阿根廷民众对森林的关注，进而采取行动保护生态环境。

（二）案例策划与执行

1. 核心理念

核心理念是保护大自然，首先要学会聆听它的声音。

2. 执行流程

（1）阿根廷森林银行基金会与伟门广告布宜诺斯艾利斯公司合作，在阿根廷的森林里录制了各种自然声音，包括动物的声音、黎明破晓的声音、溪流的声音等，并将它们进行剪辑与合成，如图 4-4 所示。

（2）在 2017 年 3 月 21 日联合国国际森林日这天，两个组织在主流媒体服务商 Spotify 上共同推出一个名为"生态闹钟"的音乐专辑。这张专辑包含了 9 首不同的自然闹铃，供用户进行选择与下载。②

（3）每当用户下载的生态闹钟响起时，用户就可以通过 Spotify 的收费模式自动捐助，这些款项最终将交予阿根廷野生动物基金会，用于保护森林。

---

① WUNDERMAN THOMPSON. The alarm clock that helps save endangered native forests. ［2022-06-14］. https://www.wundermanthompson.com/work/ecoalarm.

② 伟门广告公司：《阿根廷森林保护公益组织创意 App 生态闹钟》，见网络广告人社区（2017-04-26）［2022-06-14］（https://iwebad.com/case/6443.html）。

（4）同时，阿根廷森林银行基金会开设了"生态闹钟"官方网站（http://www.ecoalarm.io/），用户可以通过官网的可视化，查询"生态闹钟"的录制地点与声音来源，并直观地看到"生态闹钟"和阿根廷森林银行基金会所做出的环境贡献。

图4-4 工作人员进行生态声音采集①

（三）案例效果

据官方视频介绍，活动受到了全球网民的关注，上线第一周，已经有63个国家的公众下载生态闹钟，共同助力700多种动物的保护。据官网的实时数据显示，2017年11月19日当天（24小时内）的闹钟响起次数为5035次。②

三、案例分析

（一）紧抓公众需求点，用创意美而非恐惧唤起保护意识

传统的环境保护案例是通过强调环境被破坏的威胁与后果，唤起公众的恐惧心理，进而驱动人们采取环保行为以防止严重后果的发生。但此案例另辟蹊径，洞察到人们对于大自然声音的喜爱和需求，用大自然美的一面引起人们心理上的共鸣，通过"生态闹钟"的方式使用户足不出户便能感受到大自然的气息。

---

① WUNDERMAN THOMPSON. The alarm clock that helps save endangered native forests. ［2022-06-14］. https://www.wundermanthompson.com/work/ecoalarm.

② 资料来源于"生态闹钟"官方网站［2022-06-14］（http://www.ecoalarm.io/）。

（二）目标人群划定明确，传播渠道契合目标人群

阿根廷生态闹钟在发布前进行了人群细分，将目标锁定为愿意付费的音乐爱好者，并在此基础上选择了能有效触及目标人群的 Spotify 平台。Spotify 是全球最大的正版流媒体音乐服务平台之一，根据官方宣布，2016 年其平台订阅用户总数超过 1 亿，其中，付费用户占总用户数的三分之一。如此庞大的音乐爱好者基数为"生态闹钟"的传播奠定了基础，并有相当数量的用户拥有付费意愿和习惯。基于此，"生态闹钟"通过 Spotify 的收费模式，巧妙地将捐款行为嵌入用户的习惯中。

（三）简单易参与，让公益行动常态化

闹钟是人们生活中必不可少的一部分，这一案例将公益活动融入人们的日常生活中，既满足了用户的实用需求，又不会额外消耗参与者的时间和精力。值得注意的是，人们对闹钟的需求是稳定而持续的，这使用户对阿根廷野生动物基金会的捐款不是一次性的，而是嵌入生活中的日常行为，增强了公益行为的常态化。"为了帮助大自然，我们首先要倾听她"，这句口号非常打动人。生态闹钟让大自然进入人们的日常生活，与人们紧密相连，参与者的善意和捐赠必将集腋成裘、聚沙成塔。每天生态闹钟响起，人们还没起床，就已经在为森林和野生动物保护作出自己的贡献了。

四、案例延伸

用市场化的逻辑实现公共之善

阿根廷"生态闹钟"的案例，改变了以往一味求捐赠的公益模式，而是利用森林之美创造了能满足受众需求的价值，用具有价值的产品和服务换受众对森林保护的关注和捐款。

NGO 作为社会力量的重要组成部分，有效弥补了"市场失灵"和"政府失灵"的缺陷，其发起的公益活动也在缓解政府的社会治理和满足人们多元需求方面起到巨大作用。然而，目前许多 NGO 发起的公益活动过分依赖社会捐赠，这种基于自愿的单方面施予具有较强的不稳定性，容易使 NGO 组织陷入不可持续的发展困境之中。

因此，公益活动与传播若想长久健康发展，一定不能单纯地依靠别人"输血"，还要想办法自己"造血"，用艺术创意的形式、市场化的逻辑实现公

共之善。所谓市场逻辑，是一种等价交换的思维，通过满足受众需求实现受众的"购买"行为，从而达到捐赠方与被捐赠方双赢的目的。这种公益模式打破了以往"公益性"和"商业性"的鸿沟，用市场的手段实现公共之善的目标。当然，NGO 未必是孤军奋战的，在商业企业逐渐重视并积极履行企业社会责任的今天，NGO 的市场化公益与商业企业的良性公共关系行为之间产生了更多合作的可能。

目前，很多公益组织都开始了自己的尝试，力图达到可持续发展的目的，如壹基金的羌绣帮扶计划、腾讯公益"妈妈制造"等。但这种模式的实行需要注意两点：一是坚持社会公益的目的；二是做到财务数据的公开透明，让捐赠款项可查询、可追踪，从而持续获得公众的信任和支持。

案例五 2019年阿迪达斯"跑出蔚蓝"主题活动①

一、案例信息

（1）案例名称：阿迪达斯 2019 "跑出蔚蓝"主题活动。
（2）执行时间：2019 年 4—6 月。
（3）企业名称：阿迪达斯体育（中国）有限公司。
（4）代理公司：北京奥美。

二、案例展示

（一）项目概述

自 2017 年起，阿迪达斯连续 3 年在全球范围内开展"跑出蔚蓝"（Run For The Ocean）主题活动，旨在传递"通过运动改变生活"的品牌核心理念，通过运动的力量，唤醒人们对海洋塑料污染问题的认识，鼓励更多人参与到保护海洋的积极行动中去。

---

① 本案例为 2019 年度"金旗奖"金奖案例，特别鸣谢中国公共关系网 17PR 的特别授权，感谢"金旗奖"组委会主席银小冬、阿迪达斯及其代理公司对本书的大力支持。本案例资料刊登于"金旗奖"网站（http://www.17pr.com/news/detail/204652.html）。原文简版首发于《2019 最具公众影响力公共关系案例集》。为呈现专业机构对案例的展示结构，有助于读者更好地了解业界实践操作，本书编者未对获奖案例文字内容进行修改，仅根据本书体例稍加调整。

中国跑者除可报名参加"跑出蔚蓝"线下活动外，也可下载悦跑圈 App 加入线上活动，记录跑步里程。积累的里程数将转化为相应的环保基金（最高 150 万美元），由阿迪达斯捐赠给 Parley 海洋学校（Parley Ocean School），提升年轻一代对海洋塑料污染问题的认知，鼓励他们采取行动保护海洋。

2019 年"跑出蔚蓝"活动召集全球近 220 万名海洋跑者，累计贡献 1262 万千米，其中，中国区的参与人数高达 69 万人，累计贡献了 774 万千米。北京、上海、广州、成都的大型线下跑步活动吸引了上万人次参加。

自 2015 年与 Parley 合作以来，阿迪达斯始终关注保护海洋环境的议题，不断提供创新性解决方案，如推出使用 Parley 海洋塑料（Parley Ocean Plastic）制造的 adidas × Parley 系列产品，该系列产品不断更新品类，各类跑鞋及运动服饰销量连年上涨，深受消费者追捧与喜爱，更在 2019 年澳大利亚网球公开赛华丽亮相。

未来，阿迪达斯还将继续举办"跑出蔚蓝"活动，号召更多人共同拯救海洋，通过运动改变生活。

（二）项目调研

1．外部原因

全球海洋污染问题已日益严峻。研究表明，每年有多达 800 万吨塑料废弃物流入海洋，相当于每分钟便有一辆车将满载的垃圾废弃物倾入大海。在过去 40 年间，仅太平洋海域塑料废弃物的数量就增长了一百倍，逐渐形成了一块由塑料废弃物组成的"第七大陆"，面积约为美国国土面积的三分之一。有海洋学家预计，截至 2050 年，海洋中塑料的数量将超过鱼类。海洋塑料废弃物正威胁着无数海洋生物的生命安全，同时也会进入人类食物链，对人类健康造成危害。

2．内部驱动力

可持续战略向来是阿迪达斯关注的重点，品牌将可持续发展理念融入产品设计及品牌运营等工作的方方面面。自 2015 年与海洋环保组织 Parley for the Ocean 合作以来，阿迪达斯始终关注保护海洋环境的议题，除了致力于深化公众对海洋污染问题的认知，还不断提供创新性解决方案。

"跑出蔚蓝"主题活动于 2017 年首次举办，号召了 6 万名跑者参与其中。2018 年，参与人数大幅攀升，在全球范围内吸引了 100 万名跑者，累积高达 500 万千米的跑步里程。

该活动在全球范围内为 Parley 海洋学校捐赠 100 万美元的善款，用于资助青少年儿童教育计划，旨在激励和呼吁更多青少年儿童参与到保护海洋的队伍当中，呼吁公众为重塑海洋的纯净做出努力，共同减少海洋环境污染。

Parley会继续完善和推进其校内课程，并计划打造一个青少年儿童在线学习平台。该平台的建立获得了阿迪达斯的资金支持，加入该平台的青少年儿童将有机会参与各类与海洋保护相关的主题活动和研讨会，并利用丰富的教学资源，在全方位的专业指导下，不断探索创新。

此外，阿迪达斯计划于2020年前，在所有门店全面禁用塑料袋，并于2024年前，在产品与各生产环节中实现可回收再造聚酯纤维的全面使用。

（三）项目策划

1. 项目目标

通过"跑出蔚蓝"主题活动，阿迪达斯希望传递品牌"通过运动改变生活"的核心理念，以运动的力量唤醒人们对海洋塑料污染问题的认识，鼓励越来越多人参与到保护环境的积极行动中去。

2. 受众群体

受众群体包括阿迪达斯品牌粉丝、环保生活方式提倡者、跑步爱好者在内的广泛的消费者群体，尤其是青少年群体。

3. 策略执行

中国跑者可通过阿迪达斯微信小程序、悦跑圈App"跑出蔚蓝"活动专页报名线下大型跑步活动；同时，也可通过悦跑圈App加入线上跑团，积累跑步里程。

2019年，"跑出蔚蓝"主题活动于北京、上海、广州、成都落地，邀请了前中国女子排球运动员惠若琪、前中国人民解放军海军游泳队运动员宁泽涛、法国男子足球运动员保罗·博格巴亲临北京及上海活动现场，分享自身对海洋保护的感悟，更与跑者亲切互动，为他们加油助力。活动现场还设立海洋知识教育区、制作工坊、环保市集等一系列互动体验项目，让观众切身参与到环保实践当中。上海站的家庭跑活动，更将保护海洋的理念传递给下一代。

在"跑出蔚蓝"活动过程中，跑者于线上及线下积累的跑步里程，最终将转化为善款（最高150万美元），由阿迪达斯捐赠给Parley海洋学校，用以提升年轻一代对海洋塑料污染问题的认知。

4. 媒介传播

阿迪达斯借助品牌自有的微博、微信等公众平台，讲述海洋污染现状，并联合前英格兰男子足球运动员大卫·贝克汉姆、宁泽涛、中国男子田径运动员谢震业等为活动造势。

与此同时，阿迪达斯携手大型门户类网站、短视频新闻媒体、地方电视/

新闻媒体、视频媒体、体育及时尚等垂直行业媒体全面发声。北京及上海站活动期间，多家媒体对惠若琪、宁泽涛进行现场采访，讲述活动体悟，传递可持续发展理念及阿迪达斯"通过运动改变生活"的核心品牌理念。

（四）项目执行

为更加广泛地吸引消费者注意，激发更多跑者参与活动的兴趣，阿迪达斯与悦跑圈 App 合作，开放专属报名通道，吸引跑者报名线上活动，记录跑步里程，降低了活动门槛，更加广泛地吸引了各城市跑者踊跃参与。

6 月 8 日，世界海洋日当天，2019 年"跑出蔚蓝"活动首先在纽约拉开帷幕。6 月 9 日，海洋跑者惠若琪接过活动旗帜，在北京奥林匹克森林公园开启了 2019"跑出蔚蓝"北京站活动。

作为 2019"跑出蔚蓝"全球三大重点城市活动之一，"跑出蔚蓝"上海站的发令枪在 6 月 15 日打响，宁泽涛与保罗·博格巴亮相活动现场，为现场跑者助力。本次活动的一大亮点是家庭跑项目，家长携手孩子们共同迈出蔚蓝步伐，踏上 2 千米的"跑出蔚蓝"征程，将保护海洋的理念传递给下一代。

同日，"跑出蔚蓝"活动也首次落地广州。广州站"跑出蔚蓝"主题活动为倡议跑者减少塑料使用，活动现场不提供塑料装备包、签到纸等，还给完成跑步的海洋跑者颁发木质奖牌，每一处细节都呼应着阿迪达斯一直以来倡导的可持续发展理念。

6 月 19 日，跑者集结天府之国四川成都。此次活动也吸引了成都当地的很多环保公益组织、跑团以及高校组织一同为保护海洋发声，展现了年轻一代创造者的活力风采，参与者们可以通过四川音乐学院学生带来的互动情景剧深入了解海洋现状。

除此之外，活动现场还展示了全新的 adidas × Parley 系列产品，更设置了海洋知识教育区、制作工坊、环保市集等互动体验区，让观众能切身参与到环保实践当中。跑者们在现场观看了海洋保护系列视频，共同讨论了海洋污染现状以及塑料制品对海洋的危害。

除了在上海、北京、广州、成都相继展开的大规模线下活动，阿迪达斯还分别在上海的兴业太古汇、新天地和浦东嘉里城等 CBD 区域，设立了"跑出蔚蓝"活动主题区。阿迪达斯更是开展了净滩活动，北京及上海的 1100 多名跑者参与其中，捡起海滩及城区内人为产生的垃圾，重塑清洁世界。

（五）案例效果

1. 项目评估

"我很荣幸今天能和阿迪达斯一起为海洋环保事业尽一分力，也希望今后我们能一起宣传海洋保护的相关知识，让更多人加入我们。"

——保罗·博格巴

"非常感谢阿迪达斯，让我再次通过'跑出蔚蓝'主题活动参与到海洋保护的事业当中来。我希望能通过自己的努力号召更多人关注海洋环保，同时付出实际行动共同对抗海洋污染。"

——惠若琪

2. 活动参与情况

2019 年"跑出蔚蓝"活动在全球范围内召集近 220 万名跑者加入阿迪达斯"海洋护卫队"，累计贡献 1262 万千米，其中，中国区的参与人数高达 69 万人，累计贡献跑步里程 774 万千米。

活动期间，阿迪达斯于北京、上海、广州、成都举办大型跑步活动，上万跑者来到现场积极参与各类互动，对海洋保护有了更深刻的认识。

6 月 9 日，北京站活动吸引了近 1200 名跑者完成了距离 10 千米的海洋跑活动。

6 月 15 日，上海站活动，3700 名跑者在宁泽涛和保罗·博格巴的带领下，完成了海洋跑活动。本次活动的一大亮点是家庭跑项目，家长携手孩子们共同迈出蔚蓝步伐，将保护海洋的理念传递给下一代。

同日，随着广州站"跑出蔚蓝"发令枪打响，超过 2500 名跑者冲出起跑线，为海洋保护助力。

6 月 16 日，"跑出蔚蓝"活动来到成都，吸引了超过 3000 名跑者参与其中。

3. 媒体报道情况

2019 年"跑出蔚蓝"主题活动受到媒体的广泛报道，吸引了社会各界广泛关注。报道数量超 870 条，总体曝光量超 13 亿，总体互动量超 10 万，广告价值高达 800 万元人民币。

阿迪达斯通过品牌自媒体为活动发声，adidasRunning 微博、阿迪达斯大中华区微博及 adidas 官方微信公众账号共推送近 20 条相关信息，曝光量超 130 万，互动量近 5000。

阿迪达斯充分借助世界顶尖运动员的影响力，为活动造势，扩大了受众覆盖面。宁泽涛、谢震业、惠若琪、保罗·博格巴发布微博，收获近 3 万评论、

11.5 万点赞及 2.7 万转发。活动期间，惠若琪、宁泽涛积极配合媒体采访，分享他们对海洋环保的体悟，北京电视台、上海电视台、腾讯视频、优酷视频等多家视频媒体，及北京青年报、新浪体育、网易体育均对其进行了全面、深入的报道。13 则媒体专访共收获 2300 万曝光量。

阿迪达斯联合优质微博自媒体，以图文、VLOG 短视频、现场直播的方式进行报道，收获了超 4300 万曝光量，互动量超 64 万。

公关新闻报道数量超 800 条，总体曝光量超 11.7 亿，广告价值高达 780 万元人民币，包括电视、短视频、新闻门户、体育行业及时尚等各领域全国及地方性媒体。中国中央电视台中文国际频道（CCTV-4）对"跑出蔚蓝"活动进行了视频报道，进一步提升了活动的影响力。

三、案例分析

（一）项目亮点

1. 切实践行品牌核心理念

阿迪达斯积极承担企业社会责任，希望为世界带来积极的改变，更将这一想法与"通过运动改变生活"的品牌核心理念有机结合，通过"跑出蔚蓝"主题活动，以运动之力鼓励更多人参与到保护海洋的积极行动中。

2. 影响深远

阿迪达斯将跑者的跑步里程转化为善款捐赠给 Parley 海洋学校，用以提升年轻一代对海洋塑料污染问题的认知，鼓励他们积极参与环保活动，让地球变得更加美好。

3. 延续性

2017 年以来，"跑出蔚蓝"主题活动已连续举办 3 届，未来，阿迪达斯将延续"蔚蓝步伐"，号召更多人拯救海洋。

4. 全球性

阿迪达斯联合世界顶尖运动员，在包括上海在内的全球 15 座核心城市举办了大型跑步活动。活动期间，全球 50 个阿迪达斯跑团也定期组织跑步活动，持续扩大活动的影响力。

5. 数字化

阿迪达斯欢迎世界各地跑者通过 Runtastic 及悦跑圈 App 记录跑步里程。该举措有效降低了活动门槛，更广泛地吸引了各地跑者踊跃参与。

6. 创造性解决方案

阿迪达斯充分发挥"运动创造"精神，将 Parley 海洋塑料进行回收再造，成了 Parley 高级面料。由其制造而成的 adidas × Parley 系列产品将成为品牌可持续发展战略的重要支柱。该系列产品不断更新品类，各类跑鞋及运动服饰深受消费者喜爱，更在 2019 年澳大利亚网球公开赛华丽亮相。

（二）专家点评

企业的社会责任一般分为必尽责任（能够出色完成自身基本任务）、应尽责任（对组织行为引发的相关问题的关心）、愿尽责任（为关注一般社会问题并有所贡献）。同时兼顾三者，尤其是重视愿尽责任与行为，企业才能真正建立良好声誉。

阿迪达斯连续 3 年在全球范围开展"跑出蔚蓝"活动，力图体现的正是努力实现其社会责任 3 个层次的统一。通过运动的力量，唤醒社会对海洋塑料污染问题的认识，鼓励更多人参与保护海洋的行动，同时强化自身"通过运动改变生活"的品牌核心理念，是一个双赢乃至多赢的切入点。

好的创意要有好的效果，项目执行就非常重要。3 个关键点抓得很好：一是持久坚持，体现其公益本质而非"作秀"；二是争取全球性影响力，海洋塑料污染问题并非一国一地就可解决；三是传播手段的数字化，以适应当今社会人们互动的主流方式。

阿迪达斯发挥"运动创造"精神，将 Parley 海洋塑料回收再造成为高级面料以制造 adidas × Parley 系列产品，应该是一大亮点。但在文本中未见更多相关内容的传播，是为项目策划的缺憾。

——中国高等院校市场学研究会顾问，广东外语外贸大学教授　钟育赣

第五章　公共安全

公共安全是每个公民最关心、最直接的利益所在，其涉及公众生命、健康、财产等方面的安全。随着社会流动加剧，违法犯罪、群体矛盾更加复杂多样，社会公共安全风险增大，公共安全事件多发。因此，公共安全议题日益受到关注。在过去，宏大的公共安全传播由政府主导，而方式停留在宏观的说教方式上。随着互联网的兴起，新媒体为公共安全这一议题的传播提供了更贴近生活的传播载体。传播手段的革新为企业和组织创造了机会去贴近受众。因此，越来越多的企业和组织加入公共安全的传播中，试图唤起公众对社会问题的关切，一些行业巨头也努力承担起社会责任，为社会安全问题提供一套解决方案。

公众的广泛认同和参与是公共传播产生效果的前提。而随着新媒体时代的发展，政府、社会组织、作为公民的个人拥有了更为平等的媒介接近权利和使用权利。传播渠道的多样、迅速使个人可以获取更多的信息，也提升了公众对公共安全问题的重视程度。

本章主要分析有关公共安全的传播活动，聚焦事故频发的交通安全、备受关注的社会秩序和日益受重视的公共卫生等议题。在交通安全话题上，东风雪铁龙关注司机的"怒路症"，打造亲情版语音导航；大众用社会实验方式完成了一则公益互动广告；日本丰田别出心裁送咖啡，提高司机行车注意力；在社会安全话题上，腾讯运用人脸识别、LBS 等创新科技为寻找失踪人口提供了解决方案。BMW 长期坚持关注儿童及家长的交通安全意识，通过训练营、校园安全大使、安全指导手册等形式，发动多方利益相关者共同参与。

不难看出，新媒体的用户参与为公共传播创造了更有效力的手段，扩大了传播的广度，使传播内容更精确。而传播主体在公共安全领域的传播需要策略性，在结合自身优势的基础上，怎样让受众从宏大的话题中感知与自身利益的密切关联，需要传播主体对议题的准确识别和对内容的创新表达。因此，我们将在本章中共同探索新媒体时代下企业、组织在公共安全领域中更好的传播方式。

案例一　东风雪铁龙 Fami-Navi App

一、案例信息

（1）案例名称：东风雪铁龙 Fami-Navi App。
（2）执行时间：2016 年 3 月。
（3）传播主体：东风雪铁龙。
（4）代理机构：北京电通广告有限公司。

二、案例展示

（一）案例背景

据北京电通的数据，我国的汽车数量正不断增加，平均每年有 2500 万辆的增长。然而，交通安全并没有得到进一步维护，国内交通事故的发生率正以每年增加 10% 的速度上升。① 国内驾驶者的安全意识仍普遍较弱，是交通事故屡增不减的原因之一。

交通拥堵、恶劣天气、车辆事故、其他司机的野蛮驾驶行为等压力的积累导致不少驾驶者具有"怒躁"情绪。北京电通的调查显示，当驾驶者独自一人驾驶时，通常会以自我为中心，驾驶行为可能会变得急躁；当车内有同乘者，特别是有驾驶者关爱的人时，其开车习惯会有所改进②。改变驾驶者的驾驶环境，排解其在驾驶过程的负面情绪是从根源上减少交通事故发生的一个解决方法。

安全驾驶技术正不断发展，而如果驾驶者本身不改变心态、自觉遵守交通规则，恶劣的交通状况也难以得到改善。基于如今大多数城市驾驶者习惯使用智能手机并下载各种导航 App 作为驾驶时的指路工具的观察，东风雪铁龙把城市驾驶者作为目标对象，希望利用新技术来帮助城市家庭，在改变驾驶者心

---

① 参见数英网《Fami-Navi，以家人的声音作为导航伴你安全行车》（2016 - 12）〔2018 - 04 - 07〕（https://www.digitaling.com/projects/24594.html）。

② 北京电通广告：《"Fami-Navi"引导驾驶者安全驾驶》，见电通创意网〔2018 - 04 - 07〕（http://www.beijing-dentsu.com.cn/post.php?id=1116）。

态、引导其安全驾驶的同时教导孩子们了解道路安全的有关知识，从根本上保障驾驶者行车安全，减少交通事故的发生。

（二）案例策划与执行

1. 核心理念

东风雪铁龙利用 App，教导驾驶者的家人学习相关的交通安全知识的同时对其声音进行录音，并用 App 将录音转换成导航语音。驾驶者在利用 App 进行导航时，便可听到家人为自己"指路"的声音。由此，向驾驶者的家人传授交通知识，缓解驾驶者的路怒情绪，最终维护交通安全。

2. 执行内容

北京电通开发了一款新型的名为"Fami-Navi"的 App（如图 5−1 所示），分别有"交通礼仪录音绘本"和"导航"两个功能。绘本以卡通和故事形式，让孩子们跟着家人在阅读中逐渐了解交通礼仪，同时可通过朗读绘本进行录音；随后，App 将语音识别科技与地图数据相连接，让录音转化为导航语音。当驾驶者开启 App 进行导航时，录制的导航语音就会被播出，提醒驾驶者谨慎驾驶，让他们感觉家人就在自己身边，从而改变不良驾驶习惯，保障交通安全。

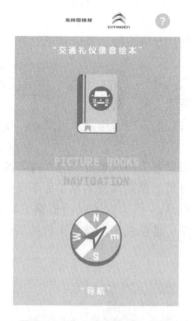

图 5−1　Fami-Navi App 界面

该 App 自 2016 年 3 月 25 日在各大手机应用平台上推出，并在东风雪铁龙官网、微博、官方微信公众号等平台进行宣传。

（三）案例效果

1. 活动效果

据北京电通的信息，在 App 发布后，90% 使用 Fami-Navi App 的用户认可了这个 App，认为使用家人声音导航使他们开始注意到交通安全规则。[①] 它增强了驾驶者在驾驶时的安全意识，同时也帮助驾驶者的家人意识到交通安全规则的重要性。使用该 App 的受访用户提道，"总觉得家人就在我身边，（App）让我开车时十分平静""听着自己小宝贝的声音给自己导航，我一定要更谨慎地驾驶"。[②]

2. 获奖情况

2016 中国广告长城奖互动创意奖无线 App 类金奖[③]、2016 中国 4A 营销金印奖移动类应用程式金奖及直销类佳作奖[④]、2016 釜山国际广告节直销类银奖[⑤]、2016 One Show 中华创意奖移动端类铜奖[⑥]、2017 日本 Creativity of Digital Experiences Award Good Use of Media、2017 亚太广告节移动类铜奖[⑦]。

三、案例分析

（一）洞察精准，高度贴合品牌主调性

该活动不仅有驾驶者在载有乘客时开车更为谨慎的这个洞察，还察觉到了在其背后的人们普遍关心他人、关心家人的人性。正如北京电通创意执行总监

---

①　北京电通广告：《"Fami-Navi"引导驾驶者安全驾驶》，见电通创意网 ［2018 - 04 - 07］（http://www. beijing - dentsu. com. cn/post. php?id = 1116）。

②　北京电通广告：《"Fami-Navi"引导驾驶者安全驾驶》，见电通创意网 ［2018 - 04 - 07］（http://www. beijing - dentsu. com. cn/post. php?id = 1116）。

③　中国广告长城奖，始办于 1982 年，是中国国际广告节的核心赛事之一。

④　中国 4A 营销金印奖创办于 2006 年，征集评选中国最优秀的广告作品和创意营销活动。2016 年，中国 4A 金印奖共收到 1324 件参赛作品，选出营销金印奖金奖 13 件。

⑤　釜山国际广告节，是由韩国釜山政府主办的国际性活动。2016 年共有来自 61 个国家 18063 部作品参与奖项评选。

⑥　OneShow 广告奖是由美国 One Club 于 1975 年创立和主办的广告大奖，其国际创意奖作为全球最负盛名的创意奖项，中华创意奖是 The One Club 在大中华区设立的区域性创意奖项。

⑦　亚太广告节，创立于 1998 年，是亚太区较著名、影响力较大的广告节之一。

津布乐一树所言："评委能看到案例背后的洞察，能立刻感知到案例对人性的理解。受众在安装这个 App 后，也能直达自己的内心，我们利用自身的创造能力，为社会问题提供解决方案。"① App 的导航提醒功能既将驾驶者和安全驾驶规则联系起来，语音转换的技术也将人与他人间的相互关心联系起来。为驾驶者创造愉悦的驾驶感受，这与东风雪铁龙"人性科技，创享生活"的品牌主张十分贴合。

（二）成本与使用门槛低，可执行性高

Fami-Navi App 使用的语音录制技术和导航技术现今发展都较为成熟，降低了 App 的开发难度。并且，该活动仅需一个 App 即可完成，无须依靠线下资源，用户只需在应用平台上下载即可使用。这是一个低成本和使用门槛较低的活动，其可执行度也相对更高。

（三）活动创新有暖意，突显平凡中的不平凡

在明星录制的导航语音包屡见不鲜的今天，该 App 还能在这常见的功能上别出心裁。家人录制的语音导航既有满满的关爱，又显得十分特别。北京电通采访的用户提道："这让我以后开车更加小心，我觉得这个创意非常好。"②

四、案例延伸

（一）横向对比：安联保险推出的安联家庭导航定位系统

2015 年，安联保险曾与奥美巴黎推出"安联家庭导航定位系统"。安联保险让驾驶者家人专门录制好语音，而后驾驶者下载好 GPS 语音安装包，并利用 Waze 软件切换语音设置方案，即可在驾驶过程中使用家人录音播报的导航，与 Fami-Navi 的导航功能十分类似。这个系统也使驾驶者在驾驶过程中更加集中注意力，减少事故发生。

相比而言，Fami-Navi App 的设置要更完善且出色。首先，Fami-Navi App 的操作要更简单便捷。安联家庭导航定位系统不仅需要专门下载语音包，还需

---

① 杨慧芝：《公益广告如何与商业价值结合：Changing Room & Fami-Navi》，载《中国广告》2017年第 3 期，第 55 页。

② 参见北京电通广告《"Fami-Navi"引导驾驶者安全驾驶》[2018 – 04 – 07]（http://www.beijing – dentsu.com.cn/post.php?id = 1116）。

要依靠其他软件来实现语音设置切换；但 Fami-Navi App 则将录音、导航和语音切换融合在了同一个 App 中，并且用户无须再自行进行语音设置，降低了用户的使用门槛。其次，Fami-Navi App 惠及的人群更广。App 不仅能引导驾驶者安全驾驶，还能教授驾驶者的下一代相关的交通知识，有利于长远地解决交通安全问题。同时，教导孩子阅读绘本的功能设置也为驾驶者家庭提供了亲子互动的机会。相比之下，安联保险的导航系统主要针对驾驶者本身，而 Fami-Navi App 更加针对驾驶者及其家庭。

（二）成功的公共传播需要回归人性

人性即人的天性，是人类天生的、普遍所具有的心理属性。受制于先天影响，人的行为习惯总是有人性的影子。公共传播需要贴合人性、回归人性，方能实现自身的传播目标。

人性是中性的属性，惰性也许是其中之一。信息时代，人们有时并非缺乏认识，只是疲于对自己的行为作出改变；同时，还对自己有种乐观偏差，认为自己不会出事故。基于这个洞察，东风雪铁龙并没有选择耗费大量精力来对驾驶者进行交通安全知识的科普，而是选择融入人们的日常生活，通过改变人们的使用品来影响、改变人的行为。即使没有要求人们对日常循环和习惯作出过多改变，但这也能循序渐进地影响人的抉择。

人也有关心、关爱他人的善良天性，他们与所爱之人总是存在着剪不断的感情与责任。即使在冲动、愤怒、不为自己生命负责的极端情况下，所爱之人的存在总是会让人们保持一定的清醒及表达关爱的动力。亲人语音的设置对驾驶者而言是一种提醒，提醒他们自己并非完全独立的个体，他们还有亲人与爱人的牵挂，这触及了驾驶者内心柔软的部分，也是他们安全驾驶的动力之一。即使 App 本身仅是简单功能的叠加，但技术对人生命的关怀、技术唤起的人对他人的关怀，让整个公共传播活动充满了人性的光辉。

公共传播的目标无外乎让公众获得知识、产生信任、做出行动，"标题党"等博眼球的方式固然能让传播内容获得一定的关注，但若想真正实现目标，还需要回归人性，从人的天生的心理属性出发，才能长久流传，最终达成知信行的目的。

案例二　大众汽车"Eyes On The Road"公益互动广告

一、案例信息

（1）案例名称：大众汽车"Eyes On The Road"公益互动广告。
（2）执行时间：2014年6月。
（3）传播主体：大众汽车（中国）。
（4）代理机构：北京奥美。

二、案例展示

（一）案例背景

越来越多的汽车品牌意识到，在驾驶过程中使用手机极其危险。最高人民法院的机动车交通事故责任纠纷数据显示，2012年1月1日至2017年6月30日，我国有十分之一的交通事故都是因为开车玩手机而造成的。① 相比于已不再新鲜的标语式宣传，大众汽车希望以与众不同、让人记忆犹新的方式来警醒公众，使其重视开车低头看手机的危害，从而做出行为改变，减少车祸的发生。

（二）案例策划与执行

1. 核心理念

在交通安全已经成为老生常谈的今天，大众汽车希望以别出心裁的方式，让公众真正关注到不良驾车行为的危害及交通安全维护的重要性；同时，扩大话题的传播度，引发公众讨论，从而使议题在更大范围内产生影响。

2. 执行内容

工作人员在香港MCL影院事先准备了投映视频，并安装好移动通信基站。观众在不知情的情况下进入放映室，在入座后开始观看以驾驶者视角录制的视

---

① 参见中华人民共和国最高人民法院网《〈第二届司法大数据专题分析课题之机动车交通事故责任纠纷案件〉专题摘要》（2018－03－29）［2018－04－07］（http://www.court.gov.cn/fabu－xiangqing－88822.html）。

频。一辆车启动并在路上行驶，伴随着欢快的车内音乐，汽车的驾驶速度越来越快。随后，工作人员利用移动通信基站给观众手机发送信息，观众收到信息后陆续低头看手机。这时，画面内的汽车突然偏离了驾驶路线，撞上了路旁的树后才停下。画面出现字幕——"开车时使用手机，已经成为车祸身亡的主要原因之一。再次提醒您，小心驾驶"。最后，画面在出现大众汽车的图标后结束（如图5-2所示）。

图5-2 视频：画面中的车发生交通事故，玻璃被撞碎

整个实验的过程以视频方式被记录，事后该视频被投放在了YouTube等互联网平台上传播。

（三）案例效果

1．活动效果

截至2017年10月，该视频在YouTube上的播放量超465万次，超9000人点赞。

2．获奖情况

Spikes Asia 2014 亚洲创意节全场大奖①、2014 大中华区艾菲奖（非营利机构公益类、机动车类、媒体创新类、影响者营销）金奖②、英国社会化视频营销机构 Unruly "2014 年病毒广告20强"（The 20 Most Viral Ads of 2014）第15名、2015 One Show 国际创意节年度汽车广告奖体验式广告的"年度汽车广告奖"。

---

① Spikes Asia，由戛纳国际创意节主办方 Lions Festivals 和英国 Haymarket Media 共同承办，是一个涵盖全亚洲的奖项。

② 大中华区艾菲奖，由中国广告协会主办，致力表彰大中华地区最具实效营销传播作品。

三、案例分析

（一）利用恐惧诉求，尺度把握得当

开车时看手机，这其实和部分司机存在侥幸心理有一定关系。模拟开车玩手机导致车祸的情景有利于唤起公众对现实中同类行为发生车祸的易感性[①]和结果的严重性[②]，从而产生恐惧，促使其改正看手机的习惯来进行自我保护。另外，恐惧诉求与公众的态度行为并非线性关系，过度的恐惧往往会引起公众的不适，难以实现理想的说服效果。该广告的内容是在大部分观众可接受的心理范围内，尺度掌握得当，能实现良好的传播效果。

（二）多重感官调动与互动环节相结合，实验式记录别具特色

运用多种感官系统，化抽象为具体。与普通的公益广告相比，该广告的场景建构在利用观众视觉、听觉的基础上更充分调动了观众的触觉，增强其现场感。电影院的座位本身就与驾驶位有相似之处，有利于模拟观众自身在驾驶之感；同时，电影院漆黑的环境也有利于让观众专注视频，更快速地产生沉浸体验。其次，车祸带来的视觉冲击、汽车碰撞背景音乐的搭配能增强场景的真实性，让观众更直观地感受车祸的可怕，从而达到理想的传播效果。再次，观众置身场景中并低头看手机这一环节也打破了过去的汽车安全广告往往是司空见惯的广告主独立制作的方式，而是受众与广告主互动促成的作品，从而实现大众汽车希望警醒公众的方式别具一格的传播目的。

由于没有额外或事先的知会与提醒，社会实验式的广告往往能展现人们在某种情况下自然真实的反应，由此，广告所呈现的内容也更具真实性，可信度也更高。这则广告在没有告知的前提下展现了观众模拟遭遇车祸后的惊恐表情，在客观上也让广大受众意识到自己在真实车祸时可能存在的反应及结果，促使其在未来通过行为改变来保护自身安全。

---

① 恐惧诉求理论的外部刺激之一，是指个体对其经历威胁的风险的认知。
② 恐惧诉求理论的外部刺激之一，是指个体对威胁的严重性的认知。

四、案例延伸

（一）横向对比：开100千米不玩手机，丰田免费送一杯咖啡

针对司机在驾驶过程中使用手机的现象，日本丰田在2016年与当地的手机运营商及品牌咖啡店合作，开展了"行驶100千米不玩手机，丰田免费送咖啡"的活动。

与丰田汽车送咖啡活动需要线上线下联动的执行相比，Eyes On The Road公益广告仅以视频作为载体，能在更大范围内进行传播。同时，互联网也能为受众提供观后交流的平台，强化开车不玩手机的认知的同时引发更多人关注并反思。

同样是以改正司机开车用手机的习惯、维护交通安全为传播目的的两个案例，却能有截然不同的创意执行，这也印证了"条条大路通罗马"的道理。尽管公共安全往往需要人们关注交通安全、健康保护等有可能引起心理不适的议题，这些负面情绪也会引起人们的恐惧诉求，但并不意味着公共安全议题的传播就必须依靠诉诸恐惧诉求。展示并让人们相信改变不良行为能为自己带来良好收益，其实也是构想创意的一个思路。

（二）理论贴士：恐惧诉求

恐惧诉求（fear appeals）是一种以劝服为目的的传播策略。一则有效的恐惧诉求信息应有一定的刺激源，除必须成功地激发受众害怕或焦虑的心理外，同时还必须让受众相信信息中所提供的避险行为的有效性，以及自认为有能力执行或完成信息中所建议的行为。[1]

案例三　开100千米不玩手机，丰田免费送一杯咖啡

一、案例信息

（1）案例名称：开100千米不玩手机，丰田免费送一杯咖啡。

---

[1]　贺建平：《恐惧诉求在公益广告中的传播效果》，载《贵州师范大学学报》（社会科学版）2004年第2期，第28－32页。

（2）执行时间：2016 年 9 月 20 日—2016 年 10 月 6 日。

（3）传播主体：日本丰田汽车、日本电信公司 KDDI 及日本本土咖啡连锁店 Komeda。

（4）代理机构：博报堂 i-studio（互动创意广告公司）。

二、案例展示

（一）案例背景

根据日本丰田提供的数据，在过去 13 年中，爱知县①的交通死亡率一直居日本首位。2015 年，日本有 443691 个交通事故死亡案例，其中，大约每 10 件死亡案例就有一件是由司机在驾驶时使用智能手机造成的。② 随着人们使用手机愈发频繁，由此引发的交通事故也越来越多。但目前，官方还未提供有效的解决计划。

丰田高管村上秀一提道，为了能为实现交通零伤亡、零事故这一最高目标尽一分力，丰田已将汽车的安全措施列入管理的重中之重③。恰逢日本的秋季交通安全周（9 月 21 日至 9 月 30 日），丰田希望通过给予司机一定的物质奖励来减少其开车使用手机的现象，从而减少交通事故的发生。考虑到日本是咖啡文化气息浓厚的国度及咖啡消耗大国，咖啡成为针对需要开车的上班族的理想奖励。

（二）案例策划与执行

1. 核心理念

丰田希望以给予物质奖励的方式鼓励司机减少开车使用手机的行为，从而为实现交通安全尽一份力。因使用手机而事故多发的爱知县仅是行动的起点，如果成效理想，将在日本其他地区推广。

2. 执行内容

日本丰田联合日本电信公司 KDDI 及日本本土咖啡连锁店 Komeda，由博

---

① 爱知县，位于日本本州岛中部地区的西南部，占地面积 5164.57 平方千米，下辖 38 市、15 区、13 町、2 村。

② MILLER M J. "Driving Barista" App Targets Japan's Deadliest Roads. （2016 – 09 – 28）［2018 – 04 – 08］. http://www. brandchannel. com/2016/09/28/toyota – driving – barista – 092816/.

③ 参见英语点津网《日本 App 出新招：驾车不看手机，免费请喝咖啡》（2016 – 09 – 27）［2018 – 04 – 07］（http://language. chinadaily. com. cn/2016 –09/27/content_ 26901305. htm）。

报堂 i-studio 设计开发了名为"Driving BARISTA"的免费 App。该 App 可利用陀螺仪传感器判断智能手机倾斜情况，还可利用 GPS 功能测量移动距离。

　　在驾驶过程中司机将启动该 App 的智能手机倒扣放在车内，在这种状态下行驶的距离就会记录在智能手机中。如果行驶途中司机拿起手机，则 App 内的咖啡会被打翻，如图 5 - 3 所示，表示积累的里程将归零，需要重新开始计算里程。当行驶距离至少达 100 千米时便可获得一张 Komeda 咖啡店的免费咖啡兑换券。完成 100 千米的挑战后，司机每次需要行驶 200 千米不玩手机才可再次换取新的兑换券。目前，该 App 只在爱知县内使用。

图 5 - 3　介绍视频：在未到目标里程之前使用手机，须重新积累里程

（三）案例效果

　　据丰田的官方数据，活动期间该 App 下载量约 37000 次，累积行驶里程达 260 万千米，共发放免费咖啡约 20000 杯。[①]

　　截至 2017 年 12 月，宣传视频在 Facebook 播出后获超过 4 万点击量、800 次点赞。网友认为，这是日本丰田主动承担企业社会责任的体现，同时希望该活动在日本其他地区也能执行。

---

① TOYTA EUROPE NEWSROOM. 2016 final results of the driving barista application project aiming to prevent smartphone-related traffic accidents. (2016 - 11 - 15)［2018 - 04 - 07］. https://newsroom.toyota.eu/ 2016 - final - results - of - the - driving - barista - application - project - aiming - to - prevent - smartphone - related - traffic - accidents/.

三、案例分析

（一）执行方式融入日常，利于习惯养成

同样是鼓励公众改正开车使用手机的习惯、维护交通安全，该案例与上一案例（大众汽车"Eyes On The Road"）的互动体验各有侧重。

Eyes On The Road 重视利用有冲击感、沉浸感的体验来强化公众对开车使用手机的危害的认知，Driving BARISTA 的特色则跳过了让公众对交通安全议题"知晓""相信"的环节，直接从"改变行动"的环节切入，使公众开车不使用手机的习惯能在更自然、日常的情景下养成。公众对开车使用手机的危害并不是一无所知，然而，他们未必会做出相应的行动改变，这说明并不是所有认知都能转换成直接的行动。Driving BARISTA 的激励机制正好能驱动受众实现从知晓到行动的跨越。

（二）及时反馈任务结果为公众参与提供动力

反馈效应是指及时对活动结果进行评价，能强化活动动机，对工作起促进作用。在每次任务完成时，该 App 都会发放咖啡优惠券给用户作为对其开车不使用手机的奖励。及时反馈不仅能使用户立刻感知自己行为改变的可回报性，也能使他们产生下次也能完成任务、获得回报的期待，从而激励其使用 App 并坚持开车不玩手机的行为。

但该 App 也有缺点。App 对不玩手机的里程门槛只有 100 千米和 200 千米两种设置，在完成 100 千米的挑战后，则只有恒定不变的 200 千米不玩手机的挑战。这种区分度并不明显的任务门槛设置会导致用户任务完成满足感的边际递减，即由于 App 的任务难度和奖励长期持续不变，任务缺乏挑战性，人们坚持开车不使用手机的动力会越来越小。

四、案例延伸

Drive Awake：防止疲劳驾驶的手机 App

泰国是疲劳驾驶导致车祸多发的国家。基于这个洞察，泰国咖啡连锁店 CafeAmazon 推出了一个名为"Drive Awake"的 App。当司机在开车的时候开启这款应用，该 App 就能通过眼睛捕捉技术来监测司机是否闭眼。如果检测

到司机的眼睛长时间闭起来，这款应用就会发出尖锐的鸟鸣声来叫醒司机。应用中还内置了咖啡馆的位置定位功能，司机可以选择查看距离最近的 CafeAmazon 的地理位置。

同样是以确保司机安全驾驶、维护交通安全的 App，Driving BARISTA 将不使用手机的过程化为游戏任务式的设置，并在任务完成时给予用户实质奖励；CafeAmazon 则更多起到监测驾驶情况和咖啡店导航的功能。相比之下，Driving BARISTA 更具游戏式的趣味，将不使用手机变成了一种对用户的挑战，既可激励用户完成，任务奖励也有利于使用户对开车不玩手机的行为产生正面印象。

案例四　QQ 全城助力

一、案例信息

（1）项目名称：QQ 全城助力。

（2）执行时间：2015 年 6 月 15 日开始。

（3）策划主体：腾讯、宝贝回家志愿者协会①（以下简称"宝贝回家"）、中国公安部打击拐卖妇女儿童犯罪办公室（以下简称"打拐办"）。

二、案例展示

（一）案例背景

随着社交媒体与日常生活的交融度不断提升和公民意识的觉醒，公益事业在技术革新下迎来了新的发展机遇，微公益应运而生，以平民化、常态化的理念缩短了以往大众与公益事业的距离，倡导聚集个人力量来完善社会公共服务体系。

近年来，儿童安全成了社会高度关注的议题。目前，我国儿童安全保护主体主要是各级政府部门，第三方组织和公众个体参与度不足。我国的公安部门和民政部门分别有独立的管理范围，面对急剧加速的人口流动现状，各地的人

① "宝贝回家志愿者协会"是已在民政部门正式注册的民间志愿者组织，是独具法人资格的地方性非营利社会公益团体。

口管理仍然基于户籍的基础，使失踪人口跨地域追查难度大、程序多、效率低。而国外经验表明，只有集合政府和包括社区、民间组织、个人在内的众多民间力量，才能降低伤害风险，多方位、高效度地落实儿童保护工作。而腾讯作为拥有最多国内活跃用户的互联网巨头，有能力将自身优势与社会公益需求结合起来，为社会做出更多贡献。

QQ 全城助力项目以手机 QQ 为载体，着眼于公益项目，打造寻找走失儿童的黄金 72 小时网络。这是我国首个由科技公司与公安部以及民间公益组织联手打造的紧急信息求助平台，也是互联网介入社会公共服务体系建设的一次新尝试①。

（二）案例策划与执行

1. 核心执行理念

QQ 全城助力提供的并不仅仅是一个产品解决方案，而是一套社会服务的思路，通过 8 亿 QQ 用户的基础和地理定位等技术，将用户与社交、求助信息连接起来，这中间不仅包括商业化内容，还包括公益与公共服务。

2. 执行内容

（1）2014 年，腾讯创立利用移动互联网定位技术的公益平台——QQ 全城助力公号，向失踪儿童所在城市网友推送失踪儿童信息②。

（2）2015 年，"QQ 全城助力　黄金 72 小时"视频上线并传播，在视频结束后出现 H5 页面，公众点击"立即帮助孩子回家"的链接则会进入全城助力的项目介绍。

（3）QQ 全城助力与公安部打拐办、"宝贝回家"建立长期、高效的日常通报机制，由公安部打拐办和宝贝回家直接向 QQ 全城助力提供失踪儿童信息以及家长报案信息，收到信息后，QQ 全城助力最快可以在 30 分钟内发出准确的求助消息③。

（4）QQ 全城助力"人脸寻亲功能"（如图 5 - 4 所示），通过人脸识别技

---

① 参见腾讯新闻网《腾讯 QQ 全城助力获亚洲创意节 Mobile 类铜》（2016 - 09 - 25）［2018 - 04 - 08］（https：//news. qq. com/a/20160925/016576. htm）。

② 参见数英网《QQ 全城助力黄金 72 小时　帮助"失联儿童"早日回家》（2015 - 09）［2018 - 04 - 08］（https：//www. digitaling. com/projects/15545. html）。

③ 参见人民网《"QQ 全城助力"见证公益的力量》（2016 - 04 - 18）［2018 - 04 - 08］（http：//gongyi. people. com. cn/n1/2016/0418/c151132 - 28283306. html）。

术实现跨年龄人群匹配，让更多家庭早日团圆①。

图 5－4　QQ 全城助力人脸寻亲项目②

（5）自 2.0 版本上线以来，QQ 全城助力与中国稀有血型联盟进行合作，开启了线上寻找熊猫血（Rh 阴性血）功能和寻找走失老人功能，网友可以自由认领该活动，成为志愿者。此外，网友可以发送志愿者邀请函给 QQ 好友，好友认领后也会获得志愿者证书。

（三）案例效果

（1）相关数据。视频和 H5 页面上线一周后，点击率超过 1400 万，转发超过 10 万次。2.88 亿用户直接参与寻找失踪儿童，已帮助 11 个家庭找回 12 个孩子。

（2）得奖情况。该项目荣获 2017 年戛纳国际创意节 "USE OF SOCIAL DATA&INSIGHT" 金狮奖，"Mobile Lions" 竞赛单元铜狮奖。

---

① 参见搜狐网《腾讯斩获戛纳创意节中国首金》（2017－06－22）（https://www.sohu.com/a/150910818_119778）。

② 图片来源见腾讯科技［2022－06－14］（https://tech.qq.com/a/20170621/016730.htm）。

三、案例分析

（一）将善意融入产品服务，塑造更全面的企业形象

在科技改变世界的同时，科技也给社会带来了不少伦理道德问题。以科技作为资本的互联网公司如何改变其在大众心中的冰冷形象成为企业对外传播的关键所在。企业在选择公益项目上需要考虑话题的关注度和自身能力的匹配度。首先，寻人是一个广受关注且有很高社会美誉度的公益项目。一个成功的寻人结果不仅会得到媒体的广泛传播，也会引发公众的口耳相传。其次，腾讯作为中国互联网巨头之一，拥有广泛的用户基础，其致力于个体之间、个体与世界的联结，并以此创造价值。"QQ全城助力"项目把公益与腾讯提供的联结服务相结合，让用户在使用服务的过程中参与寻人公益，感受技术背后的善意和责任，无形中也是在接收企业所传达的价值观。

（二）自主认领及社交分享，全城助力引发公益"裂变"

QQ全城助力在升级至2.0版本以后，网友可以自主认领志愿者项目。成为特定项目的志愿者后，一旦有同城的人发起求助信息，QQ全城助力会马上向该城市的项目志愿者主动推送案件信息。同时，网友成为志愿者后可以发送志愿者邀请函给QQ好友，邀请亲密好友加入志愿者队伍，好友也会得到志愿者认证书。通过QQ成熟的关系链和8亿多月活跃用户，将QQ全城助力的信息扩散给全国各地的朋友，驱动更多的人关注并参与公益事业当中。

公益活动本身是自愿活动，无须太多功利性鼓励，而是激发人们的自动参与、自发传播，感染身边的人，即关键在于增加公众在活动中的互动性，产生参与感与自豪感。QQ全城助力把助力主体设定为社会公众，每一个社会人都可以参与求助—发布信息—获取信息—转发帮助的全环节，每一个案例的成功侦破都是社会个体共同付出的成果。互动的前提是参与，参与的核心则是体验，当活动可以给公众带来充分的体验时才能激发他们的自豪感。如果参与者无法影响活动本身，不能实现与活动的互动、交流，而仅仅停留在"捐赠"层面，体验感就会丢失，公众则会失去与事件的共情，公益活动就丧失了其持续发展的活力。

（三）融合科技与公益，展现企业技术实力

腾讯公司作为一家以创新技术为主导的互联网企业，其企业形象需要塑造

温情化的一面。近年来，QQ 在科技探索上大胆尝试，利用人脸识别等人工智能技术实现用户在视频交互中的趣味玩法。同时把应用于成就商业价值的技术成功推广至社会公益领域，实现技术与公益的完美结合，如人脸识别寻亲项目可通过人脸识别技术精准匹配相貌，解决容貌随年龄而变化的问题。腾讯将公益行动建立在用户数据的基础上，以自身优势技术，如人脸识别、基于位置的服务（LBS）等为驱动，使公益效果更为明显，企业技术更有温度。

四、案例延伸

科技寻人的起源及其在中国的发展

安珀警报（Amber Alert）是第一套科技寻人的系统。1996 年，美国在经历了安珀绑架案后，发现了反应时间与参与人数的决定性作用。很快，一套以此为核心的失踪儿童紧急警报系统——安珀警报随之产生。其工作逻辑并不复杂：儿童绑架或失踪案件发生，目击者或当事人报警，经警方审核后通过安珀警报系统发布警报，经各类媒介进行传播，由警方与民众合力寻找目标。随着互联网兴起，安珀警报的发展也从传统媒体扩展到社交媒体和应用上。

寻人从过去的张贴小广告到如今的精确推送无不依赖足够广泛的用户基础。美国安珀警报的成功运作基于政府和立法的支持。在中国，电信企业权限的受制和法律环境的不足难以支撑起这类警报系统的发展，而拥有用户基础的互联网企业正好能填补这个空缺。近几年，互联网巨头先后进入科技寻人公益领域，腾讯利用微信打造"中国儿童失踪预警平台"（CCSER）开启寻人计划；阿里与公安部合作上线寻人平台"团圆计划"；今日头条"头条寻人"专注找寻走失老人。3 家公司的寻人都是利用精准推送技术，提高寻人的成功率。正如今日头条副总编徐一龙所言："科技加善意，科技是头条寻人能够成功的助推器；而善意，是头条寻人能够成功的底色。"今日头条通过此项目帮助了 5000 多个家庭实现团圆。

为什么互联网公司都在"寻人"？随着互联网技术的兴起，信息的流动模式发生了变化，信息的传播渠道变广了，但同时传播的容量也不断扩大。在海量信息下，寻人信息的传播准度和影响力会被不断削弱。而互联网企业的精准推送技术能把信息依据地理位置、兴趣爱好等归类，利用大数据和算法得出一个失踪对象的"活动圈"，推动有效的寻人信息的流动。同时，网络寻人能够把每个用户当作一个连接点，再以点带面地扩散信息，层层传播。腾讯、阿里巴巴和今日头条都主动与政府相关部门达成合作，在提高网络寻人的可信度和程序合理性的同时，也展现了大企业主动分担服务社会职能的一面。

值得关注的是，在寻人领域中发挥作用的企业不应该存在竞争或者割裂的关系，更应该寻求一种友好的合作关系。美国安珀警报在成长过程中，与MySpace、Google、Facebook、Uber等众多公司建立了合作，这大大提升了安珀的影响范围和响应速度，同时提升了响应预警能力。中国的互联网企业也可以谋求公益上的合作关系，在数据上互为补充，共同团结政府、公众、媒体、组织等多方力量，建立良性、高效的传播渠道。

案例五　BMW 儿童交通安全训练营

一、案例信息

（1）案例名称：BMW 儿童交通安全训练营①。

（2）执行时间：2019 年 9 月。

（3）企业名称：华晨宝马汽车有限公司及宝马（中国）汽车贸易有限公司。

（4）代理公司：励尚时代（北京）公关顾问有限公司。

二、案例展示

（一）项目概述

BMW 儿童交通安全训练营是 BMW 在中国开展的第一个企业社会责任项目，也是业内历史最悠久的儿童交通安全教育的企业社会责任项目。此项目针对中国儿童交通安全社会问题发起，旨在提高儿童及家长的交通安全意识。该项目于 2005 年成立，已连续开展 15 年，走过全国 20 个省、市的 68 座城市，惠及影响人群超过 1 亿，是企业参与儿童安全教育的成功范例。

15 年来，该项目针对不断变化的社会需求，持续探索和创新：由最初小

———————

①　本案例为 2019 年度"金旗奖"金奖案例，特别鸣谢中国公共关系网 17PR 的特别授权，感谢"金旗奖"组委会主席银小冬、BMW 及其代理公司对本书的大力支持。本案例资料由励尚时代（北京）公关顾问有限公司提供，刊登于金旗奖网站 http://www.17pr.com/news/detail/204579.html，原文简版首发于《2019 最具公众影响力公共关系案例集》。为呈现专业机构对案例的展示结构，有助于读者更好地了解业界实践操作，本书编者未对获奖案例文字内容进行修改，仅根据本书体例稍加调整。

范围的简单活动，发展到覆盖全国的大规模路演活动，再演变为广泛带动利益相关方与社会公众共同参与、深入社区传递儿童交通安全知识的公益倡导活动。

15 年来，该项目广泛带动利益相关方参与，创造共享价值：搭建了 BMW 与利益相关方之间的桥梁，广泛带动 BMW 员工、经销商和爱心车主的积极参与，不断创造"滚雪球"式的社会影响力。例如，2018 年，该项目全面启动"BMW 儿童交通安全大使"进校园活动，带动各方参与儿童交通安全教育，与此同时，该项目联合利益相关方成功创造"最大规模的交通指挥手势课"吉尼斯世界纪录™称号。2019 年，该项目联合地方交管部门、BMW 授权经销商、BMW 爱心车主俱乐部共同成立 BMW 儿童交通安全大使培训基地，搭建面向广大公众的公益培训平台，通过赋能利益相关方，为企业与社会创造共享价值。同时，该项目在公安部交通管理局的指导下，联合中国少年儿童新闻出版总社启动《儿童交通安全教育指导手册》的编写工作，大力推动志愿服务的标准化和规范化，助力儿童交通安全教育志愿服务领域的发展。

（二）项目调研

"BMW 儿童交通安全训练营"项目是 BMW 针对中国儿童交通安全社会问题发起的专长性企业社会责任项目，也是 BMW 结合自身资源和核心竞争优势，从中国社会的实际需求出发的结果。

1. 中国社会的紧迫需求

随着中国城市机动化快速发展，城市交通面临的安全挑战越来越大，营造文明的交通环境，提高交通安全意识，成为迫切的社会需求。《中国儿童道路交通安全蓝皮书》（2017 版）指出，在造成 0 ～ 14 岁儿童死亡的原因中，按照死亡人数占比排列，道路交通事故成为第四位死因。同时，中国大部分学校没有建立有关儿童道路交通安全教育的体系，对儿童道路交通安全教育的重视程度不足，这需要联合一切可以联合的力量，在全国范围内开展科学化、规模化、常态化的儿童交通安全教育活动，从小培养儿童的交通安全意识。

2. 企业基因

作为世界顶级汽车产品制造商，BMW 一直努力提高产品的主动和被动安全性；与此同时，BMW 肩负强烈的责任感，倡导安全的驾驶行为，专注于建立和维护一个安全的交通环境，尤其重视对儿童及成人的道路安全教育。

3. 丰富的道路安全教育经验

1977 年，BMW 即成为世界首家向所有驾驶者提供专业道路安全培训课程的汽车制造商。

4．紧跟社会热点问题

每年，BMW 儿童交通安全训练营都会根据与儿童交通安全相关的最新热点问题，在亟待解决的问题中寻找突破口。BMW 每年都会着重关注一个影响儿童道路安全的首要因素，并就此创新。例如，2016 年重点关注儿童安全座椅；2017 年，积极响应公安部交管宣传部门发起的"中国好司机"主题宣传活动，面向广大 BMW 经销商、合作伙伴、车主、员工发起"BMW 好司机"的文明交通倡议，将目标人群由儿童扩展到成人；2018 年，BMW 儿童交通安全训练营项目积极响应公安部、教育部及共青团中央"交通安全体验课"进校园的号召，在公安部交通管理局的指导下，联合中国少年儿童新闻出版总社，全面启动"BMW 儿童交通安全大使"进校园活动，共同推进校园交通安全教育的科学化、规模化和常态化；2019 年，该项目针对儿童交通安全教育课程匮乏的社会问题，在公安部交通管理局的指导下，联合中国少年儿童新闻出版总社启动《儿童交通安全教育指导手册》的编写工作，为广大社会志愿者、教师、社会公益人士及机构提供权威的内容指导。

（三）项目策划

1．目标

（1）传播"BMW 儿童交通安全训练营"新的战略规划，着力提升儿童及家长的交通安全意识，推动儿童安全教育工作的普及。

（2）积极带动广大 BMW 经销商、车主、员工积极参与"BMW 儿童交通安全训练营"的各项活动，齐心协力传播儿童交通安全知识。

2．策略

（1）全方位创新升级。2019 年，该项目持续创新升级，从一次性路演活动拓展为全方位的公益倡导项目，为行业树立标杆，持续引领行业发展。持续关注社会问题，BMW 通过制定标准及规范引领行业发展，联合中国少年儿童新闻出版总社启动《儿童交通安全教育指导手册》的编写工作，大力推动志愿服务的标准化和规范化，引领儿童交通安全教育志愿服务领域的发展。赋能利益相关方，可持续地带动社会公众参与，BMW 联合地方交管部门、BMW 授权经销商、BMW 爱心车主俱乐部，成立 BMW 儿童交通安全大使培训基地，搭建面向社会公众的公益培训平台，持续贡献于本地社区的儿童交通安全教育事业。创新路演形式，惠及更广泛公众，为了满足更多孩子与家长对儿童交通安全教育的需求，BMW 以时下最流行的快闪营形式在城市商业中心面向广大公众开放，为当地提供专业、有趣且易参与的交通安全知识学习场景。

（2）主动制造社会话题，提升全社会关注度。BMW 充分利用自身资源，连接各方，使项目成果最大化。例如，2018 年 9 月，该项目携手超过 1300 名小学生及 BMW 利益相关方共同创造了"最大规模的交通指挥手势课"吉尼斯世界纪录™称号，引起全社会对儿童交通安全的高度关注。

（3）跨界合作。BMW 依托公益联盟平台，与联盟伙伴共享资源，倾力合作，创造更大价值。例如，与中国少年儿童新闻出版总社合作，定制专业教材"儿童交通安全教育魔法箱"；对"BMW 儿童交通安全大使"开展专业培训。与人民交通出版社合作，共同推出儿童交通安全虚拟现实（VR）互动课程，使儿童在沉浸式学习中提高交通安全意识。

3. 受众

该项目的受众为 4 ～ 9 岁儿童、家长、成年驾驶员及广大交通参与者。

4. 传播内容

（1）作为 BMW 在中国开展时间最久的企业社会责任项目，BMW 儿童交通安全训练营在过去 15 年的发展是 BMW 长期贡献中国社会的最佳例证。

（2）在中国，为中国。BMW 儿童交通安全训练营 15 年来始终坚持从社会需求出发，不断探索与升级，由最初小范围的单一活动，发展到覆盖全国的大规模路演活动，再演变为广泛带动利益相关方参与，深入社区传递儿童交通安全知识的公益倡导活动。

（3）该项目在公安部交通管理局的指导下，由中华慈善总会宝马爱心基金资助，联合中国少年儿童新闻出版总社启动《儿童交通安全教育指导手册》的编写工作。该手册将面向老师、社会志愿者，为其提供具有高度实用性的儿童交通安全教育课程以及志愿服务活动指导。该手册的发布将大力推动志愿服务的标准化和规范化，助力儿童交通安全教育志愿服务领域的发展。

（4）作为长期深耕儿童交通安全领域的企业，BMW 敏锐地洞察到校园交通安全教育存在的巨大需求。BMW 联合地方交管部门、BMW 授权经销商以及 BMW 爱心车主俱乐部在全国已建立 16 家 BMW 儿童交通安全大使培训基地，搭建面向社会公众的公益培训平台，为当地社区、学校输送具有专业知识的交通安全教育志愿讲师，持续贡献于本地社区的儿童交通安全教育事业。

（5）为了满足更多孩子与家长对儿童交通安全教育的需求，2019 年，BMW 儿童交通安全训练营大胆创新，以时下最流行的快闪营形式在城市商业中心面向广大公众开放，为当地提供专业、有趣且易参与的交通安全知识学习场景。

5. 媒介策略

（1）权威发布：通过政府平台和权威媒体发声强调项目行业领导力、提升话题的权威性。

（2）创新互动：应用音频、短视频等社交平台，通过创新互动形式激发公众广泛参与，扩大社会影响力。

（3）内外联动：有效结合 BMW 自有平台及经销商自有平台，深化与利益相关方沟通。

（四）项目执行

1. 创新的城市路演

2019 年 5 月 25 日，"2019 BMW 儿童交通安全训练营"将先后在沈阳、苏州、温州、西安、泉州启航。该项目以全新的快闪营形式与公众见面并免费向公众开放，传播儿童交通安全知识。快闪营全新推出"安安趣配音"模块，让孩子与家长们通过为交通安全动画片《安安的故事》配音，生动地学习交通安全知识；同时，该项目在热门音频平台——喜马拉雅 FM 开展线上配音活动，吸引更多家庭广泛参与，打造全民交通安全知识学习热潮。截至目前，共有近 20 万人参与线上配音互动，社会反响热烈。

2. 启动《儿童交通安全教育指导手册》的编写工作

2019 年 5 月 15 日，在公安部交通管理局的指导下，该项目联合中国少年儿童新闻出版总社启动《儿童交通安全教育指导手册》的编写工作，以儿童交通安全大使志愿者为主要对象，为广大从事少年儿童交通安全教育的志愿者提供标准化、规范化、科学化、趣味化的指导手册，推动儿童安全教育工作的普及。

3. BMW 儿童交通安全大使

2018 年，该项目全面启动"BMW 儿童交通安全大使"进校园活动，带动各方参与儿童交通安全教育，惠及近 70000 名儿童。同时，该项目联合利益相关方成功创造了"最大规模的交通指挥手势课"吉尼斯世界纪录™称号。

4. BMW 儿童交通安全大使培训基地

2019 年 3 月，BMW 联合地方交管部门、BMW 授权经销商、BMW 爱心车主俱乐部，在长沙成立首个 BMW 儿童交通安全大使培训基地。截至目前，全国已建成 16 家 BMW 儿童交通安全大使培训基地，搭建面向社会公众的公益培训平台，为当地社区、学校输送具有专业知识的交通安全教育志愿讲师，持续贡献于本地社区的儿童交通安全教育事业。

5. BMW 好司机

自 2017 年发起以来，"BMW 好司机"文明交通倡议始终通过线上、线下的方式推广文明出行的理念。2019 年，BMW 儿童交通安全训练营继续深化"BMW 好司机"文明交通倡议，充分发挥项目自身的核心优势，通过线上渠道征选文明驾驶趣味标语，并以车贴形式联结利益相关方，带动广大车主共同践行文明驾驶礼仪，进一步影响更广泛的社会公众，不断扩大社会影响，在全社会营造文明出行的良好风尚。

（五）项目评估

1. 项目效果

（1）15年来，该项目产生了深远的社会影响力。该项目成功构建了一套社会化的教育体系，弥补了儿童安全教育领域社会力量的缺失。该项目已走过全国20个省区市的68座城市，惠及影响人群超过1亿，是企业参与儿童安全教育的成功范例。

（2）BMW儿童交通安全大使项目。2018年，该项目启动"BMW儿童交通安全大使"，招募包括员工、经销商、车主和媒体在内的407名志愿者，教授71节儿童交通安全体验课，有3665名学生、家长及老师直接受益。截至目前，生动有趣的BMW儿童交通安全体验课已走入全国近200所校园，向近70000人传递交通安全知识。2018年9月，该项目携手超过1300名小学生及BMW利益相关方共同创造了"最大规模的交通指挥手势课"吉尼斯世界纪录™称号，引起全社会对儿童交通安全的高度关注。

（3）BMW儿童交通安全大使培训基地。2019年3月，BMW联合地方交管部门、BMW授权经销商、BMW爱心车主俱乐部，在长沙成立首个BMW儿童交通安全大使培训基地。自2019年3月成立以来，该培训基地已经多次组织志愿者培训活动，并为当地交管部门主导的"十万学子百万市民同上交通安全课"活动提供了教学人员及教学物料支持，惠及超过200万人。截至目前，全国已建成16家BMW儿童交通安全大使培训基地，搭建面向社会公众的公益培训平台，为当地社区、学校输送具有专业知识的交通安全教育志愿讲师，持续贡献于本地社区的儿童交通安全教育事业。

2. 受众及市场反应

（1）政府相关机构。辽宁省公安厅交通安全管理局宣教处副处长季晓军先生："BMW的快闪营活动不仅展现了双方在校园交通安全教育方面取得的成果，更向全社会发出倡议，希望有更多的企业和公众关注、支持、参与儿童交通安全教育工作，为儿童营造更好的交通安全环境。"

（2）媒体。前《国际商报》记者、BMW儿童交通安全大使志愿者孙莹："看着小朋友们快乐、认真的笑容，自己也会特别受到感染。这就是公益的力量。"

（3）学生家长。周茜："通过训练营学习了BMW新车使用知识和怎样更安全地开车，才发现并不是有驾驶证就会开车。老师们讲得非常专业，对荷兰式开门法、儿童安全座椅的重要性都做了详细介绍，孩子们学得也很投入，真的很有意义。"

（4）学校。五一幼儿园："生动活泼的讲解、专业的道具、有趣的游戏让每个孩子都能参与其中，感谢 BMW 儿童交通安全大使的到来，从准备到现场都非常到位，适合幼儿园小朋友。"

（5）BMW 爱心车主。邓丽："很高兴能成为爱心大使，看到小朋友积极发言及对知识的渴望，很是开心。活动也让我更加注重儿童交通安全，我希望将知识传递给更多的人。"

（6）小学生。邵东佘田镇第二完全小学申小敏同学："有意义的暑期生活，在游戏中学习交通安全知识，很开心上这样的课，一定努力学习，回报社会。"

3．媒体统计

（1）BMW 坚持深挖社会需求，并就此创新，获得大量的媒体报道，不仅有政府媒体支持，如各地交管局官方平台，也得到权威媒体的报道，如《中国日报》《环球时报》《国际商报》等。该项目自 2019 年启动至今，就收获 3023 篇全部正面的新闻报道，其中 366 篇为原创文章，广告价值达 71202651 元。

（2）"最大规模的交通指挥手势课"吉尼斯世界纪录™称号挑战在社交平台上吸引了达 3600 万次观看。

（3）2019 年 5 月，首站快闪营活动区域共吸引人流量 63000 人，其中，1737 人深度参与快闪营中的互动环节；同年 6 月，苏州站快闪营活动区域共吸引人流量 160000 人，其中，1200 组家庭深度参与。

三、案例分析

（一）项目亮点

15 年来，BMW 始终坚持研究社会需求，创新性解决社会问题，不断增强项目的生命力，由最初单一的、小范围的活动，发展到覆盖全国的大规模路演活动，再发展为建立固定体验馆，又演变为广泛带动利益相关方与社会公众共同参与，深入社区传递儿童交通安全知识的公益倡导活动。

BMW 将广泛带动利益相关方参与的理念深入到项目每场活动中，通过赋能手段，为企业与社会创造共享价值。随着 BMW 员工、经销商和爱心车主的积极参与，让 BMW 儿童交通安全训练营取得了滚雪球效应，创造的社会效果越来越大。例如，BMW 儿童交通安全大使培训基地就是 BMW 赋能利益相关方，为企业与社会创造共享价值的又一个创新举措。

（二）专家点评

在项目的选择上，BMW 做到了将中国社会的需求和企业的基因与经验密切结合。一方面，中国儿童安全问题十分突出；另一方面，BMW 作为顶级汽车制造商有着丰富的经验。因此，在项目选择上，BMW 将中国社会的迫切需求和热点问题与企业基因和丰富经验密切结合，儿童安全的主题选择十分准确。并且，此项活动锲而不舍地坚持了 15 年，取得了很好的社会效益，并引起了巨大的正面影响。

BMW 在项目的实施中不断赋能，各主要利益相关方，包括 BMW 经销商、车主、BMW 员工等不断地参与进来，促进了可持续的公众参与。并且，通过 15 年的不断努力，在儿童安全方面形成了一批宝贵的财富。例如，在公安部交通管理局的指导下，由中华慈善总会宝马爱心基金会资助，BMW 联合中国少年儿童新闻出版总社合作出版了《儿童交通安全教育指导手册》等，取得了巨大的成果。

另外，此项目在活动形式上不断创新，如"BMW 儿童交通安全大使进校园""BMW 好司机"活动等。"交通指挥手势课"还创造了吉尼斯世界纪录，引起全社会对交通安全的广泛关注。

总之，作为企业履行社会责任的项目，该项目定位准确，持之以恒，广泛赋能各利益相关方，内容不断创新，并形成一批宝贵的成果，堪称汽车行业 CSR（企业社会责任）项目的典范。

该项目待提高之处在于，在儿童广泛参与的 CSR 项目中，如何让更多的学校、学生参与进来，对企业来说是一项巨大的挑战。建议日后可以考虑与公安系统相关平台加强合作，如公安系统正在各地广泛组织的少年警校活动等，利用公安系统资源，广泛进入校园，让更多的儿童和学校参与进来，提高事件的普及性，扩大影响力。在成果方面进一步强化儿童对交通安全认识的提高以及相关法规制度的改善。例如，不断扩大影响力，促进当地政策法规的制定，如儿童安全座椅安装的规定等，更进一步改善中国在儿童交通安全方面的状况。

——迪思传媒集团高级副总裁、中国传媒大学客座教授　沈健

第六章　健康传播

　　健康传播是连接医疗、健康卫生领域和公众健康问题的一座桥梁。所涉及的议题既关乎公众的生命与身体健康，也关乎精神与文明健康，是与公众日常生活和生命历程息息相关的传播活动。因此，这座桥梁如何进入公众生活，一直是健康传播领域所关注的核心议题。要解决好这一核心议题，就要求传播过程既讲求科学的准确，也要理解公众情感诉求，讲求传播、沟通与对话的效果。

　　本章所分析的与健康传播相关的案例将在不同的方面为日后健康传播活动的开展提供可供借鉴的经验。

　　减少对特殊疾病群体的偏见，是健康传播活动关注的一大命题。如何让公众最大限度地"感同身受"？壹基金的"今天不说话"以及 Sydlexia 机构关爱失读症儿童的活动，充分结合了所帮助群体的特点，营造特殊的体验情景，让公众切身体会自闭症和失读症患者的精神世界。"小朋友"画廊创意 H5 筹款活动则以购买艺术作品的参与方式，吸引公众关注精神及智力障碍群体（以下简称"精智障碍"群体)① 的艺术想象，主动提供了可展示和分享的实体。

　　但我们也需要清醒地认识到，公共传播活动在追求更广泛的社会参与的同时，必须重视传播语境中的社会文化背景。

　　给孩子的一串免疫手链（Immunity Charm）活动案例，充分理解阿富汗本土社会文化、借鉴当地的风俗习惯，提高了民众对于疫苗科学性的信赖。

　　除了充分理解社会文化语境，新媒介、新手段的使用也有效提高了健康传播的公众参与度。"中国帕金森病门诊地图"2.0 项目通过使用小程序进行健康传播活动，更加符合大众的使用习惯，提高了传播效果。

　　可以看出，健康传播活动的有效实施既要充分理解社会文化语境，也要选择合适的媒介载体、手段。健康传播所涉及的议题对科学性提出了更高的要求，但也不能忽视受众的需求。如何平衡好科学性与普适性，本章将通过 6 个案例，一同探索可能的答案。

---

　　① 　精神及智力障碍群体包括患有自闭症、脑瘫、智障、唐氏综合症等病征的患者。

案例一 "小朋友"画廊创意 H5 筹款活动

一、案例信息

（1）案例名称："小朋友"画廊创意 H5 筹款活动。

（2）执行时间：2017 年 8 月 28 日—2017 年 8 月 29 日。

（3）传播主体：腾讯公益、非营利性公益机构"无障碍艺途"（World of Art Brut Culture，以下简称 WABC）①、深圳市爱佑未来慈善基金会。

二、案例展示

（一）案例背景

2017 年，WABC 预估，在中国，精神智力障碍群体患者数量有 3000 多万。2017 年 4 月，在北京发布的《中国自闭症教育康复行业发展状况报告 II》指出，据保守估计，我国至少有 200 万的自闭症儿童，并以每年近 20 万的速度增长，涉及的家庭数以万计。② 这些患者不但受到疾病的困扰，在社会上也得不到普遍的理解和尊重。

"小朋友"画廊创意 H5（如图 6-1 所示）属于"用艺术点亮生命"公益项目，WABC 是项目的主要策划方。WABC 每年需要花费约 150 万元来维持项目的正常运营，主要用于开展艺术疗愈课程、举办画展、制作衍生品等。因此，需要更多资源和平台让社会关注和了解这些特殊群体，减少社会对于他们的歧视与偏见。③

"99 公益日"是由腾讯公益联合数百家公益组织、知名企业、名人、创意

---

① WABC 艺途公益基金会致力于通过开展艺术创作、社会倡导、走进校园等各种融合活动，并积极探索原生艺术研究、国际艺术融合展览合作项目等领域，来消除公众对心智障碍人群的歧视，提升特殊人群的自我价值，创建一个理解与包容的社会环境。详情可参见其官网（https://www.wabcchina.org/）。

② 参见搜狐网《2017〈中国自闭症教育康复行业发展状况报告 II〉发布会今日在京举行》（2017-04-01）[2018-06-05]（https://www.sohu.com/a/131582510_661957）。

③ 参见优酷网《一条&WABC 公益视频》（2016-09-23）[2018-06-05]（https://v.qq.com/x/search/?q=WABC%E5%AE%A3%E4%BC%A0E7%89%87&stag=102&smartbox_ab=.）。

图6-1 "小朋友"画廊创意 H5

传播机构共同发起的一年一度全民公益活动。腾讯公益希望发挥自身的平台优势，动员合作伙伴的力量，通过移动化支付、社交化场景和趣味化互动唤起社会各界参与公益的热情，打造一个全民参与的超级公益日。

（二）案例策划与执行

1. 案例核心理念

策划方希望借助腾讯公益平台和"99公益日"的公益氛围，通过创意活动让社会大众关注和了解"精智障碍"群体的艺术才能，走进他们的精神世界，减少社会对他们的偏见，募集更多资源帮助他们开展日常的艺术疗愈，让他们能够融入社会、实现自身的价值。

2. 执行内容

（1）材料收集。2017年6月至8月，WABC 开始准备"小朋友"画廊创意 H5 的内容，整理画作，创作故事，采集音频，拍摄宣传视频。

（2）项目上线。2017年8月17日，"用艺术点亮生命"公益项目在腾讯公益平台上线。

（3）创意 H5 上线。2017年8月29日，腾讯公益平台在微信推出了"小朋友"画廊创意 H5[①]。进入 H5 加载画面之后是画作展示，共有36幅，左右滑动可以看到不同的画作。在界面下方有作品名称、画作的语音和作品简介、以及作者介绍，并配有"一元购画"的按钮。参与者购买画作后，可以将作品存为手机屏保，页面还会出现作者的感谢语音，参与者同时可以发布留言，

---

① 参见腾讯公益网《"小朋友"画廊创意 H5》（2017-08-29）［2018-06-05］（http://ssl. gongyi. qq. com/m/wxact/gallery. html?from = share&ADTAG = m_ share&et = m_ share. ）。

鼓励和温暖这些特殊群体。

（4）回应公众疑问并公示项目细节。8月29日17时37分，腾讯官方微信公众号推出文章《你关心的"小朋友画廊"问题【官方最全解答】在这》回应公众的疑问①，详细解答了WABC机构和筹款活动的性质、H5创意的诞生过程、捐款的去向、画作的原创性等问题。项目筹款截止后，WABC在腾讯公益平台上对项目情况、善款用途以及活动的下一步计划等细节进行公示。

（三）案例效果

1. 数据

截至2017年8月29日筹款结束，"用艺术点亮生命"项目累计获5814925人次的爱心网友捐赠，累计善款1502905979元。②

2. 评论

"小朋友"画廊创意H5筹款活动引起了社会的广泛关注，网民热议，多家媒体也对活动进行了报道和评论。

人民日报发表评论文章《"小朋友画廊"，感受最纯真的美丨睡前聊一会儿》，讲道："小朋友"画廊所引发的关注，除了让我们思考这些特殊群体的"成长"方式，也让我们思考公益可以有怎样的打开方式。其实，公益不一定充满苦情与泪水，也不用伸出双手使劲儿摇晃着你的胳膊，问你感不感动。真实而真诚，就会产生触动人心的力量。在新媒体时代，技术为公益提供了更多可能，比如这次"小朋友"画廊中，每个人在购买画作后都可以听到作者对你说的话，或许含糊不清，或许吐字艰难，但却能一下拉近屏幕内外的距离。不断探索新的公益呈现方式，才能融汇起更多爱的力量。③

新京报书评周刊发表文章《"小朋友"画廊刷屏了，但精神疾病远没有你看到的这么浪漫》并评论道：或许对精神病人最大的尊重，是将其正常化。把精神疾病看作正常疾病的一种，理解他们的痛苦，既不排斥，也不将其推向神坛。然而，在实践上却有重重困难，最现实的问题就是当他们的疾病影响到了我们的现实生活，精神疾病和躯体疾病不同，部分精神疾病患者超脱于约定

---

① 参见微信公众平台《你关心的"小朋友画廊"问题【官方最全解答】在这》（2017 – 08 – 29）［2018 – 06 – 05］（http://mp. weixin. qq. com/s/YzEFr6O3vhvDI9QJa_bo5Q.）。

② 参见腾讯公益网《"用艺术点亮生命"项目介绍、发起信息、进展、动态和互动》（2016 – 08 – 17）［2018 – 06 – 05］（https://ssl. gongyi. qq. com/m/weixin/detail. htm? showwxpaytitle = 1&et = fx&pid = 15992&from = singlemessage&isappinstalled = 0.）。

③ 参见微博《"小朋友画廊"，感受最纯真的美 丨 睡前聊一会儿》（2017 – 08 – 29）［2022 – 06 – 10］（https://weibo. com/ttarticle/p/show?id = 2309404146211492871867）。

俗成的社会秩序，有着与常人完全不同的思维模式，行为不受正常的规则和逻辑约束。从这个角度看，将其"天才化""浪漫化"至少是对歧视和排斥的一种反驳，有其积极意义。虽然对于精神疾病依然无法正常化、普通化对待，但是将其浪漫化的处理，借助感情和传奇的力量，让病患不再是被厌弃的对象，增强社会对其的接纳欲望，也是一个好的发展方向。

网友发声表达自己的看法："真实和热度总是有点模棱两可的可怕，筹集到的资金如何使用？在募集结束之后，更需要将善款的使用情况及时公示，对有疑问的地方及时回应，让爱心的温度真正温暖需要的人。"

三、案例分析

（一）H5 以艺术化的视觉呈现作为主要传播内容

在中国，关爱"精智障碍"群体的公益传播活动并不少，但其传播内容主要集中在这部分群体的家庭学业困难、遭遇社会歧视等问题上，以此唤起公众的同情进行募捐。然而，随着"互联网＋公益"模式的广泛应用，数以千计的公益项目让观众对传播内容和展现形式的要求更加"刁钻"，公益传播已经不能仅仅停留在过去的悲情化传播。

而"小朋友"画廊创意 H5 筹款活动主要以艺术化的视觉呈现作为主要传播内容，一改以往公益活动的苦情风。WABC 创始人苗世明说道："这个创意我们和腾讯方面已经准备了两个多月了。期间，我们收集了很多孩子的画作、故事，还有他们的声音。"H5 展示的画作中既有疯狂的色彩混合，也有极致的情绪释放，作品本身的艺术性就已经吸引了受众的注意力。令人称赞的画作再加上作者笨拙的语音表达增加了故事的冲突感，让人不禁感慨那些看似病人的特殊群体丰盈的内心世界："疾病并没有阻止我们和你们拥有一样的精神世界。"

（二）H5 提供了可展示、可分享的传播实体

促成"小朋友"画廊得到传播最大化的无疑是活动机制的设定。腾讯公益曾推出关爱抗战老兵、贫困山区儿童等有关特殊群体的公益项目，同样是在互联网上线、制作宣传片和公众号推文来进行活动宣传，但无论是在筹款速度、传播广度还是引发社会讨论等层面都不及本次"小朋友"画廊的传播效果。

这些艺术画作给参与者提供了一个表达自我和展示自我的机会，可以将这

些特殊群体精美的画作分享到社交平台。这种可分享、可展示的实体是引起朋友圈和其他互联网社交平台"刷屏"的基石，也是引发口碑传播的主要来源。进一步而言，这些捐款买画和分享传播行为可以让参与者获得积极的人际形象，从而转化为他们参与公益传播的无形且强大的动力。

（三）H5 采用了简洁明了且直击人心的呈现方式

"小朋友"画廊创意 H5 首先采用《凡·高》作为背景音乐，渲染了柔和、忧伤的氛围，也寓意这些特殊群体深邃而复杂的生活经历和艺术情感，让观众容易产生共鸣。紧接着，H5 首页道出的一句暖心文案拉近了和观众的距离——"我心中住了一个小朋友，喜欢用画画与世界对话"，阐明了活动主题的同时，也让观众融入艺术意境中。

同时，H5 总体界面设计十分简洁，腾讯公益团队解释他们的创作想法："其实这个 H5 的程序并不复杂，也没有炫技，只是用最平实的方式将这群特殊'小朋友'的画作呈现给大家，并通过互联网公益的方式，让大家能够简单地参与到其中。"H5 直接呈现画作、作者感谢语音、作品描述和 1 元购画按钮，一两句创意文案传递了作者的情感，实际上也巧妙地帮助观众编辑好了转发和分享的暖心文案。

更为巧妙的是，经过之前的渲染和铺垫，最后"1 元购画"这个按钮给观众直接快捷的情感抒发口，无须考虑捐款数，提高了决策速度。购买画作后，参与者可以获得手机屏保，增强了互动性，不仅回馈合理、对等，也便于操作。

（四）腾讯公益和 WABC 及时有效地回应公众质疑，赢得了理解和信任

随着"小朋友"创意 H5 在社交网络上"刷屏"，关于项目的质疑声音也此起彼伏。但腾讯作为这个公益项目的筹款平台和传播主体之一，仅仅在筹款截止的 4 小时内就向公众发布了官方解答，联合 WABC 公示和解释项目各种细节，并澄清不实传闻，回应及时有效。这不仅增进了公众对活动幕后细节的了解，建立了对腾讯公益基金会、WABC 等项目方的信任，也推动了整个公益项目的透明化进程，为项目赢得了大多数公众的理解和支持。

四、案例延伸

公共传播如何在互联网社交平台上掀起"刷屏"风潮

从 2016 年六一儿童节小学生证件照一日爆红，到 2017 年建军节军装照在朋友圈风靡一时，这类信息短时间内在社交网络高速扩散的情形被称为"社群共振"，即信息穿透所有社群壁垒并在不同社群相互印证的现象，也就是我们日常所说的"刷屏"。结合"小朋友"画廊的案例，我们发现以下几点可能是推动公共传播活动在社交平台上掀起刷屏风潮的因素。

特定的时间提供传播土壤。六一儿童节这个特定的时间容易让大众联想到小时候各种可爱的证件照，同样地，军装照刷屏发生在建军节前和建军 90 周年的特殊环境下，而案例中的"小朋友"画廊也借助了腾讯的"99 公益日"作为活动推进的公益氛围。特定的时间为公共传播活动提供了重要的传播土壤，培育了受众的心理预期，相应提高了受众产生共鸣的可能性和参与的动力。

精妙的内容是传播的基础。随着互联网和新技术在公共传播领域的广泛应用，对于技术的极致追求往往让传播者忽略了最基础的传播内容，导致其只关注花哨的设计和技术。事实上，所有成功的公共传播实践都是以优秀的内容为基础的，没有内容的支撑，任何技术和渠道平台都无从谈起，而内容的好坏很大程度上取决于是否有精准的社会洞察力、能否击中社会和时代的痛点。

简单的操作、较低的参与门槛是吸引参与者的前提。以上列举的产生刷屏现象的案例都是借助了微信 H5。H5 具备了操作简单、参与门槛低的特点：无论是界面设计还是操作流程都非常简单，不需要一般传播活动那样复杂的登记或流程；同时，基本只要是普通微信用户就可以参与，对于年龄、教育水平的限制较少，参与门槛较低。

提供有意义、使人获得正面形象的可分享实体和传播机制有利于促进二次传播和分享。有学者认为，在口碑传播过程中，人们都希望通过自己传播的内容让别人眼中的自己更优秀、更富有、更时尚，这就是"社交货币"。[①] 在"小朋友"画廊案例中，基于捐款买画和分享传播行为形成的社交货币让参与者可以获得朋友的好评和积极的人际形象。

---

① ［美］乔纳·伯杰：《疯传：让你的产品、思想、行为像病毒一样入侵》，刘生敏、廖建桥译，电子工业出版社 2014 年版。

人际传播学中一个经典理论——"镜中我"也同样解释了这样的原理，它强调人们通过来自他人的评价、通过看到和听到的自我来获得身份和成就的认同。[①]人们通过参与"小朋友"画廊活动，把自己塑造成一个热爱公益与艺术的、温暖的自我形象，自己的公益行为获得朋友的认可，从而实现了精神需求的满足和自我价值的实现。同时，来自朋友的点赞认可、对于喜爱同幅画作的共鸣评论、在朋友圈中自我形象的良好塑造与呈现，都在某种程度上成为一种"精神回馈"。这些都转化成了公众参与"小朋友"画廊这场公益传播的无形而强大的动力。

案例二　蓝色行动：今天不说话

一、案例信息

（1）案例名称：蓝色行动——今天不说话。
（2）执行时间：2014 年 4 月 2 日。
（3）传播主体：壹基金。

二、案例展示

（一）案例背景

2007 年联合国通过决议，从 2008 年起，将每年的 4 月 2 日定为"世界自闭症关注日"，以提高人们对自闭症研究及自闭症患者的关注。据估算，全球每 100 人中就有 1 例自闭症谱系障碍，自闭症儿童在语言、认知和信息处理能力方面有所缺失，需接受长期干预训练。同时，自闭症家庭还面临着教育、就业、社会歧视等挑战，承受着巨大的经济、精神和社会压力。

目前，我国只有部分省区市和地区进行过针对自闭症的流行病学调查，2012 年深圳报道 18～24 月龄婴幼儿自闭症患病率为 2.76%。[②]

---

① ［美］查尔斯·霍顿·库利：《人类本性与社会秩序》，包凡一、王湲译，华夏出版社 2020 年版。

② 参见搜狐网《2017〈中国自闭症教育康复行业发展状况报告 II〉发布会今日在京举行》（2017－04－01）［2018－06－05］（https://www.sohu.com/a/131582510_661957）。

从 2012 年起，壹基金每年发起全国性的公益活动——"蓝色行动"。它呼吁个人、社区、媒体、企业、政府以变蓝的方式，表达对关爱自闭症儿童行动的支持，从而带动更多公众认识了解自闭症，包容、接纳自闭症儿童。

（二）案例策划与执行

1. 案例核心理念

2014 年 4 月 2 日是国际自闭症日，壹基金发起"蓝色行动：今天不说话"活动，希望召集 100 万人用"不说话"的方式在壹基金官方网站给自闭症儿童捐款，感受自闭症儿童孤独抑郁的内心世界，或者带上"今天不说话"的蓝色口罩（如图 6 - 2 所示），拍照分享到社交平台，呼吁更多人用沉默支持自闭症儿童。

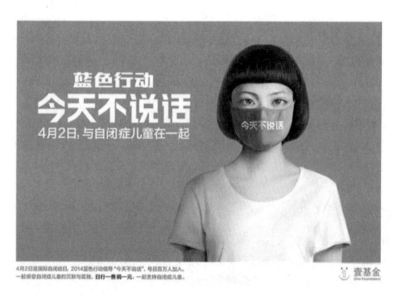

图 6 - 2 "蓝色行动：今天不说话"宣传海报①

2. 执行内容

（1）发起话题。2014 年 3 月 31 日，壹基金创始人李连杰和歌手张靓颖在微博上贴出了一张身着壹基金 T 恤、佩戴"今天不说话"蓝色口罩的照片并表示，将以"不说话"的方式为自闭症儿童筹募善款，直至参与人数达到百

---

① 图片来源壹基金官方网站《蓝色行动：今天不说话》［2022 - 06 - 14］（http://www. onefoundation. cn/2014lansexingdong/index. html）。

万，才开口说话。

（2）明星响应。吴京、王铮亮等明星纷纷响应支持，在微博上晒出了佩戴"今天不说话"蓝色口罩的照片，感受自闭症儿童的生活状态。阿里巴巴集团创始人马云承诺将100万元的阿里巴巴公益基金捐赠给壹基金大福基金。

（3）全面铺开。2014年4月2日，壹基金微信公众号发布活动推送，"蓝色行动"同时联合全国超过70个城市、135家公益机构，深度参与到关注自闭症儿童的公益行动中。当晚，中国高塔协会也将协同各成员地标建筑如上海东方明珠、广州电视塔、成都电视塔等点亮蓝灯。公众可以登录壹基金官网专题页面、新浪微博、微信、支付宝E公益、广电宜和频道等多种渠道，参与蓝色行动相关的各种"变蓝"的公益创作，积极响应蓝色行动，关注自闭症儿童。

（三）案例效果

1. 数据

新浪微博话题"今天不说话"的阅读量达818万，讨论量达3.3万，成了当时大热话题。截至2014年4月15日18时，已有1344454人响应日行一善，为自闭症儿童捐款；在腾讯公益同步上线的"托起来自星星的你"共筹得善款117121.73元，捐款人次达6752人次。标有"今天不说话"与李连杰、张靓颖同款的蓝色口罩在天猫上一经发售，5天内的销售数量破千，参与的网友戴上口罩自拍，还有些人在口罩上精心手绘自己喜欢的图像。

2. 评论

"蓝色行动：今天不说话"活动引起了社会的广泛关注，参与其中的明星和专业机构都对该活动进行了评论。

明星徐铮说道："我们来做'今天不说话'，它背后的含义是，事实上我们并不需要做太多，我们只要闭上嘴巴，仔细去聆听，给予他们多一些宽容，不要排斥，用我们的爱，用我们的爱心帮助他们去融入这个社会。"

银川市星语家园儿童孤独症康复中心也响应了本次活动，老师李然说道："每周中心都尝试带孩子到公园玩，孩子们最喜欢的地方就是鸽子广场，每当和鸽子在一起的时候总是很开心，但售卖鸽食的老人家总是嫌我们的孩子影响他做生意，希望通过活动，人们能够接纳、理解自闭症儿童，让他们和其他人群一样能享受公共设施的权利。"

三、案例分析

（一）倡导形式新颖，契合了自闭症群体特点

壹基金"蓝色行动：今天不说话"首先深刻洞察到了自闭症儿童有语言和交际障碍，正是利用这一特点，倡导社会公众身体力行，以"一天不说话"的形式亲身感受自闭症儿童孤独的精神世界，只有切身的体会，才能更好地理解自闭症儿童生活和精神的困难。贴合自闭症群体的特点让公众容易产生倡导行为和特定群体之间的联系，这样的联系是合理、紧密的，能更容易产生共鸣和参与的驱动力。

同时，"蓝色行动：今天不说话"活动有精心设计的专属颜色和衍生品，整个行动整体上为蓝色，寓意着自闭症儿童忧郁沉默的情绪、孤僻的性格，从活动的海报、宣传画到口罩和著名城市地标建筑的亮灯都是以蓝色为主调。"蓝色"也成为壹基金纪念国际自闭症日的专属颜色。此外，本次的蓝色行动还设计了专门印有"今天不说话"字样的口罩在天猫全网发售，视觉特点鲜明，充分吸引年轻群体购买和响应，给人强烈的整体感。设计富有创意，符合自闭症群体特点，倡导形式新颖。

（二）线上线下全媒体融合，多主体联动参与

"蓝色行动：今天不说话"活动先是由壹基金发起人李连杰和歌手张靓颖发起微博话题，然后是明星们和线上众多合作平台的积极响应，紧接着，线下众多著名的城市地标建筑亮起了蓝灯，共同支持蓝色行动。线上线下全媒体宣传和倡导充分拓宽了活动的覆盖范围。

除此之外，多主体的联动也提供了多渠道的参与方式，公众可以参与微博话题的讨论和转发活动推送；可以通过阿里公益、腾讯公益等平台了解关爱自闭症儿童筹款项目的详细情况并捐款或留言支持项目；也可以浏览天猫商城购买活动口罩、拍照分享和以实际行动感受自闭症群体不说话的孤独……活动提供给公众多种参与渠道，这一方面降低了活动参与的门槛，另一方面尽可能将活动覆盖到社交、公益、电子商务等不同类型的互联网平台的用户，保证了活动的知名度和参与度。

四、案例延伸

2015—2017 年壹基金历次蓝色行动回顾和分析

（一）2015 年蓝色行动①

2015 年 4 月 2 日是第八个世界自闭症日，壹基金蓝色行动"敢爱笨小孩"之夜公益晚会在北京水立方成功举办。"人人都是笨小孩"邀请每一个人分享自己的"笨点点""倔点点""怪点点"和"慢点点"，唤起对自闭症儿童的同理心。

壹基金携手深圳市自闭症研究会、滴滴打车、腾讯公益等研究机构、公益组织、企业以及明星义工和自闭症儿童家长和孩子们一起点亮蓝灯。

（二）2016 年蓝色行动：我是田惠萍②

2016 年 4 月 2 日，在第九个"世界自闭症日"，壹基金推出时长 5 分钟的短片《我是田惠萍》。田惠萍有一个自闭症的儿子，短片讲述了她如何从当初的绝望走出来，积极面对生活的心路历程，通过一个平凡但不普通的自闭症儿童家庭的故事，向公众展现了社会中那 1% 不为人知的家庭的真实生活。当天，壹基金蓝色行动正式启动，联合爱心合作伙伴共同发起公益倡导活动"做一天百分之一"，接纳和支持自闭症儿童家庭；鼓励公众在微博、微信等社交媒体参与话题讨论，和身边的人一起走近自闭症儿童家庭，给他们带去温暖与鼓励。

（三）2017 年蓝色行动："做一天百分之一"

2017 年 4 月 2 日是第十个世界自闭症日，壹基金"蓝色行动"延续了2016 年"做一天百分之一"的主题，呼吁每一名社会公众"做一天百分之一"，关注支持自闭症儿童及其家庭。

在蓝色行动期间，海洋天堂计划在全国各地的 132 家合作伙伴共在 28 个

---

① 参见壹基金网《寻找 160 万个笨小孩》（2015 – 03 – 25）［2022 – 06 – 10］（https://ssl. gongyi. qq. com/m/weixin/act_yjj2_wx. htm）。

② 参见壹基金网《世界自闭症日 ｜ 30 岁的儿子是我生活的老师，再有 30 年也未必足够》（2016 – 04 – 02）［2022 – 06 – 10］（https://mp. weixin. qq. com/s/jbPkZi3K52_ DMSORDIf_ NQ）。

省、市开展了不同形式的"变蓝"行动，帮助公众正确认识和理解自闭症，吸引超过44万人参与。壹基金还携手阿里巴巴公益、招商银行等公益平台和企业，倡导公众支持和接纳自闭症儿童家庭。①

在活动期间，参与者可以在百度搜索"自闭症日"或"海洋天堂计划"，进入活动专属页面，全面了解相关常识；也可使用百度公益平台搭载的多种支付方式支持关爱病患儿童。

总体而言，壹基金针对自闭症儿童开展的"蓝色行动"系列公共传播活动从2012年延续至今，持续时间长、辐射范围广，广泛地动员了企业、公众、互联网平台等社会各界的共同参与。活动形式也在不断创新，从最初简单地让城市地标变蓝来引起关注，逐渐发展为挖掘自闭症儿童的内心世界和他们家庭日常的生活故事，让公众和社会各界通过简单的参与方式和便捷的参与渠道了解自闭症儿童的发展现状，并主动传播他们的故事，为支持和关爱自闭症儿童贡献出自己的一分力量。

案例三　理解失读症

一、案例信息

（1）案例名称：理解失读症（Making Sense of Dyslexia）。
（2）执行时间：2016年9月。
（3）传播主体：Sydlexia机构（http://sydlexia.org/）。
（4）代理机构：BBDO（迪拜）广告公司。

二、案例展示

（一）案例背景

失读症又称阅读障碍症，是一种不能认识和理解书写的或印刷的字词、符号、字母、色彩的病症。失读症患者的视力、智力和精神都正常，只是他们的大脑不能解析这些信息，字符总是错位、重叠，无法接受常规的学习模式。举

---

① 参见壹基金网《壹起公益 ｜ 小积分也有大用处》（2017 - 03 - 31）［2022 - 06 - 10］（https://mp.weixin.qq.com/s/fGH2aKBh4E - 3_5dhP_AIQ）。

个例子，"This is hard to read."这样一句话，在失读症患者眼里会变成"Th i-sis har dt or ea d"或者"itTs si drah to eard"。

失读症是一种常见的学习障碍。目前，社会对这部分群体的研究和认知存在不足，失读症患者常在受教育过程中因为阅读障碍而遭受歧视和偏见，没有得到积极的矫正教育和心理辅导。

Sydlexia是一个阅读障碍矫正机构，致力于阅读障碍群体的识别和治疗。他们认为，通过矫正教育，失读症群体可以通过创意的视觉、触觉和空间的方式来学习和理解信息。

（二）案例策划与执行

1. 案例核心理念

Sydlexia联合BBDO（迪拜）广告公司在迪拜街头张贴系列公益海报，希望吸引公众去折叠和浏览网站的教程、宣传视频，切身了解失读症患者的真实状态，降低对他们的歧视和偏见，让人们明白失读者看到的文字虽不成整体，但他们对信息的理解力并没有缺失，只是对图像、空间更加敏感，并且需要更有创意的学习方法。

2. 执行内容

（1）街头张贴海报。主办方在迪拜街头张贴一组活动海报（如图6-3所示）。海报上有一些不成形的字母或支离破碎的图案，可以通过折叠海报将原本破碎的文字拼成一个完整的动物单词，如"RABBIT"，对应的折纸成品也是单词对应的小动物。海报共有4种图案（兔子、狐狸、小狗和恐龙），参与者可以将海报揭下，登录海报上的网址来获取折纸步骤。

图6-3　迪拜街头的"奇怪海报"①

①　参见Sydlexia官方网站《Making Sense of Dyslexia活动公益宣传片》［2018-05-27］（https://www.qq.com/x/page/y0522asbkvf.html）。

（2）网站发布教程。Sydlexia 在自己的官方网站上发布 4 款图案的折纸教程，邀请观众在网上学习如何折叠，同时发现和了解更多关于阅读障碍群体的知识。网站同时还提供 PDF 版本，参与者可以随时下载、打印和共享。

（3）传播宣传视频。主办方制作了宣传视频投放在 Sydlexia 的官方网站上，视频对失读症群体、Sydlexia 组织和活动的参与方式进行了介绍，呼吁公众参与海报折叠活动、了解阅读障碍。[①]

（三）案例效果

活动发布后第一周，超过 11000 人访问了 Sydlexia 网站，海报的下载量超过 34000 次。宣传视频在腾讯视频网站上播放量达 27000 次。

三、案例分析

（一）线下设置悬念，线上全面传播

参与者起初只是被街头一些奇怪的海报吸引，并不清楚是关于失读症的公益传播活动，直到登录网站跟着教程折纸，谜底才揭开。线下获取海报、线上获取教程，这种传播路径通过吸引看到街头海报的人到网站上学习折纸，巧妙地引导他们浏览 Sydlexia 官方网站、观看宣传片，进而可以更详细地了解失读症群体，让参与者有一种恍然大悟的感觉。同时，网站上还提供了 PDF 版本，让没有揭下街头海报的市民也可以线上下载海报并打印后根据教程折纸，这种设计降低了参与的门槛和难度。线下设置悬念、线上全面传播的循序渐进的传播路径让活动达到更佳的传播效果。

（二）将被忽视的社会弱势群体带进公众视野

随着政府、企业、公益组织开展公共传播活动关注和帮助弱势群体，孤儿、自闭症儿童、残障儿童等特殊群体逐渐为人们所熟知，相关的宣传和帮助也走向成熟和完善。而社会对这部分群体的过分关注，往往忽视了其他也在歧视边缘的弱势群体。

失读症在医学上没有准确的解释，社会的认知和理解也存在不足，这部分群体虽然智力正常，但由于在受教育过程中表现出阅读理解障碍而容易被认定

---

① 参见 Sydlexia 官方网站《Making Sense of Dyslexia 活动公益宣传片》［2018 - 05 - 27］（https://v. qq. com/x/page/y0522asbkvf. html）。

为智力障碍，一方面承受着阅读障碍的困扰，另一方面也受到同龄人的排挤和歧视，他们同样急需社会的帮助和公众理解。

Sydlexia 设计的这次传播活动将失读症群体带进了公众视野，让公众知道他们拥有健全的心智和视力，只是在他们的世界里充满了跳跃重叠的元素，他们的认知潜力和对图像的敏感须不断开发，公众也应该用更科学和包容的心态去接触和理解失读症群体的内心世界。这样的传播活动能给公众耳目一新的感觉，从而产生参与、了解的动力，这个过程会颠覆他们的某些刻板印象或者错误的认知，能达到较好的传播效果。

（三）活动贴近失读症群体的特点，巧妙设计体验载体、营造体验场景

本案例中活动的主办方为了真实、形象地展现失读症群体的认知世界，特意设计了一些由不成形字母和破碎图案组成的海报，让参与者感受到该群体眼中文字信息的状态，切身感受他们阅读和理解的困难；同时，提供特殊的折叠方式，空间的变换让破碎的图案成为相匹配的词语和形状，让参与者认识到，通过特殊的纠正教育和学习模式能激发失读症群体潜在的丰富的想象力，以及对图像、空间的敏锐感。整个体验过程非常贴近群体本身的特点，让参与者容易产生代入感和丰富的联想，如临其境，同时别出心裁的设计也让人印象深刻。

这也启示我们，关怀特殊群体的公共传播活动不能仅仅停留在简单的宣传和呼吁，因为这并不能让广大受众切身体会这些特殊群体的生活难处和内心世界，也就很难产生共鸣和进一步关注、参与的动力。因此，在设计关怀特殊群体的公共传播活动时，需要更深入贴近群体的特点，营造体验场景，让公众能在参与过程中产生代入感，发自内心地理解特殊群体的日常生活和内心世界。

四、案例延伸

除本案例外，还有一些关注社会边缘群体的公共传播活动同样结合了特定群体的特点来巧妙设计体验载体和营造体验场景，赢得了社会的广泛关注。

（一）澳大利亚"这辆自行车有病"公益体验活动

2016 年 6 月，澳大利亚多发性硬化症公益组织就开展了一项叫"这辆自行车有病"的活动，是为了提高人们对多发性硬化症（multiple sclerosis，MS）的关注。MS 是最常见的一种中枢神经脱髓鞘疾病，临床则表现为持续性眩

晕。澳大利亚 MS 公益组织邀请了神经科医生、物理治疗师、自行车机械师和患有 MS 的人共同改装一台特殊的自行车，比如故意压弯车轮、在把手上放上珠子等，把车子改装为有点难骑，试图模拟出多发性硬化症群体的生活状态：能活下去但很艰难。这个公益组织基于这辆特殊的自行车推出相应的骑车体验活动、拍摄关于自行车的影片和平面广告进行传播等。

这个传播活动跟 Making Sense of Dyslexia 很相似，都是巧妙设计了特殊的载体，而且这个载体都被赋予了这个特殊群体的特点，用字母散乱却能折叠成形的海报表现失读症群体的奇妙世界、用"病态"难骑的自行车表现多发性硬化症群体生活的艰难痛苦。对特殊群体生活状态和内心世界的深刻洞察，加上富有设计心思的体验载体，让传播活动更具吸引力。

（二）澳大利亚"Shake It Up"公益传播活动

2012 年，澳大利亚帕金森公益基金会开展了一项户外行动"Shake It Up"，组织者在澳大利亚悉尼街头派遣恶作剧小孩，把带有广告语的纸盒放置在街头咖啡厅、面包铺等地方的桌脚，造成桌子不平衡、左右摇晃。当有人查看桌脚并拿起广告纸盒时，看到纸盒上面写着：It's more than just the shakes.（不仅仅是颤抖），喻指帕金森症状不仅是身体震颤，还有肌肉僵直、写字越写越小等症状，呼吁人们关注帕金森病，当帕金森患者需要帮助时伸出援手。

这个传播活动同样巧妙营造了体验场景，深刻贴合帕金森患者身体震颤的特点，用纸盒搁在桌脚的方式使公众在日常喝咖啡等生活场景中感受到这种震颤带来的不适感，从而更加理解和同情帕金森患者的艰难生活。

案例四　给孩子的一串手链

一、案例信息

（1）项目名称：给孩子的一串免疫手链（Immunity Charm）。
（2）执行时间：2016 年。
（3）传播主体：阿富汗公共卫生部。
（4）代理机构：麦肯健康。

二、案例展示

（一）案例背景

预防接种疫苗是控制传染病发生与流行的直接有效方式，是保障儿童健康的重要手段。但是，在阿富汗的大部分地区，很多家庭都选择把对新生儿的保护寄托给神灵，在孩子出生时为他们戴上一串黑色珠链，以此作辟邪之用。因此，受文化偏见和医疗设施的限制，阿富汗新生儿的疫苗接种率仅为50%，可以说是全球最低，而在农村和偏远地区则更为严重。很多家长对儿童接种疫苗不以为意，孩子的医保卡上的接种信息也得不到妥善保存，这给医疗工作者带来了很大困扰，也直接导致了一些在发达国家罕见的疾病却能在阿富汗地区肆虐，而儿童因病残疾、夭折的概率居高不下。①

在这样艰难的环境下，麦肯健康和阿富汗公共卫生部在2016年4月发起了"Immunity Charm"项目，力图改变现状。

（二）案例策划与执行

1. 策划核心理念

麦肯健康团队通过结合当地的文化传统，打破阿富汗人民的偏见和误解，使象征吉祥的手链能获得更多家长们的理解和欢迎，从而推广疫苗接种的观念。

2. 执行流程

（1）前期调研。2016年，麦肯健康集团与联合国儿童基金会达成新合作，共同为阿富汗公共卫生部提供支持，制定更有效的健康传播战略，并主要针对当地疫苗接种意识低的现状，提高家长接种疫苗的意识。

麦肯团队对当地儿童的疫苗接种情况进行调研，发现家长对疫苗的重视程度不足，觉得疫苗手册的保管和携带非常麻烦。麦肯健康团队发现，阿富汗婴儿出生后会得到一串祈愿珠手链来伴随成长。②

（2）中期制作。2016年10月，麦肯健康团队通过编码疫苗信息，制作含

---

① 参见数英网《戛纳健康狮特别全场大奖＜Immunity Charm＞：给孩子的一串手链》［2018－04－08］（http://digitaling.com/project/22087.html）。

② 参见搜狐网《获奖的秘密：免疫手链的魅力何在?》（2017－08－01）［2018－04－08］（http://www.sohu.com/a/161489259_298599）。

疫苗信息的祈愿珠手链（每一颗不同颜色的珠子代表一种疫苗，每次接种就增加一颗珠子），并开始制作海报、家长指南、培训视频和手串套装。①

（3）推广评估。2017 年 3 月，麦肯团队开始着手对阿富汗医疗人员进行培训，并进行初步测试和评估，得出早期反馈报告结果：免疫手链受欢迎程度超越预期 3 倍以上；从不关心疫苗的当地人开始交流孩子们手上珠串的进程；部分妈妈甚至想让家庭的其他孩子都接种疫苗，佩戴手链。2017 年年底发布更详细报告，并决定是否将"免疫手链"向全世界推广。

（三）案例效果

"Immunity Charm"除拿下健康狮 Grand Prix for Good 全场大奖外，还获 4 金 4 银。而麦肯健康也连续两年获 Healthcare Network of the Year。

三、案例分析

（一）创意策略结合文化传统，更能获得理解和欢迎

阿富汗地区疫苗接种工作得不到民众重视的重要原因之一，是当地的传统文化信仰降低了他们对科学接种的关注度。当地医疗卫生设施的缺乏使人们依赖信仰和宗教仪式来保障健康。麦肯健康团队利用传统文化打破接种疫苗的文化壁垒，利用当地传统作为项目的突破口。在阿富汗地区有一个特有的文化传统——每当有新生儿降临，孩子的家人们便会赠予他们辟邪手链。这种手链一般由红黑色的珠子串成，象征着吉祥和庇佑，让孩子免受邪灵的侵扰。

于是，麦肯健康团队与阿富汗卫生部合作，共同开发出"免疫手链"。他们从医院入手，在婴儿降生时赠予他们辟邪手链，当家长带着婴儿到医院接种时，医生就会为孩子更换一颗彩色的珠子，每颗珠子都有特定的编码信息。从此，孩子们不仅能得到神灵的保护，而且还受到了疫苗的保护②。麦肯健康团队在疫苗手链的开创过程中洞察到，在许多信息沟通闭塞的地区，人们对医疗保健的认知不足，因此，如何阐释"疫苗"这个概念变得至关重要。而"疫苗"作为一个新事物，在利用传统文化进行包装后能够与当地价值观同步，

---

① 参见梅花网《一条创意手链拿下 2017 戛纳全场慈善大奖》（2017 - 06 - 29）［2018 - 04 - 08］（http://market. meihua. info/works/27532302）。

② 参见爱站网《免疫的魅力 | Immunity Charm》［2018 - 04 - 08］（http://www. welovead. com/cn/works/details/5ddwgqxCn）。

居民对其的接受度和认同度就能得到大幅提高。

（二）成本低廉但效果显著

由于麦肯健康团队与当地卫生部门、医院进行共同合作，免疫手链的宣传和推广难度小、成本低。团队通过对阿富汗当地的医疗人员进行培训和测试来配合免疫手链的整个系统的工作。团队直面疫苗登记证经常丢失的最直接问题，设计出免疫手链来替代辟邪手链伴随婴儿成长，由此解决了疫苗工作中最大的难题——疫苗信息不全。疫苗珠串直接为医务工作者提供了便利，通过检查手链便能了解孩子曾经接种过的疫苗类型，提高对儿童的健康保障。孟买Medulla Communications 首席创意官 Amit Akali 表示，在这个技术时代，这个简单有效的想法比其他技术更具创新性，因为它沿用的是一种实实在在解决问题的思维。[①]

四、案例延伸

健康传播与文化认同

健康传播作为一个象征性的过程，帕特丽夏·盖斯特·马丁等人曾认为，在这个过程中，人们是从个体或集体的角度来理解、界定和适应健康和疾病的意义。[②] 在跨文化因素对健康传播的影响的探讨中，也有学者指出文化、健康和传播三者之间存在着密切的关系，而整合了文化因素的健康信息传播则更能引起传播对象的关注，刺激更有效的态度转换和行为改变。作为文化的传播更是一种行为方式和互动，是对世界的建构。因此，通过将健康信息表征为日常生活方式，达到涵养和强化人们对自身文化认同和民族认同的效果，其传播效果就会得到强化。疫苗手链受到欢迎的重要原因是利用了民族自身的文化认同，手链被包装为阿富汗传统文化的象征物，对于当地居民来说其信仰意义高于医疗意义。健康传播是一个渐进的过程，也是一个外来文化的植入过程，它在进入一个崭新地带时必然会遇到当地文化壁垒产生的阻力。因此，其传播者必须先了解当地的文化习俗，找到或者构建两者之间的相似点，才能把传播内

---

① BestMediaInfo Bureau. McCann India wins two Grand LIAs for Immunity Charm campaign.（2017 – 11 – 01）［2022 – 06 – 14］. https://bestmediainfo. com/2017/11/mccann – india – wins – two – grand – lias – for – immunity – charm – campaign.

② 陈楚洁：《作为文化与认同建构的健康传播：以 CCTV 国际频道〈中华医药〉栏目为例》，载《东南传播》2009 年第 5 期，第 167 – 169 页。

容与民族文化结合，得到受众对其文化的认同。

案例五　"中国帕金森病门诊地图" 2.0项目①

一、案例信息

（1）案例名称："中国帕金森病门诊地图" 2.0 项目。
（2）执行时间：2019 年 4 月 11 日。
（3）企业名称：勃林格殷格翰（中国）投资有限公司。
（4）代理公司：北京曼观公共关系顾问有限公司。

二、案例展示

（一）项目概述

2019 年 4 月 11 日是第 23 个"世界帕金森病日"，为提高公众对帕金森病（Parkinson's disease，PD）的认知与重视，正确认识疾病早期症状，鼓励患者早诊早治，助力患者接受专业和规范的疾病诊疗与管理，勃林格殷格翰（Boehringer Ingelheim，BI）与中国帕金森联盟共同发起了全国帕金森义诊周暨"中国帕金森病门诊地图" 2.0 项目。

本项目线下部分由中国帕金森联盟在帕金森病日前发起的全国帕金森义诊周，在全国多地 PD 专病门诊开展义诊活动；线上部分由中国帕金森联盟携手 BI 旗下帕友网发布中国帕金森病地图 2.0 版本，其中包含地图宣传歌舞视频《帕金森门诊地图之歌》，并首次与腾讯合作邀请帕金森病领域专家与明星录制了疾病日公益宣传片。通过线上与线下活动结合、传统媒体与新媒体并举，全方位、多平台、最大化覆盖目标受众。

与腾讯合作制作的公益宣传片力邀帕金森病领域顶尖专家首都医科大学宣武医院帕金森病研究和诊疗中心主任陈彪教授、北京医院神经内科主任陈海波

---

　　① 本案例为 2019 年度"金旗奖"金奖案例，特别鸣谢中国公共关系网 17PR 的特别授权，感谢"金旗奖"组委会主席银小冬、BMW 及其代理公司对本书的大力支持。本案例资料由北京曼观公共关系顾问有限公司提供，刊登于"金旗奖"网站（http://www.17pr.com/news/detail/204701.html），原文简版首发于《2019 最具公众影响力公共关系案例集》。为呈现专业机构对案例的展示结构，有助于读者更好地了解业界实践操作，本书编者未对获奖案例文字内容进行修改，仅根据本书体例稍加调整。

教授、BI 大中华区人用药品业务负责人冯耐德先生以及牛莉、任重、张静初、刘德凯、陈一冰等数位明星参与，宣传片一经发布，就在微博端引发热烈讨论和转载。

截至 4 月 18 日，项目传播成果颇丰：帕金森病日公益视频在微博上的相关话题阅读量超 600 万；帕金森病日公益视频的总播放量超 160 万；全国 8 个城市的 38 家媒体参与了该项目的报道，报道量近 400 篇；中国帕金森病门诊地图小程序累计访问人数 2444 人，小程序页面总点击量达 24750 次。

（二）项目调研

帕金森病是一种常见的神经系统变性疾病，平均发病年龄为 60 岁左右。我国 65 岁以上人群 PD 的患病率约 1.7%，据此推算，目前国内帕金森病患者已经超过 250 万名，每年将新增病例约 10 万人，预计到 2030 年，帕金森病病人在中国的数量约 1500 万人，且帕金森病患者近年来出现年轻化趋势。

中国人对帕金森病的意识较低，有接近 15% 的患者在患病 2 年以上才去医院就诊，很多患者由于不知道如何寻找正规的医院和专业的医生而得不到及时、规范的治疗，延误了病情。帕金森病不能根治，但及早、规范地治疗可使症状得到改善，长久保持生活自理能力。

大多数帕金森病患者通常在普通神经科就医，他们对于如何寻找正规的医院和专业的医生就诊深受困扰。如果患者到开设有帕金森专病门诊的医院就诊，将有助于患者接受规范的、长期的疾病治疗和管理。那么，如何帮助广大帕金森病患者群体方便、快捷地找到有帕金森专病门诊的医院，助力患者接受专业而规范的诊疗，是一个亟待解决的问题。

2018 年 4 月 11 日是"世界帕金森病日"，由中国帕金森联盟携手帕金森病患者关爱网站帕友网共同打造的国内首个"中国帕金森病门诊地图"正式发布。"中国帕金森病门诊地图"从帕金森病患者就医需求的角度出发，将全国帕金森病专病门诊信息在移动端以简便、系统的方式提供给广大的帕金森病患者，助力患者接受专业和规范的疾病诊疗与管理。该地图一经推出，广受各方好评，患者认为地图为他们寻找专业的医院就诊提供了极大的便利。

2019 年发布的"中国帕金森病门诊地图"2.0 升级版本，升级版地图从 H5 转换成微信小程序，更加符合大众的使用习惯。地图囊括了全国 100 多个城市的近 500 家帕金森专病门诊的信息，并在 2018 年发布地图的基础上新增了定位、导航、一键呼叫门诊等功能。除此之外，还扩充了以患者为中心的疾病自测和疾病管理工具，如自测问卷、测试筛查、复诊提醒等功能，为患者提供更加多样化、贴心的功能与服务。

（三）项目策划

1. 活动目标与传播信息

向公众和帕金森病患者广泛传播中国帕金森病专病门诊医院信息，并为患者提供疾病自测和管理工具，助力更多患者至专病门诊就医，从而更好地进行长期科学规范的疾病诊疗和管理，提高患者生存质量；借助专家、明星的影响力，提升大众对帕金森病的认知，倡导早诊早治、规范治疗；由中国帕金森联盟发起的全国帕金森义诊周在全国多地帕金森专病门诊联合举行；由中国帕金森联盟携手BI旗下帕友网共同打造的国内"中国帕金森病门诊地图"2.0版本升级发布；呼吁社会对帕金森病及帕金森病患多一些关注。

2. 传播受众

传播受众为大众、帕金森病患者及其家属、医生。

3. 传播策划

多属性媒体平台组合：视频平台＋社交媒体平台＋通讯社＋大众主流媒体＋专业媒体＋网络、新媒体＋BI自媒体＋记者朋友圈，最大化覆盖受众范围。

4月4—11日，发布《帕金森门诊地图之歌》预热视频，引起社会关注。

《帕金森门诊地图之歌》在大众媒体的公众号、客户端、微博以及媒体朋友圈上线，为义诊周和帕金森病门诊地图的发布预热，引起大众对帕金森病和帕金森门诊地图的关注。

4月11日，中国帕金森病门诊地图2.0微信小程序正式发布；微博平台上线世界帕金森日公益视频并发起话题讨论，扩大传播力度，引起持续性关注和讨论，达到传播高潮。

视频拍摄邀请帕金森病领域顶级专家首都医科大学宣武医院帕金森病研究和诊疗中心主任陈彪教授、BI大中华区人用药品负责人冯耐德先生、北京医院神经内科主任陈海波教授，以及牛莉、任重、张静初、刘德凯、陈一冰等数位明星共同参与。由健康时报在微博上首发，并发起话题"关注帕金森病，关爱帕金森病患者"，此外，在人民日报、央视新闻、环球时报等重磅媒体中接力发布视频、参与话题讨论，广泛影响公众。

在4月11日全国帕金森病义诊周启动后续，区域PD门诊专家接受采访，持续引发关注和讨论。

广州、上海、成都、济南四地区域采访，邀请羊城晚报、澎湃新闻、新民晚报、成都日报、齐鲁晚报参与采访，持续引发公众对疾病的关注，倡导早诊早治、规范治疗，进行良好的疾病全程管理。

（四）项目执行

1．实施细节及项目进度

2019 年 2 月底，项目正式启动。活动前期，由 BI 传播部与曼观公关进行创意，在经过与内外部合作方反复讨论后，确立项目分为预热、传播高潮、二次传播三部曲。

2019 年 2 月底至 3 月为项目准备阶段，由 BI 传播部负责创意的细化、落地执行与传播工作。深度探寻帕金森病患者对疾病管理的需求，扩充中国帕金森病地图，将帕金森病地图从单纯的地图 H5 转变为集地图、自测工具和疾病管理工具于一体的微信小程序；完成《帕金森门诊地图之歌》的词曲创作、歌曲制作、舞蹈编排，并制作成歌舞 MV；选择与腾讯深度合作，制作世界帕金森病日公益视频。

2019 年 4 月 1—9 日前，预热阶段。4 月 4 日起，《帕金森门诊地图之歌》视频①在腾讯视频与优酷视频同步发布，为项目进行预热传播。

2019 年 4 月 11 日为世界帕金森病日，形成传播高潮。帕金森门诊地图 2.0 升级版正式对外发布，由健康时报在微博平台首发世界帕金森病日公益视频②，并发起话题，在人民日报、人民网、央视新闻等央媒中接力传播，不断吸引拥有众多微博粉丝的用户一同参与，逐渐扩大影响力，形成传播高潮。

2019 年 4 月 10—30 日为项目的二次传播。上海、广州、成都、济南四地五家主流媒体分别对当地开设 PD 门诊的三甲医院专家进行了深度采访和报道，延续全国帕金森病义诊周热度，持续引发公众对疾病的关注，并宣传中国帕金森病门诊地图 2.0。

2．时间轴

项目时间轴如图 6 – 4 所示。

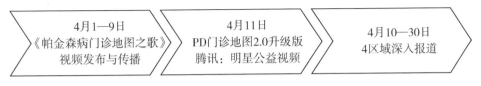

4月1—9日
《帕金森病门诊地图之歌》
视频发布与传播

4月11日
PD门诊地图2.0升级版
腾讯：明星公益视频

4月10—30日
4区域深入报道

图 6 – 4　时间轴

---

① 参见腾讯视频《帕金森门诊地图之歌》（https://v.qq.com/x/page/l0857uay6mg.html）。

② 参见腾讯视频《世界帕金森病日公益视频》（https://v.qq.com/x/page/k0859lifjdn.html）。

3. 控制与管理

本次公关项目由 BI 传播部发起，传播部负责项目的统筹管理，包括创意设计、细节把握与落地，与 BI 市场部、医学部、法务部等相关部门进行沟通、合作，同时把控制作内容的品质与传播效果。

（五）项目评估

1. 项目整体传播效果

公益活动利用新媒体手段大胆尝试，截至 2019 年 4 月 18 日，本次公益活动潜在受众人数超 2 亿，363 篇媒体报道，各平台附带公益视频话题阅读量 600 万，公益视频点击量 160 万，所有报道公关价值总计 633.81 万元，全网报道积极且正面。

近 50 家媒体及各平台参与项目传播，视频平台有腾讯、优酷，微博平台有健康时报、人民日报、环球时报、新华网事、每日商报、经济日报、人民健康报、39 健康网、搜狐健康等，通讯社有中新社、新华网，专业媒体有健康报、医学界、医师报，大众媒体有人民日报、光明日报、新华网、新华每日电讯、人民政协报、中国日报、健康时报、北京晚报、新京报、生命时报，网络、新媒体平台有搜狐网、新浪网、腾讯网、千龙网、凤凰网、乐约健康、人民日报、央视新闻、环球时报、健康时报、人民健康网、光明网、经济日报、39 健康网，BI 自媒体有官网、官微、微博、今日头条、一点资讯等及 BI 公司内部传播。

2. 《帕金森病门诊地图之歌》传播效果

此次项目的预热音乐视频，在优酷视频与腾讯视频首发，获健康时报、南京晨报、齐鲁晚报等多家媒体转发。①

截至 2019 年 4 月 19 日，公益视频在社交媒体上获得超过 600 万的点击量和阅读量，健康时报在微博发起的相关话题阅读量超过 453 万；微博重磅媒体央视新闻、人民日报、环球时报等均参与了话题并转发视频。

3. 新闻事件传播效果

截至 2019 年 4 月 18 日，有 363 篇媒体对此次公益活动进行报道，其中原发 45 篇，包括 9 篇平面媒体报道、3 篇通讯社报道、21 篇网络媒体报道、12 篇新媒体报道。所有报道均为正面报道，并且透露出了关键信息。

各界反馈及中国帕金森病门诊地图的使用情况：帕金森病患者反馈"中国帕金森病门诊地图"使用非常方便，可以轻松查询到身边开设的帕金森专

---

① 帕金森病门诊地图之歌传播效果见金旗网（http://www.17pr.com/news/detail/204701.html）。

病门诊的医院相关信息，门诊时间一目了然，导航及就诊预约功能一应俱全，是非常实用的就诊工具；医生认为帕金森病的治疗强调的是一个"持久战"管理，"中国帕金森病门诊地图"的发布，让患者到开设有帕金森专病门诊的医院就诊，将有助于患者接受规范的、长期的疾病治疗和管理，这对提高患者的生存质量具有十分重要的意义；媒体也肯定了"中国帕金森病门诊地图"有助于帮助患者接受专业规范的治疗。

三、案例分析

（一）项目亮点

为配合"中国帕金森病门诊地图"2.0项目制作的帕金森门诊地图之歌预热视频在腾讯视频、优酷视频、健康时报网站、齐鲁晚报客户端、南京晨报客户端，以及媒体朋友圈上线，地图二维码也出现在10家全国和地方网络媒体上，最大限度地传播"中国帕金森病门诊地图"2.0，帮助更多的患者轻松找到身边的专病门诊医院。

来自全国8个城市的38家媒体参与了此次活动，包括纸媒、网络媒体和新媒体。其中，上海、成都、广州、济南四地五家主流媒体对当地开设有PD专病门诊的三甲医院专家进行了深度采访和报道，进一步提高了大众对疾病的意识，传递了帕金森病早诊早治、专病专治的理念。

在新媒体领域，世界帕金森病日公益视频在腾讯视频上首播，仅在腾讯视频上获得超160万的播放量。同时，健康时报于4月11日帕金森病日在微博平台首发视频，并发起相关话题。随后，微博人民日报、央视新闻、环球时报、光明网、经济日报、人民健康网、39健康网等主流媒体相继参与话题并转发视频进行呼吁。

此次活动在选题和口号上紧扣疾病日公益疾病科普和地图2.0发布的主题，影响了更广泛的人群，提高了公众对帕金森病的认识。

（二）专家点评

传播从小处切入，贴近生活，贴近日常，被触达的人更容易有代入感，建立同理心。在企业社会责任传播项目上，BI精心选择了"帕金森病在国内缺乏有效门诊信息"这一尚待关注和解决的医疗痛点，从而获得了官媒、官方机构的关注和大力支持，成为吸引流量的热议话题。

在社交传播中，带有情感、激发情绪的沟通内容才能被快速转发，项目的策划和选择可谓非常成功。这次传播通过微博平台的发酵，引起社交媒体上普罗大众的广泛关注和个体讨论。不仅实现了项目本身的传播目标——发布帕金森门诊地图，还在更大的社会层面上提升公众对帕金森病的疾病意识，从疾病预防、初期自我诊断、专家门诊治疗等层面都进行了有效传播，效果非常惊艳。

此次的沟通计划中考虑到了二次传播的因素，能有效地让该话题保持足够的流量和更广泛的影响力。此外，此次的传播不仅与全国性的主流媒体进行合作，还有各省、市级媒体的传播，具有落地性，值得借鉴。另外，利用技术手段，通过微信小程序发布地图和就诊辅助信息，给患者带来最便利并长期使用的价值，该技术手段非常值得推广。

——亿滋国际中国区公司及政府事务副总裁　傅悦

第七章　群体关怀

随着企业和非政府组织（NGO）的发展，社会公共领域注入了更多非政府力量，在此背景下，以公共利益为导向、关注多元主体之间的沟通和对话、强调包容观念和价值认同的公共传播活动被赋予了很高的社会价值。公共传播开始渗透到各个领域，关注更多的社会弱势群体，针对城市流动人群、第三世界饥饿儿童、山区贫困学生等群体的关怀活动也通过各种创意性的联结走进公众的生活与行动。

在新媒体的环境下，公众不再是传播内容的被动接收者，公共传播也不能仅仅局限于组织者的倡导与实践，更为广泛的公众参与是新媒体时代下公共传播的基础。企业和非政府组织开始思考如何帮助弱势群体得到更多的社会关注，从直接的关怀和帮扶转变为更广泛的社会参与。

本章介绍的传播活动主动营造了体验场景，让公众体验弱势群体实际的生存困境，能发自内心地理解他们的精神世界，从而改变公众对弱势群体的认知和态度。在这一过程中，企业和NGO尝试摆脱"自言其善"的传播困境，他们深刻洞察公众的新媒体使用习惯，以巧妙、富含创意的呈现方式吸引公众进入传播语境中，同时提供低门槛、低成本的参与方式来满足公众展示、分享的社交愿望，以此提高公众在公共传播活动中的参与程度，达到更佳的传播效果。

为了给迪拜外来务工人员连接远方的家的声音，可口可乐公司也别具匠心地使用了可乐瓶盖作为兑换通话机会的"硬币"；The Social Swipe 可刷卡的广告牌案例，在德国人流量很大的机场，用生活中最常用的"刷卡"形式，让公众体验自己的微小善行，将解救双手捆绑的被拐儿童、切开面包救助饥饿家庭；安利的"白饭行动"，倡导大家"今天只吃白米饭"，形式新颖而且几乎不需要任何参与门槛，形成了全民参与的公益传播模式，有效地呼吁公众重视中国贫困地区儿童的营养问题；361°的"买一善一"活动将购买行为和公益捐赠连接在一起，提供了简单直观的参与方式；壹基金"为爱同行"健行活动，把公益徒步、爱心接力、App 地图、明星助力等元素巧妙结合，通过体验50千米徒步的艰难，使人们感受山区孩子们生活的不易并筹集善款，"一起打败孩子们生活的艰难"，掀起了全民传播的浪潮。

本章介绍的群体关怀中的公共传播活动，都在不断地创新体验和分享形式，摒弃以往道德说教式的公益广告，强调形象化的设计和直观的互动形式，让公众更乐于参与到互动中去，感受跨时空联结和互助的情感力量，并实实在在地用行动解决弱势群体的生活困境。

案例一　可口可乐电话亭

一、案例信息

（1）项目名称：可口可乐电话亭——"所谓幸福就是有人为你着想"。

（2）执行时间：2014 年。

（3）传播主体：迪拜可口可乐。

（4）代理机构：扬罗必凯广告公司。

二、案例展示

（一）案例背景

迪拜是一座外来务工人员聚集的城市，丰富的矿产资源吸引了大量的南亚劳工前来打工。他们是迪拜底层的社会群体，由于其合法身份难以得到确认，因此无法享受迪拜的各项福利。他们拿着最低工资的同时往往受到歧视甚至虐待，劳动环境与人身安全也难以得到保障，只能终日肩负着巨大的工作压力，每天乘班车往返于宿舍与工地，与外界基本没有接触，也没有其他的娱乐活动。

身处异乡，最大的牵挂莫过于远方的家人。然而现实是，迪拜的南亚劳动力的工资非常低，一天的报酬只有 6 美元左右。与之相对，迪拜国际通话的费用却高达每分钟 0.91 美元，因此，对于南亚的工人来说，打电话回家无疑成为一种奢望。结合这样的背景，可口可乐策划了一场活动，希望在满足外来务工人员的情感需求的同时，唤起社会对这一群体的关注，帮助他们在社会中获得更多的尊重和关爱。①

---

① 参见数英网《可口可乐　温情电话亭　户外广告》（2014 – 05）［2018 – 05 – 27］（https://www.digitaling.com/projects/13701.html）。

（二）案例策划与执行

1. 策划核心理念

可口可乐通过建立"爱心电话亭"，让迪拜的外来务工人员用一个可乐瓶盖就能免费换取通话时长，为他们解决了难以打电话回家的困境，以此传递可口可乐"所谓的幸福就是为他人着想"的价值观。

2. 执行流程

针对迪拜外来务工人员的这一需求，迪拜可口可乐联合扬罗必凯广告公司开发了一款可以用可乐瓶盖当电话费的"hello happiness"电话亭，并将这些精心制作的电话亭投放到了工人们的生活区（如图7-1所示）。

图7-1　投放至务工人员生活区的电话亭①

工人只需要向该电话亭中投入一个可口可乐的瓶盖，在机器扫描确认后，即可获得3分钟的免费国际通话时长，他们能在温情的电话亭里听到家人的声音，享受幸福。

可口可乐将电话亭推出之后，将外来务工人员使用的情形与对其的采访制作成视频，并投至YouTube等各大视频网站。

（三）案例效果

2014年4月21日至5月21日，可口可乐电话亭的通话记录就达到了

①　参见数英网《可口可乐　温情电话亭　户外广告》（2014-05）［2018-05-27］（https://www.digitaling.com/projects/13701.html）。

134484 分钟。同时，该活动的视频被上传至 YouTube 后就立即登上了热门位置，截至 2014 年 6 月，该视频的浏览量已达 408642 次。

三、案例分析

（一）将核心业务融入社会问题的解决中

要想真正解决目前迪拜社会非常尖锐的外来务工人员问题，凭借一家企业的力量是难以实现的，因此，唤起社会大众对这一弱势群体的广泛关注便尤为重要。在这一点上，可口可乐巧妙地察觉到外来务工人员除物质生活的困难之外，所面临的一大困境就是由于难以与远方的家人经常联系，因此，其情感生活难以得到寄托。这是由迪拜外来务工人口聚集且国际通话费用高的现实问题所决定的。出色的企业社会责任活动的展开，其基础在于对社会问题的精确识别。反之，如果脱离当时当地的实际需求而天马行空地开展活动，结果往往被人认为是作秀，传播效果会适得其反。

而另一方面，可口可乐公司也别具匠心地使用了可乐瓶盖作为兑换机制，而非简单地赠送电话费，这一富于创意的设计，对吸引公众参与、强化公众对可口可乐的品牌感知起到了重要的作用。由于可口可乐的国际化战略，其在迪拜也是一种非常常见的饮品，0.5 美元一瓶的价格相比高昂的国际通话费用也更容易让人接受。同时，这一兑换机制也鼓励了大量的爱心人士，在购买可口可乐之后将瓶盖留给有需要的工人们，以帮助他们获得更多的通话时长。这样巧妙的构思，在给弱势群体提供实质性的帮助、唤起社会对这些群体关注的同时，也加强了活动与企业自身品牌的关联，在公众和企业之间建立起了认知与情感联系，实现了商业价值与社会价值的统一。

（二）善用感性说服引发情感共鸣

长期以来，媒体与公众对迪拜外来务工人员的关注往往停留在物质保障层面，对精神层面的关爱长期处于空白的状态。对广告所辐射的一般受众而言，如果内容单纯地刻画劳工们生活的困苦，没有相似经历的公众可能难以感同身受。而可口可乐却"另辟蹊径"，以缓解对家人的牵挂与思念作为核心理念，唤起了所有人内心深处对家人的情感。

同时，公众对弱势群体普遍都有着同情的心理，在视频广告的末尾，妻子的叮嘱、孩子的笑容、打工者脸上的笑容和被抚慰的道道皱纹，这些催人泪下的细节无一不是通过感性的沟通和表达方式来传达公益理念的内核。这样

"动之以情"的叙述方式，更能引发广大公众的情感共鸣，从而唤起大家对这一活动的关注。

可口可乐一直以来都是围绕着"快乐"与"幸福"的核心价值观开展企业社会责任活动，而感性说服便是沟通起公众内心情感与企业价值观的一道重要桥梁。可口可乐借助直观的视频形式与动人的文案，让受众体验到参与活动的意义，使社会普遍认同企业传递的价值观，让"可乐"真正成为快乐的象征。这一举措在为品牌赢得声誉的同时，也淡化了企业销售的功利性目的，拉近了受众和企业的距离，以润物细无声的方式感染消费者，让广告与企业价值、社会责任完美结合。[①]

四、案例延伸

可口可乐的品牌形象建立与企业社会责任

品牌的价值基础一定离不开它与消费者之间的情感经营，而情感驱动的一大表现形式便是社会回馈。可口可乐公司在企业社会责任战略上一直颇有建树，其不仅塑造了良好的企业公民形象、改善了竞争环境，还带来了诸多的商业机会，可口可乐电话亭便是其众多成功的企业社会责任实践中的典型一例。

企业社会责任战略对可口可乐而言，并不是锦上添花的企业形象美化工程，它将这一战略称作"可持续发展"，成了可口可乐品牌文化传播的重要一环。因此，可口可乐的品牌文化得以深入人心，与消费者之间建立起了强有力的情感联系纽带。[②] 可口可乐的配方或许是无法复制的，但是其品牌经营理念和态度却值得学习。尤其是在中国，民族品牌的崛起是每一个行业与领域所想要追求与争取的目标。若想在国际上提高中国品牌的声誉，在国际传播中树立起自身的正面形象，善于开展践行企业社会责任的活动将是其中关键的一步。

（一）新加坡可口可乐：幸福从天而降

新加坡作为一个重要的国际港口城市，汇集了来自世界各地的人口。于是，新加坡可口可乐征集社会民众对建筑工人的感谢信息，再把这些照片绑在可乐上，通过无人飞行器把这些感谢信递送到高空作业工人的手中，以感谢他

---

① 徐冬柠：《企业情感营销发展策略研究：以可口可乐为例》，载《甘肃科技》2015 年第 31 卷第 8 期，第 74 - 76 页。

② 陈阳：《可口可乐的品牌情感经营》，载《中国品牌与防伪》2010 年第 9 期，第 54 - 55 页。

们对新加坡做出的贡献。

（二）可口可乐双人瓶

可口可乐双人瓶是可口可乐公司于 2014 年 5 月在哥伦比亚的大学新生中推广的活动，即向新生销售需要两人合作打开的瓶装可口可乐，购买者必须找到"另一半"之后方可打开瓶盖。该活动旨在帮助大学新生适应新环境，结识新朋友，同时也塑造了可口可乐在年轻消费群体中的温情形象。

五、补充与拓展

（1）迪拜可口可乐电话亭视频链接（http://www.iqiyi.com/w_19rtmi5gy9.html）。

（2）可口可乐经典营销案例盘点（http://www.4aquan.com/15721.html）。

（3）可口可乐官网（http://www.coca-colacompany.com/）。

案例二　可刷卡的广告牌

一、案例信息

（1）项目名称：可刷卡的广告牌（The Social Swipe）。

（2）执行时间：2014 年。

（3）项目主体：德国公益组织 Misereor。

（4）代理机构：德国汉堡广告公司 Kolle Rebbe。

二、案例展示

（一）案例背景

Misereor 是德国的一个公益组织，从 1958 年开始就致力于解决第三世界贫困地区常见的生活困难——饥饿与贩卖儿童。对于非洲的极度贫困地区而言，两欧元可能就是一家四口一天的口粮。因此，我们的微小援助，可能对于他们的人生产生重要的影响。

然而，Misereor 调查发现，人们有时候不愿意帮助他人，并非缺乏慈善之心，而是由于没有目睹他人面临的困境，或是难以感知助人之后的效用，因此，内心难以有所触动。另外，捐款渠道的不畅通也使人们的捐款意愿大打折扣。基于此，Misereor 决定用欧洲最时兴的信用卡支付的方式[1]，结合互动捐款的新颖形式，重燃社会对于公益事业的热情。[2]

（二）案例策划与执行

1. 策划核心理念

Kolle Rebbe 以 POS 机为原型，帮助 Misereor 制作了一台嵌入了普通刷卡机的互动海报。捐款者在用刷卡机捐款的同时，"见证"善款在千里之外实现的价值，通过对捐款方式的创新，重新唤起人们对公益事业的兴趣。

2. 执行流程

（1）刷卡机投放。Misereor 将互动刷卡机投放到德国的各大机场，刷卡机的屏幕上呈现的可能是孩子被捆绑的小手，或是给贫困家庭送去日常所需的面包。海报中间有一条黑线，捐助者可在此刷银行卡来"切"下一块面包，意味着为他们解决饥饿；也可以用银行卡"切"断捆住双手的绳子（如图 7 - 2 所示），意味着解救那些可能要被贩卖的儿童。

在"切"下去的动作发生的同时，两欧元将从你的银行卡中自动扣除，成为慈善捐款。当你的轻轻一刷，换来的是绳索被挣脱、面包被小手拿走，公益不再是冷冰冰的捐助数字，而是一场共同参与的援助。

（2）银行汇款单追踪。除此之外，Misereor 还与银行合作，每一次捐助过后，银行都会寄出账单，详细、准确地说明捐款用到了何处。同时捐款者会被询问是否愿意将单次的捐款转化为每月一次，单次的慈善善举将升华为源源不断的爱心暖流。

---

① 活动视频中介绍，根据 Misereor 的调查显示，信用卡是欧洲快速支付最主要的手段之一，40%以上的人都在使用刷信用卡的方式来进行支付。

② 中国之声：《德国公益组织发明了一张可刷卡的海报，让成千上万人爱上了捐款》，见新浪网（2017 - 09 - 13）［2022 - 06 - 14］（https://news.sina.com.cn/o/2017 - 09 - 13/doc - ifykuftz6641003.shtml）。

图 7 - 2　通过刷信用卡的动作感受到捆绑双手的绳索被切断①

（三）案例效果

The Social Swipe（如图 7 - 3 所示）投放的第一个月就有超过一千人在国际机场的刷卡机上捐款。Misereor 后续收到的捐款相较前一年同期增长了 23%。

图 7 - 3　The Social Swipe 介绍视频截图②

---

① 中国之声：《德国公益组织发明了一张可刷卡的海报，让成千上万人爱上了捐款》，见新浪网（2017 - 09 - 13）［2022 - 06 - 14］（https://news. sina. com. cn/o/2017 - 09 - 13/doc - ifykuftz6641003. shtml）。

② YouTube. Misereor PlaCard The Social Swipe. （2014 - 11 - 4）［2022 - 06 - 14］. https://www. youtube. com/watch?v = JCG6v1oTF9c.

三、案例分析

（一）精准地点投放，直指目标人群

作为互动捐款机器，能吸引足够的关注是其成功募集资金的关键所在；而吸引人群的第一步便是投放地点的选择，尤其是当机器的制作成本较高时，只有选择在最合适的地点投放才能促使其效益最大化。

在这一案例中，Misereor 战略性地将投放地点选择在了机场。一方面，考虑到候机时间往往较长，机场的旅客大多有充足的时间参与捐款机器的互动，极富设计感的海报能够很好地吸引旅客利用其碎片化的时间驻足观望并完成捐款行为。另一方面，在机场的旅客大多是高学历、高收入和高消费的人群，他们有随身携带信用卡的习惯，并且对于公益的认可与支持程度较高，因此也会有较大的捐款意愿，是该公益项目一个主要的目标群体，通过对目标人群的精准投放使 Misereor 的集资效率得到了显著提高。

（二）形象化展示，公益可感知

在新媒体环境下，人们接受信息的渠道日益多元，尤其是在公益广告同质化问题严重的背景下，人们容易对此类户外的广告形成免疫，那些信息过于烦琐深奥，或是缺乏记忆点与表现力的海报往往会被公众所忽略。而 Misereor 的海报之所以能在众多的公益广告之中脱颖而出，是因为其形象化的设计和高参与的互动模式。

当被捆绑的双手直观地展现在人们面前，简单而极富冲击力的画面能够迅速吸引观者的注意，并唤起其怜悯之心。而画面中间的黑线也会引人疑惑而上前仔细观望。这样形象化且可视化的表现形式，相比枯燥的大段文字简介，能让捐款者快速理解公益组织的信息与活动目的。

在足够吸引关注的前提之下，这款海报独特的互动式捐款形式，则是实现了受众对于这一公益行动从"旁观者"到"亲历者"的跨越。当小手拿走面包、双手挣开绳索，公益不再仅仅停留在捐助者单向的付出，捐款者立即得到了实施善行之后的反馈，收获了一定的自我满足感，刷卡这一动作也被赋予了"解救""支援"的含义。在参与互动式的体验时，用户始终处于一种高介入的状态，即会充分关注海报上关于活动的信息介绍，这对于唤起公众的公益效能、强化公益组织在其心目中的正面形象有着重要的意义。

（三）活动持续追踪，吸引长期捐款

正如前文所述，公众参与公益活动的意愿较低，或难以形成持续捐款的一大原因，便是传统的捐款活动难以实现对捐款行为的持续追踪，即捐款者无法了解自己所捐善款是否真的用之有益。

而以银行卡为基础的捐款方式，便使慈善捐款与捐款者的长期良性互动成为可能。Misereor 通过与银行合作，在向捐款者发去银行汇款单的同时，会详细标明善款的去向，同时也会再次向捐款者表示感谢，让其感知到善款真正服务了公益项目。信息的公开、透明增强了这一公益项目的合法性与可信度，同时，也会无形聚集起其在捐款者心目中的好感度。因此，当其"乘胜追击"，询问捐款者是否愿意将单次捐款转变为每月自动的捐款时，由于消费者正处于一种高度的满足感与信任感之下，愿意长期对 Misereor 的公益活动进行支持的可能性将大幅增加。

公募类型的公益活动如果满足于单次的活动效果，其所造成的影响力以及募集到的善款注定是有限的，而 Misereor 每月一捐的做法有效扩大了捐款的基础，推动了该公益行为走向常态化与品牌化，带来了更高的收益。

四、案例延伸

（一）横向比较

中国的移动支付与慈善募捐

The Social Swipe 能取得成功，一大关键点便是把握住了欧洲人习惯用信用卡进行消费的特点。而在中国，随着移动互联网支付的逐渐普及化，微信钱包、支付宝等移动支付方式已经成为支付的主流，电子支付的崛起成为中国公益事业突破捐款入口的最好工具，对慈善募捐事业而言，这也将带来突破性的变革。移动支付的发展与普及，给慈善募捐事业带来了哪些好处呢？

其一是增加了捐款的便捷性。随着电子支付的日益普及，志愿者带着捐款箱站在街头的日子在中国已经一去不复返，各式各样的应用程序能够通过微信支付、支付宝等支付平台将资金汇往慈善机构，整个流程只需在手机端轻轻一点便可即刻完成。相比以前要把现金攒够一定金额再送到相关接收机构，或者到银行排队划账，电子支付的方式无疑方便了许多。同时利用各种新媒体平台，公益组织也更能轻松地发布公益项目，并通过互联网迅速地在用户中扩散，既节约了大量公益组织宣传公益项目的成本，也使公众更容易接触到公益

项目。[①]

其二是降低了参与公益的门槛。中华社会救助基金会秘书长胡广华表示："过去人们一般认为，公益慈善离普通百姓很远，各个基金会的主要捐赠也大多数来源于大企业、大慈善家。而现在人人都可以参与公益，人人都可以成为受益者。"伴随着移动支付的日益普遍，小额的捐款拥有了巨大的潜力。在网络慈善平台上，人们可以自由选择不同金额的单笔捐款，利用零钱也能为公益项目贡献自己的一分力量。可能单笔的捐款很少，但每次捐款给人们内心带来的慈善满足感是极高的，因此可以吸引大量并且多次的捐款，涓涓细流汇聚起来也能成为一笔可观的收益。

其三是让捐款的过程更有保障。由于网络捐款平台的制度化规范，所有公益组织的信息都需公开并进行核实之后方可进行募捐，保证了募捐活动的可信度。同时，用户还可以随时查阅自己的捐款记录，查询自己捐款的具体流向以及捐款公益项目的具体实施情况，使捐款更加放心、安心。

（二）纵向比较

其实，The Social Swipe 并不是 Misereor 第一个互动捐助的创意，他们曾手工制作过类似的捐款机，名为"一个硬币的力量"（THE POWER OF A COIN-MISEREOR）[②]，在入口处投入两欧元的硬币，硬币便会化身为救护车的车轮，所经之地有了水、食物。硬币紧接着成了孩子脚下的足球，学校的各项设施也相继建起，孩子们可以自由自在地玩耍。一切美好的景象，就这样直观地展现在你的眼前，而当你看到这幅美景而微笑时，镜头早已捕捉下你的笑意。这一切的改变，都源于一个硬币的善意。

Misereor 希望通过这样一种互动式的体验让大家懂得，每个人小小的爱汇聚在一起，同样可以让我们的世界温暖光明。在收获了游戏的乐趣的同时，也能让人们感受到公益带来的力量。虽然只是简单的手工制作，但是它所能给予捐助者的及时回馈，相比传统的不知捐助对象为谁也不知善款流向何处的捐款箱而言，更能够调动起人们传递善意的念头，进而增强对这一公益组织的好感度。

---

① 参见网易新闻《网络公益诸多问题受质疑 新〈慈善法〉如何守护爱心》（2016 - 08 - 18）〔2018 - 05 - 27〕（https：//www. 163. com/news/article/BUO76E8G00014SEH. html）。

② bilibili. The power of a coin-misereor. bilibili（2019 - 11 - 13）〔2022 - 06 - 14〕. https：//www. bilibili. com/video/av75592750?vd_ source =6f7f6909b9abe9a3caa2332d2fc9bf04.

五、补充与拓展

The Social Swipe 的视频链接为 https://v.qq.com/x/page/m01308jpwh2.html。

案例三　白饭行动

一、案例信息

（1）项目名称：白饭行动。

（2）执行时间：2015 年 5 月 14 日。

（3）项目主体：安利公益基金会、微公益、芭莎公益慈善基金、中国关心下一代工作委员会。

二、案例展示

（一）案例背景

我国贫困地区的儿童营养问题一直十分严峻。根据 2015 年的调查，在中国贫困地区生活着 2600 万学龄儿童，很多孩子每天都饿着肚子上课，在他们当中，有 8% 患缺铁性贫血、12% 发育迟缓、30% 营养不良，记忆力和语言能力落后城市同龄儿童 40%，因此亟须社会各界的帮助。①

安利进入中国以来，一直希望能让商业财富的福祉惠及更多的人，让更多的人拥有生存和发展的机会。在这样的宗旨下，安利公益基金会与中国关心下一代工作委员会于 2011 年开展了大型厨房公益项目——春苗营养厨房计划。该计划致力于为农村贫困地区的乡村学校配备厨房设备、培训厨房管理员，系统地改善留守儿童的营养状况，让他们能够健康成长。

"白饭行动"则是安利公益基金会为"春苗营养厨房计划"开展的一次体验式公益活动。近年来，体验式的公益项目越来越多，从唤起社会对渐冻症关注的"冰桶挑战"，到为白血病患儿筹款的"光头挑战"等，纷纷引起了全网

---

① 参见新华网《安利公益基金会携手著名影星黄磊发起"白饭行动"》（2015 – 05）［2018 – 05 – 27］（http://www.xinhuanet.com/food/2015 – 05/22/c_127830462.html）。

的积极参与和热烈讨论，达到良好的传播效果。"白饭行动"便是赶上了这波体验式公益传播的热潮，在中国本土成功实现了卓有成效的"连锁式"全民传播。

（二）案例策划与执行

1．策划核心理念

"白饭行动"号召大家体验贫困地区儿童只吃白饭没有菜的生活，并拍照分享到社交平台，以此唤起社会对这一问题的关注，并吸引大家为"春苗营养厨房计划"捐款。

2．执行流程

（1）联合号召，发起挑战。2015 年 5 月 14 日，微公益、芭莎公益慈善基金携手影星黄磊在微博发起话题"白饭行动"，号召网友在 5 月 20 日晒出只吃饭不吃菜的照片，为中国 2600 万没菜吃天天如同吃白饭的贫困儿童募捐。这些善款将全部用于春苗营养厨房的搭建，改善贫困地区学生的营养问题，尽全力让他们健康成长。

（2）各路组织，积极响应。2015 年 5 月 20 日，中国传媒大学、上海大学、安徽大学等高校代表，美的生活电器、卡萨帝等企业代表，外婆家、望湘园、马大姐食品等餐饮界代表等纷纷响应号召，在网上晒出自己的挑战照片，以表示对活动的关注与支持。

在上海，更是上演了一场参与式公益体验活动——"100 人齐吃白饭"。在二十余家媒体的见证下，一百名青年齐聚一堂，静心品尝一碗白饭，号召全社会参加"白饭行动"挑战。

（3）明星助力，推向高潮。2015 年 5 月 20 日中午，黄磊在微博晒出吃白饭的照片，吸引超过 2 万人次点赞。至此，"白饭行动"在社交媒体上的讨论达到高潮。

（三）案例效果

2015 年 5 月 20 日"白饭行动"话题位列微博热门话题榜第四名，截至 2015 年 5 月 26 日，该话题在微博的阅读量已近五千万，吸引了上百家传统媒体、互联网媒体的报道。

截至 2015 年 5 月 26 日，腾讯公益平台与新浪微公益平台募捐总额超过 88 万元。

三、案例分析

（一）精心设计传播链条，带动多个群体共同参与

全民参与的公益传播模式若想真正实现"连锁反应"，关键在于如何扩大传播的范围，吸引更多人参与其中。基于此，每个传播环节的选择便显得尤为重要。

首先是在传播源头的选择上，"白饭行动"选择了大家心目中的"居家好男人"——黄磊作为活动的发起人。一方面，黄磊善良顾家、热心公益的形象可以让广大公众对该活动产生正面印象；另一方面，便是可以利用明星的粉丝效应，扩大活动的曝光率，吸引更多人的关注。[①]

其次则是在传播链条的选择上，由于每个人交际圈中的朋友往往与个人的身份地位比较相似，因此，解决这一问题的关键便回到了哪些群体是该活动真正想要号召参与的。"白饭行动"聚焦在了高校学生、餐饮企业及媒体等。一直以来，大学生都是社交媒体上的活跃群体，他们喜欢在朋友圈中展示自我，也容易被新颖的互动型公益模式所吸引，因此有更大的意愿参与其中。对于餐饮企业而言，他们不仅能为项目提供一定资金的捐款，更能利用他们的业务或是特长更好地助力"春苗营养厨房计划"的顺利推行。

最后，媒体人亲身参与所带来的大量媒体报道，既能直接扩大其在社会的知名度，也能为其塑造一个正面的社会形象，提升接触媒介的公众对这一公益项目的好感度。

在确定了主要的目标群体后，"白饭行动"有效整合了其所拥有的社会资源，带动了一批"先行者"参与其中，从而使其活动的影响力在这些群体内部进一步的扩散，最终掀起全民参与的热潮。

（二）环节设置简单易懂，降低活动参与门槛

全民参与的公益传播模式若想取得预想的传播效果，募集到足够的款项，其基础便在于有多少人知晓并愿意在社交媒体上亲身参与这一活动，因此，在这项公益"挑战"的设计上，既要容易被公众复制，又要能够让大家联想起该"挑战"所传达的主旨。归结起来，活动要成功就要把握两个关键词，即

[①] 甘罗嘉、熊一丹：《病毒式传播与网络社会："冰桶挑战"对健康传播的启发》，载《第九届中国健康传播大会优秀论文集》，2014年，第20－27页。

"简单"与"关联"。

"简单"是指活动的元素要尽可能地易于理解，一项简单的活动由于其单一性很容易被人知晓，也容易被群体所模仿。例如，在"白饭行动"中，吃一碗白饭的参与门槛是很低的，大家很容易完成这一挑战。若是"挑战"难度过大、规则过于复杂或是需要某种特定的条件才可实现的话，很容易消磨公众参与的积极性。例如，"白饭行动"相较于"冰桶挑战"而言，在"简单"这一项法则上有所超越，毕竟不是人人都敢给自己泼冰水。

"关联"是指这一行为想要传递的信息与活动的主旨直接相关，与受众的日常生活相关。"白饭行动"的目的是唤起大家对贫困地区的儿童营养不良问题的关注，而其所设计的不吃菜挑战与贫困地区儿童的境况十分相似，让人感同身受，切身体会到"白饭行动"所帮扶对象生活的艰辛，从而增加捐款的意愿。同时，必不可少的一日三餐，与日常生活的联系程度高，使得公众参与挑战的难度大幅降低，更有挑战的动力。

（三）活动设计富于创意，别出心裁以吸引关注

对于公众而言，活动的设计是否有趣新颖、是否拥有令人好奇的创意，是决定其愿不愿意参与或转发的关键因素，因此，在活动的设计上需要能够给人带来"意外"，足够吸睛并能强化记忆。正如在我们的日常生活中，只吃白饭而不吃菜的情况十分罕见，"白饭行动"便是很好地抓住了人们的好奇心，给了大家一个体验一餐只吃白米饭的机会。这样的活动设计，用看似荒谬的行动，在充分调动了大家的同理心的同时，也成功吸引了大量的关注，进而成功带动了一批受众共同参与到这一场公益挑战之中。[①]

然而，对于活动"意外"也需要有所把控，核心仍然需要围绕着"关联"这一要素，必须保证这样的体验不是单纯为了制造噱头、哗众取宠，而是能够真实感受到受助者的处境，切实去帮助他们解决实际问题，不然可能会引起反作用，引发公众对这一活动产生负面与抵触的情绪。

---

① 刘聪歌：《新媒体时代：我国公益活动传播的出路：以"冰桶挑战"为例》，载《河南工业大学学报》（社会科学版）2015 年第 11 卷第 1 期，第 132－134 页。

四、案例延伸

2016 年安利春苗营养厨房计划——头顶食物

2016 年 5 月 20 日，安利基金会为"春苗营养厨房"计划发起"头顶食物"活动，寓意贫困儿童与营养之间就相差一个食物的距离，呼吁公众为中国营养不良的贫困儿童募捐（如图 7-4 所示）。由影星黄晓明发起，40 余家企业和 60 余所高校纷纷响应号召，多家媒体主动报道，这成了一件全民参与的大事件。

截至 2016 年 5 月 26 日，新浪微博话题"头顶食物"的阅读量突破6143.5 万，在公益榜排名第一，捐款达一百多万元。所得善款将全部用来帮助中国 5 岁以下贫困儿童，全力为他们改善营养问题。

孤立来看，"春苗营养厨房"这两次的活动虽然传播模式十分相似，但并不妨碍其都成功地在社会掀起一次次的公益浪潮。但需要反思的是，在类似借助某一热点事件帮助公益活动传播的时候是否容易喧宾夺主而使人忘记了活动背后蕴藏的公益品牌内涵。品牌化是推动企业公益行动转型升级的重要一步，这将有助于企业公益走向专业、规范、透明，实现健康长久的发展。然而，就以这两次的活动而言，无论是从海报设计还是微博互动的模式，都较少与"春苗营养厨房"这一公益品牌产生联系。若是在活动策划的初始阶段便重视起公益信息的传播与品牌之间的联系，如为活动设计专门的口号、专属的服饰等，并在传播过程中反复提起以增强公众对"春苗营养厨房"这一公益品牌的记忆，人们在日常生活中见到这些符号便会自然联想起这一活动所连接的公益精神内

图 7-4 "头顶食物"宣传海报①

---

① 图片来自中国儿童少年基金会 2016 年 5 月 20 日微博（https://m. weibo. cn/5657423253/3977148115008309）。

核，唯有这样，才能在公益活动取得成功的同时服务于企业自身形象的树立。

五、补充与拓展

（1）春苗营养厨房官网（http://home.meishichina.com/chunmiao.php）。
（2）白饭行动宣传视频（http://www.iqiyi.com/w_19rt9leml1.html）。

案例四　361°买一善一

一、案例信息

（1）项目名称：361°买一善一。
（2）执行时间：2013 年。
（3）项目主体：361°、中国扶贫基金会、天猫商城、新浪微公益。

二、案例展示

（一）案例背景

2006 年，美国设计师 Blake Mycoskie 去阿根廷旅游时，发现许多农村的小孩因为没有鞋子穿而引发疾病，甚至影响了学业。为了能帮助苦难的孩子，他成立了 Toms shoes，开创了"每售出一双鞋，就为需要鞋子的孩童免费提供一双新鞋"的"One for One"全新商业模式，该商业模式的成功得到迅速地推广，并在世界各地衍生了不少优秀的案例。

与此同时，我国企业的慈善工作陷入了"瓶颈期"。部分企业短期投入巨大但容易被公众遗忘，也有企业选择细水长流的模式却不见明显成效，在慈善活动中仍有很多企业忽略了与目标消费者的互动关系。而在世界各地广受好评的"One for One"模式，是否能够突破目前中国慈善事业的困境，给中国的企业慈善带来新的生机呢？在这样的条件之下，361°在中国也开始了这一模式的实践。

对于山区的贫困儿童而言，由于山路崎岖，对鞋子的磨损十分严重。但在以往的公益捐赠活动中，鞋类的成本较高、配送麻烦、尺码不符等情况太普遍，导致企业常常不愿意将鞋作为其捐赠的物品。而 361°作为一家主营运动品的企业，便战略性地洞察到了这一问题，结合自己的业务特长，将运动鞋确定为"买一善一"的商品。

（二）案例策划与执行

1. 策划核心理念

361°借鉴了"One for One"模式开展公益实践，只要在361°的天猫商城购买一双运动鞋，361°便会同步向贫困地区的儿童捐出一双运动鞋。希望能由此调动起社会参与公益活动的热情，帮助更多贫困地区的孩子解决没有合适的鞋穿的难题。

2. 执行流程

第一阶段：预热铺垫期（2013年3月1—31日）。

阶段目标：为"One for One"的面世做铺垫。

具体执行：

（1）媒体舆论引导。新浪微公益开辟话题。

（2）宣传片发布。发布平面广告与公益电视广告等，以多元的形式展现山区儿童对一双鞋的珍视，以及我们微小的善意对他们的帮助。

（3）事件营销。①"这一度，为运动梦"光脚主题运动会于2013年4月1日在四川省彝族自治州美姑县希望小学举行，通过让媒体记者、签约明星、中国扶贫基金会成员与贫困地区儿童共同参与"光脚运动会"，聚焦山区孩子没有鞋穿的真实需求，以更好地传递"买一善一"的慈善理念。②"今天不穿鞋"体验活动（如图7-5所示），征集志愿者去山区体验当地孩子不穿鞋

图7-5 "今天不穿鞋"体验活动①

① 超级腾111：《361°公益项目One for One 1210》，见百度文库［2022-06-14］（https://wenku.baidu.com/view/87f05bf34431b90d6d85c7c8.html）。

的一天，所有人像孩子一样光脚上学、打球、奔跑……亲身经历能让人们有最直接的感受。吸引大众关注没有鞋穿的孩子，形成一场社会性的公益热潮。

第二阶段：核心售卖期（4月1日至6月1日）。

阶段目标：在6月1日前达成20000双鞋的购买和捐赠目标。

具体执行：

（1）自2013年4月1日起，消费者每通过天猫商城购买一双项目定制款的成人运动鞋，361°就同步向受捐地区的孩子捐出一双定制款运动童鞋。

（2）制造潮流。以潮鞋百搭模特、时尚公益大片、顶级店铺分销合作等模式，以增加产品在时尚领域的曝光度，引领潮流。

（3）网购激励。以淘金币、计时器等模式在购物决策末端注入强心剂。

（4）渠道拓展。"淘宝+B2C"网购网站全面铺开，聚焦于最核心的网购人群。

第三阶段：反馈扩散期（6月1日至11月1日）。

阶段目标：挖掘捐赠过程中的感人事件进行进一步传播。

具体执行：

（1）建立良好的反馈机制。四川省凉山彝族自治州美姑县、昭觉县，贵州省毕节市的纳雍县、大方县等受捐赠地纷纷开通官方微博，公开活动进程和活动反响。给爱心人士寄去"回音卡"，给予捐助者最动人而真切的致谢。

（2）落地捐赠活动。选择重要节点如六一儿童节、9月1日新学期开学，以"买一善一"形象大使名义召集志愿者到达捐赠地点，亲手为山区孩子穿上新鞋。同时，志愿者会写下行动手记，在微博与大家分享。

（3）明星、淘女郎快递营销。每月从网购单品的消费者中随机抽取数名幸运者，他们可获得"买一善一"代言明星及淘女郎亲自送上的惊喜快递，以此增强消费者的购买欲望。①

三、案例分析

（一）捐款模式简单直观

"One for One"的模式之所以能够在消费者中快速传播，很大程度上得益于其在消费者心中"很容易想象"：你买一双鞋，对方就收到一双鞋，多买一

① 参见百度文库《361°公益项目One for One 1210》［2018－05－27］（https://wenku.baidu.com/view/87f05bf34431b90d6d85c7c8.html）。

双，就多一个有需要的儿童有鞋，清晰明了。而有些捐款活动容易设置过于烦琐的捐款规则，例如，"有30％盈余会捐给基金会"等，消费者难以感觉到自己有多大的"贡献"，以及贡献出去的是什么东西。而"买一善一"这一直观的公益捐献模式将极大地降低公众对该行为的理解难度，进而调动起其参与的积极性。

（二）以他人证言树立捐赠方式与组织的公信力

由于"One for One"模式的实现存在一定的滞后性，因此，消费者往往会因为对组织或该公益项目的不了解、不信任而降低参与的意愿，所以建立透明的信息公开渠道和及时的反馈机制便显得尤为重要。而361°的"买一善一"活动很好地利用了多个组织的"证言"，建立起了公众对其的信赖。

一方面，361°选择了公信力较强的第三方为其做担保，例如，中国扶贫基金会、权威且有影响力的媒体与公益平台微公益、杂志《第一财经周刊》，并选用了形象积极向上、不断向人传递正能量的明星代言人等。在利用第三方的影响力更迅速地在公众中传达企业理念的同时，也能有效地利用他们的知名度、社会能见度、信用等象征资源增强"买一善一"在消费者心目中的信任与好感，极大地激发起公众对这一公益活动的兴趣。另一方面，通过曾经参与过这一公益项目的"身边的人"的经历，打消了消费者对购买的顾虑。

值得一提的是，361°还积极构建起了消费者与受赠者直接接触的桥梁，在受捐地区开通了官方微博，与寄出受助者亲自书写的感谢信的做法，让爱心人士听到"受捐者说"的同时，也让人直观地感受到了这一捐赠机制的公开与透明度，获得奉献爱心之后的满足感。

（三）为消费者提供便捷的购买渠道与适当的奖励刺激

"One for One"的公益模式若想取得更好的传播效果，提高商品的销量是其中决定性的一步，因此，如何刺激消费者的购买欲望便显得尤为重要。

首先，对于需要消费者购买的商品而言，本身必须吸引消费者。在选择"买一"的这一商品时，如果由于款式、质量等因素而难以调动起消费者的购买兴趣的话，其参与的意愿便会大打折扣。为此，361°精心设计了时尚跑鞋，并利用时尚潮流杂志、百搭明星秀等形式增加了鞋的知名度，让消费者乐于购买，并致力于构建好消费环节的第一环。

其次是购买渠道的便利。购买渠道的广泛与便捷，将对销量的提升起到至关重要的作用。为此，361°打通了线上线下的全销售渠道。在线下，伴随着智能终端的普及以及移动互联网的跃进，线上与线下的连接成为可能，因此，通过在公交车站等人流量密集的场所放置活动宣传二维码这样全面铺开的方式，大大增加了消费者接触活动的可能机会。在线上，361°充分整合了目标人群经常光顾的各大主流网购平台，在传递361°的慈善理念的同时也在引导消费者购买，可以最大限度地在关注时尚鞋类的人群中实现快速的传播。

最后便是给予消费者适当的购买与传播刺激。对于公益活动而言，人际交流与口碑传播将对其知名度与公信力的提升起到不容小觑的作用。在361°"买一善一"的活动之中，由于有"拉动十人参与再送一双鞋"等规则作为激励，公众将该活动向周边的人进行分享的意愿将会得到有效提升，在为活动创造更多收益的同时，也进一步增强了影响力。同时，在明星快递、淘金币等多重刺激下，消费者购买及进行二次传播的欲望会再一次被调动。

四、案例延伸

其他国家"One for One"模式的创新案例

（一）Good Shirt（美国）

Good Shirt活动是为索马里等国受旱灾和饥荒威胁的儿童及其家庭募集捐款。系列T恤由纽约艺术家设计，每一件T恤的设计都代表一种援助方式，不同款式T恤的售价跟其所呈现的捐赠物资价格保持一致。例如，捐款18.57美元可以为灾民购买三床杀虫蚊帐，印有被杀死蚊子图案的T恤就卖18.57美元一件。

（二）Half for Happiness（巴西）

巴西公益组织Casa do Zezinho和广告公司AlmapBBDO联合巴西的两家连锁超市推出了一系列被切成一半的比萨、面包、水果、蔬菜等食品，顾客倘若用全价购买了这半份商品，所付金额的50%将会用于帮助营养不良的儿童，将慈善行为自然融入日常生活。

（三）半瓶水（Life Water公司）

Life Water所生产的瓶装水都只装满半瓶，余下的那半瓶则由Life Water公司直接替消费者输送到缺水地区捐赠给当地的孩子们。Life Water特别设计了7款印有缺水地区孩子的包装，瓶身附有二维码，以便人们了解缺水地区的详细信息。

从世界各国的"One for One"模式的实践中，我们不难看出，这一模式能够取得良好传播效果的一大"制胜法宝"，便是在这样的模式之下公益性已经成为影响消费者购买决策的关键因素，它巧妙地略去了很多购买环节的细节，尤其是在线的环境，帮商家省了很多说服的功夫。例如，平常卖一双鞋，一定要完全符合各方面的需求，但卖一双"One for One"鞋，外观如何反而不重要了。这便是该模式的一大高明之处，消费者购买的数量越多，自然能够引发更广泛的公众参与，而公益活动的实践也将取得更为优质的效果。

案例五　壹基金"为爱同行"健行活动

一、案例信息

（1）案例名称：壹基金"为爱同行"健行活动。
（2）执行时间：2016 年。
（3）主体：深圳壹基金公益基金会。
（4）代理机构：广州奥美。

二、案例展示

（一）案例背景

闭塞山区的小孩生活条件非常艰苦，公共卫生服务、教育资源、体育设施、文娱生活等水平都与城市小孩有很大差距。国务院发布的《中国儿童发展纲要（2011—2020 年）》指出："城乡区域间儿童发展不平衡，贫困地区儿童整体发展水平较低。"① 在山区的孩子，为了喝上干净的水，可能要走上十几千米的山路；想打篮球，但却没有打篮球的场地和设施……生活非常艰难。为了帮助这些山区儿童，不少公益组织都开展公益活动并为他们筹款。

近年来流行的公益徒步运动便是其中之一，越来越多国内的公益组织结合有趣或具备竞技性的运动体验来吸引人们筹款，很多徒步类公益活动出现在人们的视野中。然而，随着此类活动的数量激增、同质化加剧、娱乐性加强，人

---

① 参见中国发展门户网《贫困地区儿童早期发展治理的进展与创新》［2018－10－19］（http://cn.chinagate.cn/reports/2018－01/18/content_50232447_2.htm）。

们对参与公益的初衷淡化，对公益本质的理解也有所弱化。2015 年年底，《京华时报》的一项调查结果显示，44% 的受访者对这类运动公益活动感到厌倦。公众对运动筹款感到倦怠，对其背后支持的公益项目也存在认知不足。

面对这一困境，专注于灾害救助、儿童关怀与发展、公益支持与创新的壹基金携手广州奥美，开启了 2016 年度"为爱同行"公益健行活动，提出了通过让人们体验 50 千米徒步的艰难来感受山区孩子们生活的不易，并在挑战 50 千米山野徒步的同时筹集善款，用于支持净水计划、公益映像大篷车项目、儿童平安项目等壹基金儿童关怀项目。自 2013 年始，"为爱同行"这一品牌活动在各地持续开展。2016 年为爱同行主张的"一起打败孩子们生活的艰难"，更是创新性地践行壹基金"尽我所能，人人公益"的公益愿景，鼓励大家回归公益的初心和热情，让公益成为一种生活习惯。

（二）案例策划与执行

1. 策划核心理念

壹基金用一场山野徒步公益挑战，号召人们用 50 千米的艰难打败山区孩子生活的艰难，用自己的每一步距离和每一滴汗水为改善山区儿童生活筹款，鼓励人们回归公益初心。

2. 执行流程

（1）"为爱同行"公益健行活动。壹基金先后在深圳、北京、长沙和杭州四地分别举办公益健行活动，于 2016 年 4 月 11 日启动活动报名，设置 5 种参赛队伍类型，分别为公众队伍、荣誉队伍、特别筹款队伍、合作队伍和跑团队伍[1]。每 4 名参加者组一队，需要在一定时间内完成 50 千米山野徒步。

为了给更多热爱公益和徒步的人搭建快乐参与的平台，壹基金联合国内知名跑步 App 悦跑圈，发起"为爱同行线上同步走"活动，参与者于规定时间内在悦跑圈活动中报名，在为爱同行深圳、杭州、长沙线下活动当天和现场参与者一起为爱出发，完成相应的徒步里程。通过行走的力量点亮为爱同行专属的电子奖牌勋章，即可为困境中的儿童奉献一分爱心，并有机会率先获得来年线下参与的资格。[2] 筹得款项前 1000 名的队伍还将获得限量版实物勋章。[3]

---

[1]　参见新华网《壹基金为爱同行 6 月开走 公众队伍抽签确定》（2016 – 05）［2018 – 10 – 19］（http://www. xinhuanet. com/gongyi/2016 – 05/27/c_ 129021088. htm）。

[2]　参见壹基金网《2016 为爱同行报名启动》（2016 – 04 – 09）［2018 – 10 – 19］（http://www. onefoundation. cn/index. php?m = article&a = show&id = 887）。

[3]　参见中华户外网《悦跑圈"线上为爱同行"收官杭州，全国四地筹集善款 52 万元》（2016 – 11 – 02）［2018 – 10 – 19］（http://huway. com/news/20161102/4920287. html）。

（2）"走心挑战"爱心接力活动。在活动报名的同时，广州奥美与壹基金共同策划了全新的社交媒体互动活动，在新浪微博上发起"走心挑战"爱心接力的话题讨论。人们可以通过运动软件记录自己的日常跑步或行走锻炼的轨迹，并分享到微博和朋友圈上，晒出自己的"心"形行走轨迹或独一无二的轨迹，并通过点名挑战的方式邀请更多好友加入（如图7-6所示）。①

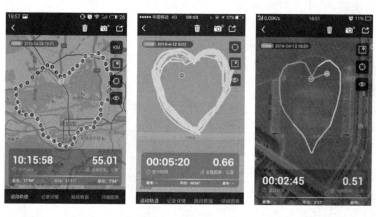

图7-6　行走轨迹示意

（3）2016为爱同行公益微电影。主办方还制作并发布了以"天使与恶魔对话"为情景的公益宣传片，用天使与恶魔之间的徘徊斗争、互相说服的情景来呈现一个人面对挑战时犹豫不决的内心挣扎，号召人们勇敢地打败懒惰和困难，并一起参与公益健行活动，为山区儿童筹款，共同打败孩子们生活的艰难。

（4）视觉创意广告。壹基金发布"2016为爱同行"全新主题海报。当参与者完成50千米山野徒步后衣服被汗水浸透，呈现出山区儿童对未来充满希望的表情。这件为爱同行活动的特制衣服传达了"参与者的每一滴汗水都会为山区的孩子带来生活的新希望"的公益理念。另外，系列触发大众思考的创意广告装置也在深圳、长沙和杭州落地呈现。②

---

① 参见搜狐公益《奥美助力壹基金"2016'为爱同行'公益健行活动"》（2016-04-18）[2018-10-19]（http://www.sohu.com/a/69966231_384255）。

② 参见数英网《壹基金：2016年"为爱同行"公益健行活动 户外广告》（2016-04）[2018-10-19]（https://www.digitaling.com/projects/17298.html）。

（三）案例效果

1. 统计数据

2016 年 5 月 26 日深圳站报名截止后，为爱同行深圳站累积捐款人次达 23879，筹集 2085582.55 元善款[①]；截至 2016 年 10 月 15 日长沙站队伍出发时，为爱同行长沙站筹集善款累积超过 51 万元，有 4195 支队伍参与，共 16780 名队员通过悦跑圈参与线上为爱同行长沙站活动[②]；截至 2016 年 9 月 24 日北京站队伍出发时，筹集善款累计超过 26 万元[③]；截至 2016 年 10 月 30 日杭州站队伍出发时，为爱同行杭州站筹集善款超过 62 万元。

截至 2016 年 11 月 1 日，"2016 为爱同行"活动最终获得 6.7 万人次爱心人士参与捐赠，筹集善款超过 540 万元[④]。

2. 获奖情况

壹基金"2016 为爱同行"公益健行活动品牌重塑及传播项目获 2016 年首届广州社会创新"十佳项目"奖[⑤]。

评委对项目的开展给予了充分的肯定：公益需要创意，公益更需要广泛的公众参与和体验；同时，做公益，情怀固然重要，方法也不可或缺，为爱同行活动全面网罗了商业力量，打通传播渠道，动员社会力量，收获了良好的公益成果。

3. 相关影响

在"走心挑战"爱心接力活动开始后，知名人士、爱心企业和跑团等各领域意见领袖和普通网友纷纷在微博上晒出"脑洞大开"的"爱心地图"，以有趣好玩的方式来进行爱心接力。已经连续参加过两场为爱同行活动的李小姐晒出自己的"走心"轨迹并留言道："挺好玩的一次行走，要仔细规划一番才能走出一次特别的轨迹，还能把以前没有走过的路走了一遍，让普通的徒步过

---

① 参见新华网《壹基金为爱同行 6 月开走 公众队伍抽签确定》（2016 – 05）［2018 – 10 – 19］（http://www. xinhuanet. com/gongyi/2016 – 05/27/c_129021088. htm）。

② 参见新华网《壹基金为爱同行 2016 公益健行活动长沙站落下帷幕》（2016 – 10）［2018 – 10 – 19］（http://www. xinhuanet. com/gongyi/2016 – 10/17/c_129326096. htm）。

③ 参见网易山东《千人参加 2016 长城越野公益健行活动》［2018 – 10 – 19］（http://sd. news. 163. com/16/0930/17/C27RHUC7039318IF. html）。

④ 参见腾讯公益《2016 壹基金为爱同行圆满落幕 三年逾 10 万名困境儿童受益》（2016 – 11 – 01）［2018 – 10 – 19］（https://gongyi. qq. com/a/20161101/028867. htm）。

⑤ 广州社会创新奖是广州首个专注社会创新的公益评奖，由广州市社会组织联合会指导，广州市社会创新中心、广州社会组织研究院和广州市一百零八度公益基金会联合主办。

程有了更多乐趣和互动，我们 4 个好友正准备再次组队报名挑战今年的 50
千米。"①

为爱同行项目经理童璋表示："很多人日常想锻炼、想徒步，但容易因为
各种原因放弃，而通过与微公益和微博运动发起这次走心挑战，可以让更多人
体会徒步活动除了能锻炼身体，还能获得很多乐趣，特别是与自己的好友一起
做一件有意义的事情，让自己的徒步成为参与和支持公益的一种方式，通过行
走晒爱心，通过行走筹集善款，在使自己健康的同时，帮助他人。"②

三、案例分析

（一）构建"艰难"这一话语基调，强化参与者与受助者之间
的情感链接，激发人们的挑战心理

首先，这次为爱同行公益健行活动采用了"用 50 千米的艰难，打败他们
生活的艰难"的全新广告语，并制作系列海报进行传播，成功地构建了"艰
难"这一话语基调，既表达了顺利完成 50 千米徒步挑战的艰难，也代表山区
儿童亟须我们的帮助去战胜生活的艰难。

此外，为爱同行活动的汗水 T 恤以创意的表现形式唤起了观众的情感共
鸣。当人们参与徒步，大量出汗将 T 恤浸透后，衣服上会呈现出一个山区孩
子对未来充满希望的表情，具象地传达了"参与者的每一滴汗水都会为山区
的孩子带来生活的新希望"的活动理念，让参与者直观地感受自己的公益付
出，留下难忘的记忆。

这些创意广告语、海报文案及创意汗水 T 恤都强化了参与者与受助者的
情感链接，激发人们的挑战心理，激励人们身体力行地参与公益徒步，用自己
一点一滴的汗水为山区儿童募捐。

（二）活动设置有梯度的参与方式，让不同条件的公众都能参与
其中

50 千米的山野徒步需要有较为专业的徒步经验和良好的身体条件，壹基

---

① 参见壹基金网《2016 为爱同行报名启动》（2016 - 04 - 09）［2018 - 10 - 19］（http://www.
onefoundation. cn/index. php?m = article&a = show&id = 887）。

② 参见凤凰公益网《为筹善款进行"公益徒步"，你怎么看?》（2016 - 09 - 30）［2018 - 10 - 19］
（https://gongyi. ifeng. com/a/20160930/44461227_0. shtml）。

金为了让广泛的公众参与其中，针对不同身体素质的公众设置了有梯度的参与方式。

针对广大徒步经历较少的公众，壹基金联合悦跑圈、新浪微博等社交媒体平台发布了"走心挑战"话题讨论及互动活动，参与者挑战 GPS 定位轨迹画爱心的趣味互动，开展了线上的爱心接力，传达了对活动以及山区儿童生活现状的关注，也为活动进行自发传播，吸引了更多有能力和经验的团队报名徒步挑战。

另外，针对有一定徒步经验但不足以参与 50 千米山野徒步的公众，壹基金联合悦跑圈发起"为爱同行线上同步走"活动，巧妙地让这部分团队一起参与到为爱同行活动中，为他们提供平台，积累徒步经验，也为未来的为爱同行活动积累更多的忠实参与者。

四、案例延伸

公益参与者与主办方共同参与善款流向的决策
——来自"一个鸡蛋的暴走"的公益创新

"一个鸡蛋的暴走"是由上海联劝公益基金会于 2011 年发起的公益徒步筹款活动，旨在为儿童营养健康、教育发展、安全保护、社会融合等领域的民间公益项目筹款，是国内首个公益徒步活动。截至 2018 年 6 月 1 日，一共有 665 支队伍参与"暴走"，筹款总额达 14031555 元，筹款人次达 89414 人次，使超过 38 万孩子直接获益。①

相比于壹基金的为爱同行公益徒步活动，"一个鸡蛋的暴走"在善款流向的决策以及公益项目的持续培育方面具备了创新的优势。

公益徒步的参与者可以与主办方共同参与善款流向的决策，在每年"暴走"结束后，主办方都会举办公众评审会、项目分享会和后续探访等活动，鼓励公益徒步的参与者深度参与公益，与联劝公益基金一起参与善款流向的决策和对善款使用的监督，共同思考社会问题的解决方案。这种深度参与的模式，充分结合大众力量来为公益和社会关怀注入创新源泉和多元观点，激励公众对公益的关注和行动，也让公益项目得到全面考量和持续培育。

"一个鸡蛋的暴走"不仅为儿童筹款、呼吁社会关注儿童权益，还通过联合社会各界的力量、公众的参与来实际地支持关心儿童权益的民间公益项目及公益机构的培育和发展，以更好地推动公益事业的前进。

---

① 参见联劝公益《一个鸡蛋的暴走》［2018 - 10 - 19］（https://baozou. lianquan. org/）。

第八章　生活态度

在媒体时代，公共传播融合了新技术与新思想，其公共性不仅体现在传统形态下主体和空间的公共特性，还体现在传授之间的传播对等性和议题价值的公共性。① 很多时候，宏观层面的国家事务、社会公共议题会被赋予更多公共传播的价值，而作为个人微观层面的情感、关系、压力等却被忽视。②

随着时代的转型、新媒体交互特性的深入，受众的参与性和个体性得到充分发挥，"以人为本"的公共传播因而逐渐得到关注和实践。公共传播开始强调人与人、人与家庭、人与社会的关系，试图通过传播沟通解决人在日常生活中所面临的各种难题。

在公共传播不断创新的时代，越来越多的企业和组织在其传播实践中也加入了"以人为本"的公共准则。特别是个人在面对生活中的各种关系和各种压力时所持有的不同价值观。

本章聚焦个人之于夫妻、家庭、社会的人际关系以及个人面临的"语言暴力""网络病""城市病"等日常生活危机，从而探讨公共传播在微观层面的价值性。比如，在家庭关系中，台湾远传倡导"有话好好说"相处模式，欧派橱柜传递"关机一小时"爱家理念。曾经被边缘化的"语言暴力"再次上升为公众议题，通过多重感官的刺激，引起教育者对孩子所遭受的语言暴力的警惕性。而在"网络病"危机下，腾讯组织大型社会实验重新审视社交依赖，引导社会更好地理解社交网络对人与社会的影响。

除此之外，新媒体技术的不断创新给公共传播创造了更有效、更有趣的载体，比如在家暴议题下，英国慈善机构 Women's Aid 设置了运用独特的脸部识别技术的互动广告牌，呼吁公众关注家暴问题。

不难发现，在新媒体背景下，公共传播的公共性也有被娱乐化商业气息消解的趋势，值得引起重视。③ 如何将公共传播与企业的商业行为进行巧妙融

---

① 何坤：《新媒介时代背景下的公共传播：现状与反思》，载《浙江媒学院学报》2017 年第 24 卷第 2 期，第 38－43、152 页。

② 胡百精、杨奕：《公共传播研究的基本问题与传播学范式创新》，载《国际新闻界》2016 年第 38 卷第 3 期，第 61－80 页。

③ 何坤：《新媒介时代背景下的公共传播：现状与反思》，载《浙江传媒学院学报》2017 年第 24 卷第 2 期，第 38－43、152 页。

合，全联在该方面表现得尤为尽致。全联在传递"精打细算"生活态度的同时，与其品牌价值达成一致，开创出"经济美学"新范式。

许多与个人情感、家庭关系、生活态度有关的公共传播案例涌现，反映了关注个体、以人为本的价值取向日渐成为公共传播及品牌传播的关注点和创新点。在变化发展的时代中，新媒体的助力使宏大的社会议题得到广泛关注的同时，也使微观的个体生活得到聚焦。因此，本章以公共传播视角去探讨从生活态度中反映的公共价值，探索新媒介时代背景下的公共传播的价值与意义。

案例一　开口说爱，让爱远传

一、案例信息

（1）案例名称："开口说爱，让爱远传"系列。
（2）执行时间：2013—2015 年。
（3）传播主体：台湾远传电信。
（4）代理机构：台湾奥美。

二、案例展示

（一）案例背景

受深厚传统文化的影响，我们表达爱的方式比较委婉，很少会当面说出"我爱你"等直接外露的话语。在发达的移动通信时代，我们可以跨越空间，随时通过打电话或语音和身边的亲友联系，但即便如此，向他们表达爱却仍是一件不容易的事情。委婉表达之外，我们也常常有不自觉用恶劣语气对亲密的人讲话的时刻。因为关系亲密，我们会理所当然地认为对方能谅解我们的反应，但是那些语言武器却还是会有意或无意地对他们造成伤害。很多时候，正面情感表达的缺乏、沟通耐心不足和语言暴力容易形成与家人之间的隐形关系隔膜，影响爱的有效表达。

向往"沟通无距离"的远传电信认识到人们含蓄说爱、没有及时表达而导致遗憾，以及家人间不自觉的冷言恶语造成彼此伤害的状况，开展了"开口说爱""好好说"的系列行为实验，意在让大家明白勇敢说爱、好好地说出自己的想法可以增进彼此的理解和亲密，促进爱的沟通。

（二）案例策划与执行

1. 核心理念

（1）"开口说爱"系列：鼓励人们及时表达正面情感，正视每一次说爱的机会，踏出第一步，勇敢地大声说爱。

（2）"好好说"系列（如图8-1所示）：告诉人们不要忽略身边亲人的感受，用正面方式表达爱，好好地对家人说每句话。

图8-1 "好好说"系列录制视频截图①

2. 执行内容

第一阶段："开口说爱"系列（2013年12月—2014年）。

试镜表演：以广告公司试镜的名义召集一些普通民众（对实验及广告录制不知情）。导演与前来试镜的人聊天，了解每位主角的经历和故事，并要求他们表演打电话给家人表达爱。

真实行动：在表演练习过后，让试镜者真正打电话给家人表达爱。

---

① 参见 fetnet & 奥美广告公司《台湾远传电信 开口说爱让爱远传好好说系列》（2014-12-29）[2022-06-14]（https://iwebad.com/case/3457.html）。

全程录制：全程录制共拍摄 9 段视频广告，分别为练习篇、歉疚篇、甜言蜜语篇等。①

后续纪实短片拍摄：为了探究视频主角们开口表达爱之后与家人关系的变化，远传电信还进行了后续纪实短片拍摄。从全部主角中，挑选出反响比较强烈、故事有延续性的 3 位参加者，对他们的后续故事进行跟踪纪实拍摄。从原来的小笨蛋篇、认同篇、姜母鸭篇，发展为荷兰篇、继承篇、下厨篇。

纪实短片特映会：3 月 20 日，远传在诚品信义店放映厅举行了"开口说爱　让爱远传"系列纪实短片特映会，3 位主角在现场和观众分享拍摄广告及纪实短片的心路历程。

第二阶段："好好说"系列（2014 年年底—2015 年）。

访谈测试：以拍摄全家福广告的名义邀请 30 组家庭参与录制。在测试前，对受测者进行访谈，让其回忆自己在电话中对亲人用不好的语气说话的情形。之后，让家人打电话给受测者，并让受测者最大限度地还原当时的恶劣态度及语气与其交谈。通过观看家人的现场反应，受测者感受到亲人失落难过的状态。②

纪实影片：测试过程全程录制，剪辑成 6 支纪实影片，在 YouTube、Facebook 和台湾各大电视台播放。

（三）案例效果

1. 统计数据

"开口说爱，让爱远传"系列广告短片获得超过 320 万人次点击。③"好好说"系列短片在 YouTube 和 Facebook 上获累计超过 500 万次浏览，在腾讯视频获累计 3 亿次浏览。④

2. 相关影响

"开口说爱，让爱远传"活动在 3 个月的时间里广为传播，在很多博客及论坛中，网友对短片表示支持、赞赏和感动。"开口说爱"的理念也逐步在台

---

①　参见腾讯视频《开口说爱，台湾远传电信广告片》（2013 – 12 – 30）［2022 – 06 – 14］（https://v.qq.com/x/page/k0124lf6oq6.html）。

②　参见理想生活实验室《2015 好好说，远传电信新广告教你善待家人》（2014 – 12 – 27）［2022 – 06 – 14］（https://www.toodaylab.com/69440）。

③　参见广告门的伙伴们《台湾远传电信：在"开口说爱"之后……》（2014 – 04 – 02）［2018 – 04 – 08］（https://www.adquan.com/post – 8 – 27145.html）。

④　参见梅花网《台湾奥美资深文案人：我是如何创造了一个 3 亿点击率的故事》［2018 – 04 – 08］（http://www.meihua.info/a/65646）。

湾及邻近地区深化，感染社会大众自发性地对家人正面直接说爱。在台湾，有大学生向父亲勇敢地表达爱，也有大学生制作了向亲人说爱的影片；在北京，一家私人企业在 2013 年上班最后一天，播放远传"开口说爱，让爱远传"广告给公司员工看，引发大家说出想对家人说的话①。

关于鼓励对家人表达爱的主题，央视新闻频道也有举办类似的活动。在 2014 年春运期间，央视新闻频道在全国 5 个地区设立了红色小亭，让普通百姓在这个红色小亭子里向亲人诉说思念和祝福，向家人说出爱。

3. 获奖情况

凭借"因为有爱，每句话要好好说"的动人主题，台湾远传戳中了人们内心深藏的对家人的情感，关注对爱的正面表达，引起大家共鸣，在 2015 年，该主题获得了大中华区艾菲奖网络、电信产品与服务类金奖。艾菲奖是全球广告主和代理商所公认的杰出营销传播行业奖项。台湾远传"好好说"系列受到艾菲奖的表彰和认可，更是体现了该系列活动的深入洞察和有效与创意的传播。

三、案例分析

（一）精准洞察家人间正面情感表达不足，倡导开口说爱、好好说爱

在与家人的交往中，我们往往很难将最简单的"我爱你"说出口，也常常对他们无所顾忌、缺乏耐心。然而，直接表达的缺位和失去耐心的沟通对彼此都产生了消极的影响。即使是面对很亲近的人也需要适当说爱、好好说话。远传电信洞察到人们情感表达的欠缺，通过"开口说爱""因为有爱，每句话要好好说"系列实验和影片，鼓励人们勇敢地向家人说爱，并且每句话要好好说，对家人多点耐心。"开口说爱，让爱远传"活动还与远传品牌高度匹配。远传电信营销长郑智卫表示："希望远传不仅是担任通信服务提供者的角色，更能鼓励消费者表达正面情感，进而拉近人与人的距离，如此才能真正落实'只有远传，没有距离'的品牌精神。同时，远传期望透过这样的主张为

---

① 参见中时新闻网《"开口说爱 让爱远传"网络点阅率突破三百万》（2014 - 04 - 09）［2018 - 05 - 27］（https://www.chinatimes.com/cn/realtimenews/20140409004901 - 260405?chdtv）。

社会注入一股正面而温暖的力量，打造一个充满爱的社会。"①

（二）以行为实验形式表达主题，直观呈现真实情感

以试镜表演、拍摄广告、配音体验为名义，邀请普通人来参与拍摄，通过记录对实验毫不知情的参与者的情感流露和态度表现来表达主题，没有脚本，没有任何设定，一切真实呈现，创意既新颖又直观。每一个系列的实验都各有特点。在"开口说爱"系列中，对比试镜练习和真正拨打电话给家人的情况（表演容易，而真正说爱时几乎都会哽咽），来展现东方人表达情感过于含蓄。在"好好说"系列中，通过真实场景再现来揭示一句漫不经心的话语对他人的伤害。这种类型的行为实验记录了普通人的真实表达，直观地呈现真实情感，引起公众的情感共鸣。

四、案例延伸

针对关于向家人、身边的人表达爱与关注的主题，下文对两个案例进行了对比和分析，分别是 OPPO 广告"拿起电话，我就在你身边"和金立广告"我的时尚爷爷：拍过许多人，却没拍过最亲的人"。

（一）OPPO 广告"拿起电话，我就在你身边"

2016 年，OPPO 推出了一系列温情广告，以"拿起电话，我就在你身边"为主题，制作了父女篇、母子篇、朋友篇广告视频，讲述了亲子之间、朋友交往中一些动人的细节，告诉人们再忙也别忘了打个电话，用一个电话的时间，化解心结，诉说对亲人朋友间的情感。②

（二）金立广告"我的时尚爷爷：拍过许多人，却没拍过最亲的人"

2015 年 12 月，中国摄影师小野杰西给自己 85 岁的爷爷拍了一组"时尚"大片，在网上引起很多人关注。金立手机根据小野杰西和他爷爷的故事改编并

---

① 参见远传电信企业网《"开口说爱　让爱远传"网络点开率突破三百万 3/20 纪实短片全台首映 杨力州导演现场感动分享》［2018 - 04 - 08］（https://www. fetnet. net/cs/Satellite/Corporate/coNews-Releases?aid = 3000006532022）。

② 参见优酷视频《拿起电话我就在你身边：母子篇 OPPO 温情广告》（2016 - 01 - 18）［2022 - 06 - 14］（https：//v. youku. com/v_show/id_XMTQ0OTE1MzM2OA = = . html? spm = a2h0k. 11417342. soresults. dtitle.）。

制作了一部微电影《我的时尚爷爷》①，用 5 分钟的时间展示了"爷孙重聚—老人独处—孙子反省—共同创作—生活融入"这样一条情感脉络。因为摄影师孙子工作繁忙，初来大城市的爷爷缺少陪伴，生活陷入一些有趣又令人心塞的困境。摄影师孙子发现这一切之后，主动带爷爷进入自己的工作场景，并以爷爷为拍摄主角进行创作，最后拍出了很多有创意的大片，也实现了家人之间的情感升华。

OPPO 和金立这两个案例尽管执行方式和表现形式各不相同，但都主张勇敢地表达对家人的爱与关怀，给予他们更多关心。

OPPO 广告"拿起电话，我就在你身边"呈现人物采访和现场互动。首先根据拟好的访谈提纲对参与者进行采访，呈现叙述者的真实想法和情感表达；接着让参与者现场打电话给自己重要的人表达爱，记录其现场反应。访谈叙事清晰聚焦，选取的故事有代表性。

金立广告"我的时尚爷爷：拍过许多人，却没拍过最亲的人"则将真实故事改编成一部微电影。微电影聚焦在祖孙关系上，呈现了由于不同地域的生活方式不同、不同代际的生活节奏差异，以及生活与工作难以平衡而带来的家人沟通问题。通过祖孙彼此关心体谅，最终一起创作出好作品的感人故事，以小见大，呼吁人们珍视家庭中的沟通与关爱。

案例二　暴力语言会变成凶器

一、案例信息

（1）案例名称：暴力语言会变成凶器。
（2）执行时间：2015 年 4 月。
（3）传播主体：沈阳市心理研究所。
（4）执行机构：北京奥美。

---

① 参见腾讯视频《金立 2016 重阳节 TVC：我的时尚爷爷》（2016 – 10 – 18）［2022 – 06 – 14］（https://v.qq.com/x/page/r0334b5wxsd.html）。

二、案例展示

（一）案例背景

青少年犯罪、家庭暴力问题一直都是中国社会的热点议题。近年来，沈阳市心理研究所发现，在青少年人口总数不断下降的基础上，未成年罪犯的数目却增加超过一倍，并且有相关研究表明，青少年犯罪与童年时期遭受过的语言冷暴力有着密切关系。[①]

相比拳打脚踢这样的肢体伤害，语言暴力更是一种家庭和社会的隐痛。它如同慢性毒药，使人不知不觉地受到伤害，其危害程度不亚于粗暴的肢体伤害。心理学家把"语言暴力"称作"看不见的灾难"，正是由于"语言暴力"对青少年的伤害具有内隐性，这种伤害的阴影有可能会伴随受害者终生，致使他们产生对外部世界的误解和不信任，甚至对他人产生强烈的排斥感和厌恶感。"语言暴力是一种精神虐待，而这种精神虐待是一种后天的习得行为。除非这个循环被打破，否则这一持续的影响能够延续到成年时期，并且这种暴力行为很可能会从这一代传递到下一代"，沈阳市心理研究所所长姜俊和表示。但是，在中国"家丑不外扬"的传统观念下，家庭暴力本来就是一个敏感性话题，而看不见的隐性暴力问题更是难以被人们所关注，其产生的心理创伤也极其容易被忽视。[②]

因此，沈阳市心理研究所联合北京奥美实施了一系列线上线下联合活动，通过讲述青少年罪犯的悲惨遭遇和举办词语武器活动，引发公众对语言暴力的讨论及反思，将藏在犯罪现象背后的隐性问题上升为公众议题，以增强公众对语言暴力危害的认知度。

（二）案例策划与执行

1. 核心理念

通过传播以"暴力言语对青少年的伤害"为主题的记录性视频，将广泛存在的暴力语言词汇与社会问题进行衔接，以纪实与演绎相结合的手法对社会

---

① 参见观察者《创意公益广告关注青少年犯罪：暴力语言终成凶器》（2015 – 01 – 07）［2018 – 04 – 08］（http://www.guancha.cn/video/2015_01_07_305568.shtml）。

② 参见沈阳网新闻中心《暴力语言会变成凶器》（2015 – 04 – 22）［2018 – 04 – 08］（http://news.syd.com.cn/system/2015/04/22/010681655.shtml）。

"暴力循环"故事进行深度剖析。

2．执行内容

（1）宣传视频上线。2015年4月，与社交媒体意见领袖合作的名为《拒绝语言暴力》的宣传视频（如图8-2所示）开始在微博传播，引发网民热议。视频的开头引入了青少年犯罪的真实资料和孩子们在生活中受辱骂的场景，其后通过与6名青少年罪犯的对话揭开语言暴力与犯罪行为的关联。视频将这一联系具体化，把6个青少年童年遭受的训斥拆解成他们犯罪时所用的凶器，并呈现出组装过程。

图8-2 《拒绝语言暴力》视频截图①

（2）官方网站上线。奥美团队为这个特殊问题建立了一个迷你网站，浏览者可以通过网站在线体验这些伤害词语变成武器的过程，观看每个青少年罪犯讲述故事的影片，并提供在线联系辅导人员的途径。

（3）"双微"打造话题热点。团队创建了新浪微博讨论话题"拒绝语言暴力"和"语人为善"，其中话题"拒绝语言暴力"一直被沿用至今。团队开通官方微信账号"青少年心理咨询"，作为帮助中国青少年获取专业匿名咨询的平台。

（4）线下体验活动。沈阳知名艺术家将伤害性词语通过镀镍钢制作成模

---

① 参见腾讯视频《拒绝语言暴力》（2015-10-08）［2022-06-14］（https://v.qq.com/x/page/c0168mppmay.html）。

具，打造词语武器，并在沈阳一个人流量大的购物中心以互动形式展出。[①]

3. 执行亮点

（1）线上线下媒体联动，运用多种媒体配合宣传，宣传内容不局限于告知，并且为家长和青少年提供了问题解决渠道，形成一个良性闭环。

（2）创意执行上将无形的伤害言语制作成武器实物，把宣传理念可视化和可感化，更好地展示了语言暴力的形成过程和严重后果。

（三）案例效果

（1）截至 2017 年 10 月，《拒绝语言暴力》视频在网上讨论数量超过 6 万。"拒绝语言暴力"话题阅读量超过 1200 万，"语人为善"话题阅读量达 22.3 万。

（2）为期两天的线下互动活动吸引了超过 600 人参与其中。

（3）迷你网站上线后的前两周总共接收了超过 300 个心理咨询电话。[②]

三、案例分析

（一）话题敏感并具有普遍性，容易引发社会广泛关注和痛点共情

《拒绝语言暴力》视频时长不足两分钟，却在一夜间引发了数万讨论。视频开头字幕的第一句话就是，"语言能造成多大的伤害"。接下来展示了不和谐的一幕，一名父亲声嘶力竭地训斥自己的孩子："你不丢人，我还嫌丢人呢。你看看人家孩子怎么做的，看看你怎么做的！"孩子一直在哭。还有一段是一位教育工作者责骂孩子："就没见过你这么笨的！"

2015 年，台湾人本教育基金会通过问卷进行网络调查，选出"最伤孩子心"的十大破坏性语言。基金会总监吴丽芬女士在调查后表示，不少家长承认这些榜上有名的话自己也曾脱口而出。[③] 长久以来，中国传统的"不打不成才""棒下出孝子"的教育观根深蒂固，不少家长认为小打小骂是育儿过程中

---

① 参见数英网《沈阳市心理研究所"暴力语言会变成凶器"Campaign》（2014 - 04）［2018 - 04 - 08］（https://www.digitaling.com/projects/12516.html）。

② 参见数英网《沈阳市心理研究所"暴力语言会变成凶器"Campaign》（2014 - 04）［2018 - 04 - 08］（https://www.digitaling.com/projects/12516.html）。

③ 参见凤凰网《调查选出台湾家庭"最伤孩子心"十大破坏性语言》（2015 - 06 - 02）［2018 - 04 - 08］（http://edu.ifeng.com/a/20150602/41098052_0.shtml, 2015 - 0602）。

必不可缺的，甚至发展成一种习惯。针对公众对语言伤害的忽视，制片方以日常生活场景为切入角度，唤起公众对潜在语言暴力行为的认知，以大多数人都发生过的行为引发对语言暴力的讨论。而这个传播视频摒弃了以往采用说理性、说教性的官方宣传腔调，以相似的经历和感受将受众带入到共情的状态，营造出悲痛的氛围，带领观众进入"父母"或"孩子"的身份，体验伤害性话语对精神安全的严重伤害，从而引发共鸣。

（二）广泛传播与深度讨论并举

长期以来，父母、教育者对孩子的"冷暴力"都被过于"正常化处理"，即便部分父母意识到极端语言会对孩子心灵造成伤害，但认为这也是一种"激将法"，是可以被普遍接受的教育方式。沈阳市心理研究所和北京奥美通过视频的方式传递出自身的观点，并通过新媒体平台的大量转发不断扩大传播广度，为更多的公众重新建立正确的认知。然而，认知的重建并不意味着情感和行为的改变。当今信息碎片化时代使越来越多信息的有效性减弱，传播不仅要引起受众关注，更要引发受众思考。① 社交媒体的大量转发印证了大众传播的传递信息功能，而从说服层面出发，人际传播的劝服力更强。

《拒绝语言暴力》的取材源于生活的情节，与公众距离近、贴切度高，在广泛的传播后容易引起公众对此话题的延伸性讨论。主办方组织的"拒绝语言暴力"话题一直保持活跃，网民对此的讨论有增无减，并在近年来将此话题范围扩大到网络上、工作场景中的语言暴力。同时，制作团队与教育、家庭领域的自媒体合作，发布与活动内容相关的深度文章和在官方平台提供帮助，有针对性地对特定群体进行说服并提供解决路径，使本次活动的目标更明确有效。

（三）语言具象化与参与式互动为公众创造知觉体验

"当你把文字组装成一个武器去比画时，这时候家长心里就会很震撼，他可能就会反思和小孩的沟通过程中是不是要注意什么。"这也正是解勇的创作初衷。在整个宣传活动中，这些作品的立意内容，全部取材于解勇和沈阳市心理研究所共同走访的少管所、监狱中，在服刑人员身上真实发生的事情②。通

---

① 石磊：《人际传播与大众传播的融合互动：论人际传播在大众传媒中的运用》，载《西南民族大学学报》（人文社会科学版）2006 年第 27 卷第 10 期，第 198 - 201 页。

② 参见华商晨报《解勇：我的艺术作品可与观者互动》（2018 - 03 - 29）［2018 - 04 - 08］（http://liaoning. news. 163. com/18/0329/15/DE2TNRA6042299GB. html）。

过将抽象语言具象化的方式，给公众带来多重的感官体验。首先是视觉触动，公众先是从视野范围关注到这种特殊的武器；再通过互动体验过程产生触觉，在把语言文字拼成武器的过程中感触到了转化的过程。这个过程利用公众对于金属武器所产生的警觉心理引起公众对语言暴力的警惕性，使公众在感受金属武器冰冷的同时也是在体验语言暴力所带来的伤害。制作团队创造了一个完整的具象化互动体验，给公众带来更震撼的感受。

案例三　关机一小时，陪伴更真实

一、案例信息

（1）案例名称：关机一小时，陪伴更真实。
（2）执行时间：2016 年 4—5 月。
（3）传播主体：欧派橱柜。
（4）代理机构：北京嘉利智联营销管理股份有限公司。

二、案例展示

（一）案例背景

随着互联网和科技的发展，功能丰富的智能手机逐渐渗透进日常生活中，人们极大依赖微信、微博等 App 获取信息、知晓资讯、进行沟通交流。根据 2018 年 1 月中国互联网络信息中心（CNNIC）发布的第 41 次《中国互联网络发展状况统计报告》，2017 年中国网民的人均周上网时长为 27 小时，较 2016 年增加了 0.6 个小时。[①] 人们每天面对手机的时间，远多于人们陪伴家人和朋友的时间，手机依赖症成为社会普遍现象，给家庭关系健康带来了较大隐患。手机在给予人们更多便利、拉近人与人距离的同时，也在一定程度上"隔离"了和家人之间最直接的沟通。[②] 手机过度依赖及与家人的沟通和陪伴变少，使

---

① 参见中国互联网络信息中心《第 41 次〈中国互联网络发展状况统计报告〉》（2018 – 03 – 05）［2018 – 05 – 27］（http://www.cnnic.net.cn/hlwfzyj/hlwxzbg/hlwtjbg/201803/t20180305_70249.htm）。
② 参见 17PR《2016 金旗奖候选案例："关机一小时，陪伴更真实"：欧派爱家计划品牌公益营销事件》（2016 – 09 – 19）［2018 – 04 – 08］（http://www.17pr.com/news/detail/149814.html）。

家庭情感与家庭关系都受到影响，容易导致家人间关系疏离、情感淡化，出现"家庭亚健康"现象。亚健康状态最明显表现在家庭关系上。在现代家庭中，成员间各自忙碌成为常态，陪伴缺失、关系疏离导致口角发生，成为家庭关系亚健康的一大显著症状。而健康融洽的家庭关系则离不开家人之间彼此用心关怀、互相陪伴、表达爱意。

欧派橱柜发现人们常常沉迷手机而缺少对家人的陪伴的问题，关注社会家庭情感亚健康的情况，为此开展"关机一小时，陪伴更真实"的传播活动，传递"爱家"理念，引领家庭成员适当放下手机，彼此多关怀、爱护与陪伴。

（二）案例策划与执行

1. 核心理念

通过揭露沉迷手机造成的家庭沟通隔阂现象，唤起人们对沉迷手机影响家庭健康沟通的关注，倡导适当关上手机，与家人用心沟通和彼此关怀，给予最真实的陪伴。

2. 执行内容

（1）数据调研。2016年4月，欧派在线上发起以"你在家吗"为主题的爱家大数据社会调研。调研完成后，欧派制作了爱家大数据调查报告 H5，首先在网易论坛上发布，以24小时热帖展示。报告以公众最关注的五一假期话题入手，逐步深入，呈现"手机在帮助我们方便获取信息的同时也隔离了我们和家人间的沟通"的社会现状，最后引导到"关机一小时，陪伴更真实"的主题。[①]

（2）公益海报广告。欧派创作了"关机一小时，陪伴更真实"系列爱家广告（如图8-3所示），于5月15日国际家庭日前夕投放在全国各地的机场和高铁，并在互联网社交平台二次扩散传播。这组广告，从家庭、亲子、夫妻3个场景分别来揭露沉迷手机造成的家庭沟通隔阂现象，通过一个"滑动来关机"的按钮，连接关机前和关机后的陪伴。

（3）公益视频广告三部曲。欧派打造了"关机一小时"系列公益视频广告，将生活中一些常见的"缺乏陪伴"的情景展现出来，从"手机成为人际交往的第三者""沉迷手机而让家消失""时光不能倒流，爱经不起等待"3个主题出发，描述了手机对家庭陪伴缺失的影响，用讲故事的方式去传递爱家的理念。

---

① 参见17PR《2016金旗奖候选案例："关机一小时，陪伴更真实"：欧派爱家计划品牌公益营销事件》（2016-09-19）［2018-04-08］（http://www.17pr.com/news/detail/149814.html）。

图 8-3 公益海报广告①

一部曲:《第三者》篇。将手机拟人化成人际交往中的第三者,形象地描述了手机占据了我们过多的时间,成了影响夫妻、家庭和朋友间交往沟通的"第三者"。

二部曲:《消失》篇。以"消失"为主题,分别从"家庭""爱人"角度来重现"手机侵占生活"的日常场景,直接揭露出手机造成了现实中人与人相处的隔阂。因为这一隔阂,身边的人似乎都从自己的生活中"消失"了。

三部曲:《时光倒流》篇。采用时空倒镜的剪辑方式,用 3 段感人的故事,传达出温情与爱意,呈现生活里最让人惋惜、后悔的场景,向公众表达爱经不起等待,多陪伴家人的呼唤。②

（三）案例效果

"关机一小时"系列传播活动的相关话题多次登上微博话题各类榜单,社会化媒体反响热烈。爱家大数据报告得到许多文化微博主、媒体微博号、凤凰网、新浪家居等网络媒体转发,公益视频广告三部曲在视频网站、社交媒体等平台也获得广泛传播。多位明星在国际家庭日也参与了公益视频录制,扩大"515 为爱关机一小时"的影响力。③ 同时,"关机一小时,陪伴更真实"案例

---

① 参见梅花网《嘉利公关:〈"关机一小时,陪伴更真实":欧派爱家计划〉》［2022 - 06 - 14］
（http://market.meihua.info/works/38333195）。

② 参见 17PR《2016 金旗奖候选案例:"关机一小时,陪伴更真实":欧派爱家计划品牌公益营销事件》（2016 - 09 - 19）［2018 - 04 - 08］（http://www.17pr.com/news/detail/149814.html）。

③ 参见 17PR《2016 金旗奖候选案例:"关机一小时,陪伴更真实":欧派爱家计划品牌公益营销事件》（2016 - 09 - 19）［2018 - 04 - 08］（http://www.17pr.com/news/detail/149814.html）。

还作为创意案例在《现代广告》上刊登分享。[①]

三、案例分析

（一）洞察到手机影响家庭健康的社会现象，主题与品牌理念适切

在如今的日常生活中，手机的使用占据了我们过多的时间，减少了我们与父母、配偶、孩子、朋友间的直接沟通和交流，阻碍了彼此面对面的真实陪伴。而陪伴的缺失影响着家庭关系和情感交流，不利于融洽健康的家庭关系发展和家人和谐相处。针对这一社会现象，欧派洞察到并关注"家庭之爱"的缺乏，开展"关机一小时，陪伴更真实"的系列传播活动，为爱呼吁真实陪伴，倡导打造更纯粹、更有爱的家庭生活，让每一个家都因爱而温暖，与其"有爱有家有欧派"的品牌理念相适切。欧派从自身品牌理念引申出关注家庭之爱的公益行动，引领家庭成员增加对彼此的关怀和陪伴。

（二）活动设计与执行完整丰富，衔接紧凑

从爱家大数据社会调研、报告 H5 发布到系列公益海报、公益视频的制作和投放，"关机一小时，陪伴更真实"活动具有完整的环节与流程，每一部分都具备关于家庭和陪伴的丰富内容。这些内容通过不同载体呈现并在多个媒体平台传播，向公众清晰呈现项目调研、开展和深化的进程。

前期通过有广泛参与度的社会调研，得到客观的调查数据，发布可视化的"爱家大数据调查" H5 报告，揭露沉迷手机对家庭陪伴的影响，同时唤起社会大众对"家庭亚健康"这一社会现象的反思。紧接着爱家大数据的发布，欧派创作"关机一小时，陪伴更真实"系列创意海报和公益视频，促进爱家理念和陪伴号召的广泛传播。在一系列"关机一小时，陪伴更真实"的广告、视频内容传播后，欧派借助明星力量，联合爱家大使孙俪录制公益视频，呼吁公众为爱"关机一小时"。

---

① 参见搜狐网《"关机一小时，陪伴更真实"欧派爱家计划品牌公益营销事件》（2017－06－15）［2018－04－08］（https://www.sohu.com/a/149251964_771087）。

四、案例延伸

（一）纵向延伸

欧派 2016 年"关机一小时，陪伴更真实"活动是"爱家计划"中"家计划"的一部分。"爱家计划"是欧派家居在 2014 年打造的关注困境家庭和家庭亚健康的非单一形式慈善整合计划，以家庭为关注对象，救助形式包括资金物质层面和精神层面的帮助，其由"爱计划"和"家计划"两部分构成，倡导用爱去经营家。① "爱计划"通过动员广大家庭贡献爱心来帮助有困难的家庭；"家计划"则是重点关注家庭内部的"亚健康"状态，通过精神主张和活动促进家庭成员之间的关怀、爱护和陪伴，让家由爱生暖。

下文对爱家计划系列活动进行纵向梳理。

2014 年，爱家计划参与投资拍摄爱心公益微电影《生死相依》。影片根据真实故事改编而成，讲述一个困境家庭的不幸遭遇。而这个家庭正是欧派家居集团有限公司所发起的阳光公益项目"爱家计划"的援助对象。另外，在"从心出发，为爱启程"主题下，欧派还举办了三天两晚的爱家体验之旅，集结 82 名欧派爱家大使到珠海长隆海洋王国，让大家暂时告别快节奏的生活，放慢脚步，增加彼此的陪伴，感受家的温情与感动，从而帮助改善现代家庭缺爱的"亚健康"状态。②

2015 年，针对移动互联网时代家庭"亚健康"问题，欧派制作了《关机一小时》公益微电影，呼吁"每天关机一小时，回归面对面沟通，用更多时间关注家人、陪伴孩子，让家庭更幸福温暖"。

2016 年，开展"关机一小时，陪伴更真实"公益传播活动，通过发布数据调研报告、制作创意海报和公益视频、跨界合作来倡导有限制地使用移动电子产品，抽出更多时间给予家人真实的陪伴。

（二）思考与建议

1. 传播互动性不足，可以增加更多双向的互动体验

"关机一小时，陪伴更真实"活动主要借助公益海报和公益视频，以常规

---

①　参见欧派官网《爱家计划》［2018 - 04 - 08］（http://www.oppein.com/cn/zixunzhongxin/aijiaji-huajieshao/）。

②　参见欧派官网《爱家计划：家计划》［2018 - 04 - 08］（http://aj.oppein.cn/hplan/6）。

的公共传播方式进行呼吁和宣传，单向的内容输出和传播可以充分传达主题理念，但因缺乏互动性，难以给予公众强烈的参与感，从而对健康的家庭关系、家人关怀缺乏更深的体验和感悟。而在新媒体环境中，公共传播愈加强调双向、开放的互动体验。具有互动设计的公共传播可以增加与受众的交流和联系，依托社交媒体促进公众的关注和参与。因此，"关机一小时，陪伴更真实"系列活动可以进一步拓展双向互动体验等的公共传播，以增强公众的参与感和体验感。

2. 活动后续关注不足，可以跟进开展延续性活动

"关机一小时，陪伴更真实"系列公益海报和公益视频投放后，却缺乏对公众回归家庭、陪伴家人等改善家庭关系的行为改变的跟进与追踪。为了促进公众对良好家庭关系的重视和维护，可以进一步关注公众回归家庭后的感受和行为改变的反馈，开展相关延续性活动，从而进行二次传播，呼吁公众适当放下手机，与家人多用心沟通、彼此关怀。

案例四　Look At Me 反家暴公益广告

一、案例信息

（1）案例名称：Look At Me 反家暴公益广告。
（2）执行时间：2015 年 3 月。
（3）传播主体：Women's Aid。
（4）合作机构：英国 WCRS 广告公司及 Ocean Outdoor 媒体公司。

二、案例展示

（一）案例背景

家庭暴力是一个全球性的社会问题，日益受到国际社会和各国政府的重视。由于家庭暴力多发生在家庭的内部，施暴者通常没有意识到自身暴力行为的违法性，受害者也往往无力对抗或不愿公开，加上司法机关介入深度的不足、社会公众对家暴的漠视，从而使家庭暴力与发生在社会上的其他暴力相比更具有隐蔽性、复杂性和持久性。然而，家庭暴力却会带来极大危害，它不仅侵犯家庭成员的人身权利，对身体和精神造成严重伤害，也破坏了家庭安宁，

损害了社会的法治和安全。面对严峻的家庭暴力问题，需要社会予以更多关注，共同解决。

以"绅士风度"著称的英国，也深受家庭暴力问题的困扰。致力于消除家庭暴力的慈善机构 Women's Aid 关注到这一问题，在街头设置了高科技创意反家暴广告，通过行人在广告牌下的驻留与完整的互动体验，呼吁社会关注家暴问题，拒绝漠视。

（二）案例策划与执行

1. 核心理念

If you can see it, you can change it.（如果你能看见，你就能改变。）提醒人们不要对身边的家庭暴力问题视而不见，以提高人们对于家庭暴力和帮助女性的意识，并驱动捐款行为。

2. 执行内容

（1）户外互动广告。2015 年 3 月 8 日国际妇女节，Women's Aid 在伦敦、伯明翰的街头放置运用了独特的脸部识别技术的广告牌。行人和交互广告装置可以进行一系列互动。广告牌画面在初始时会呈现出一名眼角、鼻子等部位有多处淤青，甚至充满血迹的女性受害者面孔（如图 8 - 4 所示）。当行人经过并注视海报时，受害者的淤青或血迹会慢慢消失，逐步恢复本来面目，直至痊愈如初。靠近广告牌的人们会收到捐献短信，可以根据收到的推送信息提示向 Woman's Aid 捐款。①

图 8 - 4　广告牌展示②

---

① 参见 SocialBeta 网《【案例】Women's Aid 反家庭暴力创意广告：只要你多看她一眼，她的伤就能早日愈合》（2015 - 03 - 09）［2018 - 04 - 08］（http://socialbeta.com/t/bruised - woman - billboard - heals - faster - more - passersby - look - her.html）。

② ADWEEK. The bruised woman on this billboard heals faster as more passersby look at her［2018 - 04 - 08］. https://www.adweek.com/creativity/bruised - woman - billboard - heals - faster - more - passersby - look - her - 163297/.

（三）案例效果

（1）相关影响。反家暴公益广告活动获得了电视媒体的支持。3月8日，英国电视第四频道在黄金时段特别播放了关于"Look At Me"反家暴公益活动的广告。

这一活动还获得了着重报道科学技术应用于现代和未来人类生活各个方面的《连线》杂志（*Wired Magazine*）对"Look At Me"反家暴活动的报道和宣传。① 美国广告周刊 *Adweek* 也对慈善机构 Woman's Aid 这一创意互动广告进行了报道。②

（2）获奖情况。Look At Me 反家暴公益广告在首映前便获得了 2014 年 Ocean's Annual Art of Outdoor Competition 的艺术互动奖。③

三、案例分析

（一）以高科技互动广告牌的创意形式，号召人们关注家庭暴力

广告牌运用了独特的面部识别技术，在广告牌顶装有具备脸部识别功能的摄像头，可以感知到有多少人同时关注着这个广告。当它侦测到有人正在看着广告牌的时候，就会逐渐让照片上的伤肿部分消失。越多的人在看着广告牌，"治愈"的速度就越快。而这也正是广告用意所在——当越来越多的人对家庭暴力不再保持沉默，女性受到的伤害就越少，体现出关注也是一种力量。这是世界上第一个运用可视化技术 DOOH（Digital Out of Home）④ 的活动，利用可

---

① Oceanoutdoor. Women's aid and ocean amplify the violent face of abuse with the world's first visually powered DOOH campaign. （2015 – 03 – 05）［2018 – 04 – 08］. http://www.oceanoutdoor.com/ocean - news - case - studies/womens - aid - and - ocean - amplify - the - violent - face - of - abuse - with - the - worlds - first - visually - powered - dooh - campaign/.

② ADWEEK. The bruised woman on this billboard heals faster as more passersby look at her. ［2018 - 04 - 08］. https://www.adweek.com/creativity/bruised - woman - billboard - heals - faster - more - passersby - look - her - 163297/.

③ ADWEEK. The bruised woman on this billboard heals faster as more passersby look at her. ［2018 - 04 - 08］. https://www.adweek.com/creativity/bruised - woman - billboard - heals - faster - more - passersby - look - her - 163297/.

④ Digital Out of Home 指分布在以安置为基础的网络的场馆，包括动态媒体，但不限于咖啡馆、酒吧、餐厅、健身俱乐部、大中专院校、场馆、加油站、便利店、理发店和公众空间。DOOH 网络通常拥有独立寻址屏、信息亭、自动点唱机或超大屏幕。DOOH 媒体有利于位置业主和广告商吸引客户或观众，扩大营销信息的覆盖面和有效性。它也被称作数字标牌。

视化技术呈现"关注"这个举动，让"关注"可感知、可表现，吸引人们驻足和思考，也通过交互科技让"路人的关注"即刻化为"神奇的治愈力"，促使行人用凝视为受害女性疗伤，简单易懂，让"关注"立竿见影，令人们产生更大的触动。此次反家暴公益活动的合作机构 WCRS 的创意总监 Ross Neil 表示："广告牌上简单的文字和人像，吸引路人在这一高科技前停下来，并通过互动认识到他们个人也可以为反家暴的抗争做出一些行动。"① Women's Aid 的 CEO Polly Neate 也提道："互动成就了这个活动，互动成了信息中固有的一部分内容，没有互动而仅仅只是一个脸上有伤痕的女性形象，就达不到广告的效果。"② Women's Aid 通过具有强烈冲击力的户外创意互动广告牌，无声而有力地让家庭暴力这一不容易公开的隐私性话题受到更多关注，促进家庭暴力问题的解决。

（二）有完整的执行闭环，过程循序渐进

活动设计了一套完整的"注意—观看—行动"执行闭环，整个互动过程包括 3 个环节。③

（1）呈现脸部瘀伤严重女性的广告牌吸引行人围观，行人注视画面，广告牌屏幕下方会动态显示观看者的头像。

（2）人脸识别装置识别到有人停留注视后会慢慢减少脸部瘀伤，行人可观看到伤口不断愈合至完全康复。

（3）行人在靠近广告牌时会收到 Women's Aid 的推送信息，根据信息内容或广告下方文字提示可以进行捐款。

在这一完整的互动过程，人们通过了解、注意，进行想象和思考，再转化为捐款行动，循序渐进，促使更多人参与其中，鼓励和号召每个人都对家暴问题予以多一点关注，拒绝视而不见，从而达到良好的执行效果。

---

① Oceanoutdoor. Women's aid and ocean amplify the violent face of abuse with the world's first visually powered DOOH campaign. （2015 – 03 – 05）［2018 – 04 – 08］. http://www. oceanoutdoor. com/ocean – news/case – studies/womens – aid – and – ocean – amplify – the – violent – face – of – abuse – with – the – worlds – first – visually – powered – dooh – campaign/.

② 参见《成功营销》官方网站《户外广告们打造科幻感，也创造了新的话题》［2018 – 06 – 03］（http://www. vmarketing. cn/index. php?mod = news&ac = content&id = 8899）。

③ 参见 SocialBeta 网《Women's Aid 反家庭暴力创意广告：只要你多看她一眼，她的伤就能早日愈合》（2015 – 03 – 09）［2022 – 06 – 14］（https://socialbeta. com/t/bruised – woman – billboard – heals – faster – more – passersby – look – her. html）。

四、案例延伸

（一）理论贴士

在活动不同的组织阶段中，向受众传达的核心信息分为不同类型，包括希望让目标受众知道什么（to know）、希望让目标受众相信什么（to believe）、希望让目标受众去做什么（to do），层层递进。为了更好地实现目标并传达核心信息，可以设计循序渐进的活动执行过程，包括 3 个层次。

（1）知晓层次的信息传播：考虑信息的暴露和信息的准确传递以及受众对信息内容的理解。

（2）态度层次的信息传播：关注如何让受众接受及相信组织所传达的信息，从而强化或改变受众对议题、组织的态度。

（3）行动层次的信息传播：将对组织有正面态度的知觉公众转化为采取行动的行动公众。

不同层级的传播与目标一一匹配，形成完整的系列流程，让受众从注意了解到思考相信，最后转化为具体行动。

在"Look At Me"反家暴活动中，互动广告牌可视化家暴后受害者的表现，将家暴主题展露和传达给受众，使之知晓；在后续"关注"与"伤痕愈合"的互动中逐渐让受众感知并形成"关注家暴，制止家暴"的态度；同时，通过对靠近广告牌的行人发送短信，告知并指引他们捐款的相关信息，提供便捷的行动途径。通过完整的执行闭环，达到知晓、态度、行动层次的信息传播。

（二）横向延伸：各国反家暴公益传播

家暴由于具有隐秘性和私密性，常常处于人们的视野之外。而随着高科技和新媒体元素的应用和融合，许多公共传播活动，如本案例"Look At Me"反家暴公益互动广告，创新性地利用互动体验，唤起公众对家暴的关注。这种互动体验方式对于其他国家和地区推动反家暴问题的公共传播有很大的启示，在俄罗斯、韩国都有类似的创意互动。在中国，也有很多关于反家暴的社会公益和倡导活动，这类创意传播方式将为中国的反家暴公益推广提供更多借鉴。

1. 俄罗斯：无助的贩卖机 helpless machine[①]

为了让人们正视家暴问题，在莫斯科某商城里，创意团队对一个自动贩卖机"动了点手脚"——装设互动屏幕与振动传感器，并且将贩卖机的显示屏广告换成了笑容甜美的女孩。当有人投入硬币购买零食或饮料时，贩卖机会中途故障，即卡壳吐不出商品来，意在惹怒消费者。在此情况下，大部分人都会习惯性地拍打贩卖机以把食物或饮料弄出来。但出现拍打行为后，显示屏里的女人会开始大声哭泣，仿佛被施暴一般。

这个情景设置是想要告诉人们，家暴问题需要人们伸出"援手"，而非"动手"揍人。透过互动装置，让人们亲临暴力现场，感受受害者心情，反思施暴行为。

2. 韩国：投影背板

在韩国某广场上，摆放了一个投影背板，人们可以通过剪影看见一名男子正要攻击孩子的形象。经过的行人只需要停下来，对着剪影做出阻止动作，就可以形成为孩子阻挡暴力的画面。通过亲身互动让人们体会到，当身边发生家暴时，只需多一些关注和留意、做一个简单动作——通报或报警，就可以阻止悲剧发生。[②]

3. 中国：反家暴公益活动与《反家庭暴力法》

在我国，关于家庭暴力的社会问题逐渐受到更多关注，一些关于反家庭暴力的社会公益和倡导活动不断进行，推动人们对家暴问题的关注和解决。我国的反家暴公益主要通过电视剧、纪录片、公益广告和传统的线下活动等传播。

2002年由"反家暴网络"专家参与制作的电视剧《不要和陌生人说话》播出，在民间掀起了剧烈反响，使"家庭暴力"这个词走入公众视野。2014年9月，中国首部以反对家庭暴力为主题的大型人文纪录片《中国反家暴纪事》于黄金时段播放，令"反家暴"议题受到全国关注。这类关于反家暴的公共传播主要借助电视媒体来触及公众，提高社会对反家暴的感知、认知和态度。同时，许多反家暴的公益广告海报开始出现在人们的视野中。一些宣传活动也开始以地方、社区为单位开展，如济宁市举办反家暴公益活动，骑行宣传、拍照采风；上海青浦区"同橙行动"，让社区群众佩戴反家暴宣传徽章，

---

① 参见数英网《反家暴，爱拥抱！看创意如何为弱势发声》（2015-03-05）［2018-05-27］（https://www.baidu.com/link?url=A79JhRkXfSej5LumXuPIoDA7C4l4HVAVkS6XniuizTY20sT7VhU3wZm2pAwjwEsnRIlFELPBYDWURmsOtxQuk_&wd=&eqid=9c0ca51e00048ff0000000065b0a4ec1）。

② 参见数英网《反家暴，爱拥抱！看创意如何为弱势发声》（2015-03-05）［2018-05-27］（https://www.baidu.com/link?url=A79JhRkXfSej5LumXuPIoDA7C4l4HVAVkS6XniuizTY20sT7VhU3wZm2pAwjwEsnRIlFELPBYDWURmsOtxQuk_&wd=&eqid=9c0ca51e00048ff0000000065b0a4ec1）。

认真阅读反家暴宣传单页等，通过传统的社区活动、资料阅读等传播方式来加强反家暴的宣传。

总体上看，借助公益片和线下社区型公益活动的反家暴宣传较为碎片化和单向性，创新性和创意不足，效果有限，对人们态度强化或改变以及行为转变的影响较弱。

国内对于"反家暴"议题愈来愈重视，2016 年更是出台了中国第一部《反家庭暴力法》，在防止家暴中迈出重大一步。[①] 在此背景下，对于进一步促进公众对反家暴的关注和行动参与，需要借鉴更多具有互动性和创新性的公益形式进行公共传播，使公众对家暴真正关注，并转化为实际行动。在新媒体语境下，便捷化、互动性、个性化的传播活动对公众的影响更大，公众可以在互动中直接感知和了解，并通过便捷的途径付出行动。因此，关于家暴议题的公共传播可以更多地结合新媒体，融入科技互动、个性化的元素，从影响公众的知晓、态度、行动 3 个层面进行公益传播活动。

案例五 腾讯"社交斋戒"社会实验

一、案例信息

（1）案例名称：腾讯"社交斋戒"社会实验。
（2）执行时间：2016 年 12 月—2017 年 7 月。
（3）传播主体：腾讯研究院 S-Tech 工作室[②]（主办），腾讯大学（协办）。

二、案例展示

（一）案例背景

社会交往是人类的基本需求，但囿于时间、空间等限制，传统社交存在一定的边界。社交网络的出现恰用简单的数据连接方式弥补了传统社交的缺陷，

---

① 参见发展简报《中国反家庭暴力大事记梳理（1990—2017 年）》［2018 - 05 - 27］（http://www.chinadevelopmentbrief.org.cn/news - 21018.html）。

② S-Tech 工作室是腾讯研究院旗下的社科类研究平台，关注网络对社会和人的影响，通过自主学术研究和合作研究的形式，开展系列社会科学研究。

拓展了人际交往的可能范畴。① 特别是近几年，新媒体的快速发展几乎将社交化特点覆盖到各类传播平台，无论是虚拟社群的形成与扩大，还是社会资源的重新整合，都意味着网络社交的不断渗透。

然而，随着社交网络的拓展与渗透，我们也正感受着被社交网络支配的恐惧。社交网络上过载的信息和庞杂的关系，加重了现代人的焦虑与负担；身在人群，目光却在手机屏幕，出现了"群体性孤独"；永远在线，时刻保持回复状态，真实生活被碎片化割断。

其中，微信作为我国社交网络的典型，已经成为个体生活不可分割的一部分。据腾讯 2017 年第三季度财报显示，目前微信的月活跃用户达到 9.8 亿。② 因此，在该社会背景下，腾讯研究院 S-Tech 工作室联合腾讯大学举办了一场针对"社交依赖"的大型生活实验，以一种揭自家产品短处的方式自我审视，以期更好地理解社交网络对人与社会的影响。

（二）案例策划与执行

1. 核心理念
通过严谨科学的社会实验，向社会公众呈现互联网时代网络对人的生活的影响，从正面和负面两个角度分析社交网络的价值，让社会更好地理解社交网络对人与社会的影响。

2. 执行流程
本次"社交斋戒"实验采用现场实验法，历时 15 天，具体执行细节引自《社交的尺度》研究报告。③

（1）被试招募。2016 年年底，在北京地区通过微信公众号、论坛贴吧、校园海报途径招募实验被试，共计报名 177 人，85 人进入正式实验。

（2）实验执行。将"斋戒"作为一种反向干预，判断斋戒前后的各变量变化，评估斋戒产生的效果，反观社交网络的影响。同时，以质化研究结合量化测查，探索影响的成因和问题所在。

（3）社交斋戒实验报告发布会。2017 年 7 月 1 日发布核心报告。

（4）后续活动跟进。报告呈现、"腾讯研究院"公众号微店推广、新闻媒体辅助报道。

---

① 潘明歌：《媒介融合语境下传统媒体与社交网络的合作及启示》，载《传媒》2014 年第 24 期，第 50 - 51 页。

② 参见 Useit 知识库《2017 年微信经济社会影响力研究》［2022 - 06 - 14］（https://www.useit. com.cn/thread - 18909 - 1 - 1.html）。

③ 腾讯研究院 S-Tech 工作室：《社交的尺度》，浙江出版集团数字传媒有限公司，2017 年。

3. 研究核心内容

《社交的尺度》研究报告主要聚焦 3 类社会问题，从社会联系、个体幸福、做事效率 3 方面探讨了社交网络的影响。[1]

（1）重新审视"社交网络对幸福感的影响"。"幸福感"是人的根本追求之一，心理学的主观幸福感是一种最佳心理机能和体验，通常由情绪和生活满意度反映。社交能带来诸多愉悦与益处，促进幸福；但当下社交网络相关的"焦虑""压力"却频繁出现。

（2）重新审视"社交网络对疏离感的影响"。社会交往搭建社会联系，缺乏日常人际联系往往使人孤独和疏离。社交网络为联系带来了更多的可能性，但低头族、人际淡漠等现象出现，衍生出对社会性"疏离"的担忧。

（3）重新审视"社交网络对工作/学习投入的影响"。分心是我们在碎片化时代的一大困扰。连接的便利能促进沟通效率，却使人更容易受碎片信息所扰，专注和投入一度堪忧。

而通过 15 天的社交斋戒实验，腾讯研究院得出 3 个核心发现。

（1）社交网络斋戒使被试者的消极情绪降低，但积极情绪未改变，且社交网络斋戒并未改变被试者的生活满意度水平。

（2）社交网络斋戒后被试者的疏离感未发生改变。

（3）社交网络斋戒后被试者的工作/学习投入显著提升。

（三）案例效果

社交依赖是当下人群普遍存在的网络病。对于社交网络问题，腾讯第一次从仿真实验视角将其公开呈现在社会面前，以互联网企业的身份引导社会重新审视社交网络的使用，这引起了媒体的关注和社会的强烈反响。

具体来看，该实验引起了部分传统媒体的跟踪报道，如江苏网络广播电视台、广州日报等。与此同时，各媒体民众的评论热议也在各社交平台得到广泛传播，在一定程度上引发了公众思考和行为的改变。有不少网友就表示会身体力行，明确网络与生活的界限。

正如燕赵都市报的评论："我们已经被各种社交软件所绑架，正在失去支配自己生活的能力。因此，这个实验更像是对社交软件的一种人性突围。"[2]

---

[1] 参见腾讯研究院公众号《全程实录｜社交斋戒主题展：核心报告 + 独家影像 + 现场特写》（2017 – 07 – 02）[2022 – 06 – 14]（https://mp. weixin. qq. com/s/VBWXs_ pvDmvzqBxKApuZ9g）。

[2] 苑广阔：《"社交斋戒"是对社交软件的人性突围》，见河北新闻网（2017 – 08 – 03）[2022 – 06 – 14]（http://yzdsb. hebnews. cn/pc/paper/c/201708/03/c11193. html）。

思想聚焦公众号发表文章称，该实验具有较强的现实意义，并提出工作生活要有各自的边界。[①] 学者王心远称，这项研究所要探讨的"不是离开社交网络我们会怎样，而是沉醉于社交网络我们发生了哪些潜移默化的改变"。

三、案例分析

（一）系统完整的社会实验执行方式

过去，对网络社交影响的研究屡见不鲜，大多数通过量化调查的方法将社交依赖群体数量的庞大以及影响的后果以"说教"的方式呈现在公众面前。苍白的文字无法让深陷社交依赖的人群切身感受影响的内在根源，因此，人们很难做出行为的改变。

首先，此次"社交斋戒"社会实验是一次具有创新性的自我探索，通过施加反向干预（暂别微信），让实际参与到社会实验当中的受众不自觉暴露问题，反观社交网络的影响，引发社会的反思。其次，该实验具有模拟现实的作用，能够直观及客观地展现现实社交网络介入我们生活的过程，让受众真实地感受撤离社交网络后种种的不适应。再者，实验法是一个相对完整的社会研究方法。从发布的报告看，该实验经过了系统的量化和质化数据收集过程，有专业学者和业界导师指导数据分析，比如复旦大学传播系周葆华教授、北京大学社会学系邱泽奇教授、北京师范大学心理学系周楠老师以及伦敦大学学院王心远博士。虽然该实验在样本的选取上有一定局限性，但整体而言具有一定可信度，其研究结果也反映了社会现实。

（二）传播内容的精准投放扩大了公共传播效力

在该案例中，腾讯研究院并非盲目撒网式传播，而是基于特定平台属性和用户群体制定出相应的传播策略，比如该实验从微信渠道推广传播，渗透到相关的微信重度使用患者；在知乎开设话题引发主要受众（年轻人）的思考与讨论；并在腾讯大学官网开放发布会直播渠道，将实验结果扩散给各大媒体和社会公众。

正是由于传播渠道与目标受众的精准定位，传播主体走向多元化，扩大了公共传播的效力。"社交斋戒"实验以腾讯研究院牵头，但基于社交依赖议题

---

① 参见思想聚焦公众号《腾讯花 15 天做一个实验 证明阿里钉钉这次做对了》（2017 - 07 - 04）[2022 - 06 - 14]（https://mp.weixin.qq.com/s/TyLV - PLPOIW9euWUVyABUw）。

本身覆盖人群广，该案例迅速引起各大媒体的关注，媒体自发为该实验传播。同时，由于实验的现实模拟性高，在参与者的带动下，公众成功从传播受众转变为传播主体，在各平台发表评论，增大该议题的曝光度。

整体看，腾讯主动揭开微信这款社交产品的不良效应，该做法使腾讯在社会责任实施层面赢得了不少称赞。此外，实验以公众的视角去分析社交网络的影响，让传播内容和传播客体之间形成了较高的匹配度，使受众的代入感不断增强，最终他们愿意接受实验的观点，甚至会有选择性地实施实验的结论。

（三）反思社会问题，探索科技向善之路

主创人员 Echo 曾在接受广州日报的采访时表示，"社交斋戒"社会实验是希望通过科学的研究去回答"社交网络对人的影响"的问题。同时，反观腾讯自身，从而得出一些对于用户、产品等有益的视角，帮助用户和腾讯找到最适合自己的方式。[①] 追本溯源，腾讯此次主动审视自家社交产品"微信"，是腾讯企业文化驱动的结果。大科技时代，腾讯挑起"连接赋能"大梁，使大众在生活各个方面都能享受到科技的便利。但工具总有双面性，科技也同时给社会造成新的社会问题。

面对产业焦点问题，腾讯在 2011 年设立腾讯研究院，依托腾讯公司多元的产品、丰富的案例和海量的数据，共同推动互联网产业健康、有序发展。特别是近几年，腾讯开始关注到产品的社会性以及对社会问题的关注和思考，希望对移动互联网造成的社会影响有更主动的作为。此次"社交斋戒"实验便是腾讯主动审视自家社交产品"微信"的责任行为，体现了传播主体对社会公共问题有着强烈的社会责任意识。

2018 年年初，腾讯研究院发起 Tech for Social Good（科技向善）这个项目。创始人张志东表示，希望通过这个项目形成一个多方对话、研究、行动分享平台，让更多的人参与进来一起探讨大科技时代如何用科技来缓解数字化社会的阵痛。[②]

同样地，我们发现，除了腾讯拥有自己的研究院，阿里巴巴、百度、京东也相继设立研究院并在企业所关注的特定领域纷纷发声，近几年都表现出用科技解决社会公共问题、缓解数字化社会阵痛的趋势。

---

① 参见网易科技《微信成瘾者体验社交"斋戒"：结果去云音乐刷评论》（2017 - 08 - 02）［2022 - 06 - 14］（https://www.163.com/tech/article/CQR79ECQ00097U82.html）。
② 参见腾讯研究院官方网站《腾讯创始人张志东：信息过载时代，科技如何向善?》（2018 - 01 - 20）［2022 - 06 - 14］（http://www.tisi.org/4999）。

四、案例延伸

腾讯"社交斋戒"社会实验源自对社交依赖的敏锐洞察，并试图通过实验的方式隐喻社会现实，探讨解决方式。正因为该实验同时具备实验的严谨和观察的真实，因此在社交依赖这一公共问题上，该实验成功将"斋戒"理念向目标受众精准投放，并最终使传播主体去中心化，扩大了该议题的传播范围。

然而，在公共责任意识被不断强调的今天，社会实验的执行主体被社会化，而社会化的结果使实验以节目娱乐的形式呈现在公众视野。公共问题得到广泛传播本是好事，只是实验的理念开始变质，从批判警醒演变为娱乐吸引。[①]

从街头社会实验的泛滥可见一斑，这类社会实验通过有选择地设计"再现"某种社会问题的方式解释和引导实验过程，从而印证实验的假设。此类实验表面上符合实验法研究步骤，但实质上却因为娱乐要素的过分渗透导致实验结论的可靠性大打折扣。比如，2017年"一箱硬币"的街头实验曾风靡全国——一个装满硬币的纸盒被放在城市的中心地段，纸盒后面的白板上写着："如果您急需用钱，请自取，最多不超过5元，如果想帮助有需要的人也可以留下硬币。"但很快这个街头实验被很多市民质疑，认为它打着"人性测试"的旗号，哗众取宠，事实上根本无法就此评判一个人的道德水平。同样的例子还有很多，有的团体为了测试人的善心多次上演丢钱包大戏，并通过网络视频的方式对该社会问题批评指责。该举措被网友们质疑为"钓鱼执法"，不仅暴露他人的隐私，实际实验场景更是漏洞百出。

确实，街头实验虽然有对社会公共问题的洞察，但因其哗众取宠且夸大社会现实遭到不少人诟病。有网友表示，中国有些社会实验的团队拍之前就是带着恶意去揣度人，他们拍的社会实验是有剧本的，是按着自己心中对群众的设想去拍的。由此可见，社会实验娱乐化不仅违背了严谨科学的实验范式，对传播的可靠性也有所挑战，而且故意改造实验内质以迎合大众的行为，使传播效力大大降低，反而对公共问题的传播起到负作用。因此，当传播核心理念公共性强、场景真实再现、方法严谨科学，社会实验法的使用才能起到良好的公共传播效果。

---

① 梅笑冰：《娱乐化模仿社会实验：生活方式体验类真人秀的功能表达和效果实现》，载《浙江传媒学院学报》2014年第21卷第4期，第128-132页。

案例六　全联经济美学

一、案例信息

（1）案例名称：全联经济美学。
（2）执行时间：2015—2017 年。
（3）传播主体：全联福利中心。
（4）执行机构：台湾奥美。

二、案例展示

（一）案例背景

如今"便宜没好货"成为我们的潜在认知。这一观念在年轻人中表现得尤为明显，节省似乎成了穷的另一个说法。在该背景下，全联作为一家主营低价的老牌连锁超市在台湾一开始是受到年轻群体排斥的，很多台湾年轻人会把到全联购物当成是一种给自己贴上"穷"标签的行为。

2015 年以来，消费主力逐渐从 60 后、70 后转移到 80 后、90 后，那么要想在大大小小的零售超市中生存下来，全联开始意识到品牌亟须摆脱在年轻人中"保守""过时"的土气形象。与此同时，全联开始研究年轻一代的消费观，发现年轻人同样具有精打细算的消费理念，只是不希望被贴上"穷""落魄"的标签，希望得到社会的理解和支持。

于是，全联一改平日的广告风格，并把省钱定义为经济美学，开创了一种新型消费主义，向年轻人传递正确消费观的同时，也向他们传递理想和现实平衡的价值观，并在社会中掀起一股省钱流行思潮，以一种积极主动的沟通方式告诉年轻人：省钱也可以很时尚（如图 8 - 5 所示）。

图 8-5　2015 年"全联经济美学"第一季系列广告（引自全联官网①）

（二）案例策划与执行

1．核心理念

省钱是全联品牌主张中唯一不变的主线，变的是省钱的态度。2015 年全联首次将自己的品牌广告定义为经济美学，向更多年轻人传递一个正确的消费观。2016 年延续新兴消费主义，将经济美学上升到生活哲学，传递消费价值观。而 2017 年全联锁定在最会省钱、客群黏度最高的消费主力，进一步诠释了省钱"有态度"的理念。

2．执行内容

台湾奥美连续 3 年为全联打造"全联经济美学"，通过电视商业广告（TVC）和海报的方式，在不同的媒介上宣传新省钱理念。

2015 年，"全联经济美学"使全联品牌在大众心目中形成了一个新型消费主义。该广告文案道出了当下年轻人在全联消费的直接目的和最终目标。

2016 年，"全联经济美学"推出了新篇，新广告片不推"全联"反而推出"全联购物袋"，让全联的品牌价值有了更为丰富的传播载体，也让这种新型消费主义有了更好的宣扬。

2017 年，"全联经济美学"第三季回归全联消费主力，用非常年轻态的方式讲述"60 后永不退流行，省钱同样不退流行"，并用"白 T 牛仔裤"这种经典的时尚搭配载体来嫁接"省钱流行思潮"，使"全联经济美学"这个主张下的"时尚感"进一步得到了延续。

---

① 参见全联福利中心官方网站［2018-04-18］（http://www.pxmart.com.tw/px/index.px）。

3．执行亮点

（1）通过普通人讲好故事。"全联经济美学"三季系列广告均以普通人为传播中介，通过他们鲜明的人物个性、不同的生活状态、亲身的生活经验和心得道出各种省钱的道理，激发更多具有相同经历的消费人群（特别是年轻人）的"省钱"动力，说服力极强。

（2）省钱概念实体化。"全联经济美学"第一季主打全联省钱品牌，第二、第三季的省钱主轴不变，将该概念实体化，从第二季的"购物潮包"到第三季的"白 T 牛仔裤"，希望通过实在的传播媒介建立与消费人群真实的互动，实现品牌理念传播从产品到社交的跨越。

（三）案例效果

全联现在已经是台湾分布最广的超级市场之一，目前全台已有超过 900 间全联福利中心服务据点。① 消费者也涵盖各式各样的职业和不同年龄段的群体。"全联经济美学"系列广告借助网络得以广泛传播，并获得较强的社会反响。

以第一季为例，第一季系列广告在 Youtube 上的视频点击量已经超过 32 万人次（截至 2015 年 6 月 30 日），在 Facebook 和 Twitter 上也引起网友热烈讨论。该作品最终获得第 38 届时报华文广告年度最佳金像奖。当时评审主席 Dentsu SPAT 执行副总詹朝栋表示，这件作品十分具有指标性。他强调，"创造趋势，改变认知"是评审们将大奖颁发给它的主要原因。此外，第一季系列广告还获第十届中国 4A 金印奖全场大奖。②

三、案例分析

（一）"以人为本"的品牌诉说方式

"全联经济美学"系列广告创作风格单一，在视觉上以一种更贴合年轻人审美的方式，突显品牌的年轻化和时尚感。三季的广告文案形式简单，通过平凡却又有代表性的意见领袖传递他们的省钱宣言，向目标消费者传递精打细算的理念。

---

① 参见全联福利中心官方网站［2018－04－18］（http://www.pxmart.com.tw/px/index.px）。
② 参见数英网《台湾全联：2016 新篇#全联经济美学 品牌宣传广告》（2016－03－10）［2022－06－14］（https://www.digitaling.com/projects/17144.html）。

以第一季为例，广告片选取了 14 个年轻人的生活片段，通过 14 个生活缩影的场景描述与年轻人进行沟通与交流。例如，"长得漂亮是本钱，把钱花得漂亮是本事"，该文案以口头禅的方式讲述省钱的真本事。而文案"我可以花八块钱买到的，为什么要掏十块钱出来"则是以年轻人自白的方式讲述新型消费态度。

"全联经济美学"系列广告在场景选择上富有较强的洞察力，既能迎合目标消费群体与众不同的心理需求，又能通过教育的方式宣扬省钱之道，将消费观转变为价值观。以第二季为例，广告片站在 80 后生活现状，以"讲道理"却又实际的方式教大家过好舒心和省钱的生活，如选择 80 后常面临的成家问题"为了下一代，我们决定拿起这一袋"，而"懂得怎么花，就能活出一朵花"则展现出独立和积极的生活态度。

此次全联不再聚焦产品本身，而是关注产品的使用情境，剖析人内心深处渴望被理解的特立独行。因此，不少网友表示："会一直期待全联的广告，因为从广告中看到了自己"；还有网友对全联的转型表示肯定："它的定位不是一个产品，而是一种生活方式，一种价值观。"

（二）诠释省钱新态度，打造经济美学传播范式

"全联经济美学"的提出延续了全联十几年来省钱的品牌理念，更让这种理念上升到精神层面的美学追求。全联主张节省也可以有态度、很时尚，与一味强调节俭的教育路径相比更能引起年轻人群的共鸣。

2015 年，全联通过领袖素人直白地道出年轻人省钱的需求和最终目的，第一次从年轻人消费习惯、消费现实入手重新诠释消费观，在大众心中形成了新型消费主义的雏形。全联此举在消费主力人群中产生了强烈的代入感，引起他们对自我消费观的审视。2016 年，全联更加注重价值观的传递。在画面呈现上有意识选择有代表性的职业人群和有现实意义的生活场景，让省钱概念愈加实体化。此举不对受众进行观念灌输，而是对他们进行价值导入，使新型消费主义日渐丰满。

全联经济美学系列成功将主营低价的短板转为物美价廉的长处，将廉价消费转为有态度的省钱，将精打细算的消费观转为经济美学的价值观，在大众中形成"在现实中追求理想，在理想中顾及现实"的生活美学倡导。

四、案例延伸

全联对话思维转变的思考

由于不具优势地理位置、非高大上的店面环境，以及朴实的行销策略，全联一直给人"保守""廉价"的印象。而全联在早期似乎并没有改变品牌定位的想法，甚至以"全联什么都没有"为创意出发点，给人无奈与心疼的感觉。

其后，全联开始意识到传播表现形式的重要性，以"无厘头""恶搞风"维系亲近形象，巩固"极致省钱"的理念。比如2006年开始，全联广告开始用素人邱彦翔进行品牌代言，从此塑造出亲切憨厚的"全联先生"共生形象。2009年，全联掀起省钱运动，广告场景在全台湾各个地方切换，以证明"全联到处都是"。2010年通过广告公开讲述日常省钱秘籍。2011年全联仍保持恶搞风，维持全联在消费者心目中"最省钱的地方"的品牌形象。

但万变不离其宗，过去全联与公众的对话主要是基于产品思维，告诉公众"我是谁""我能给你带来什么"，却忽视了公众的使用场景和情感体验。全联以价格为优势，却无法吸引正需要省钱打拼的年轻人，这一直是全联的疑惑之处。2014年，全联行销部经理刘鸿征就曾表示："学生照理讲是最穷的族群，为什么这么不在乎省钱？"

因此，在行销的压力和消费升级的驱动下，全联与奥美开始联手探讨年轻人的省钱之道，给"廉价"的品牌定位予以全新包装。替全联操刀广告的奥美执行创意总监龚大中表示："透过访谈才发现年轻人的微妙心理，省钱这件事在年轻人心中有点小鼻子小眼睛，去全联好像有点俗。"于是，从2015年开始，全联重新包装自己，提出富有时尚感的"经济美学"，定义全新消费标尺。同时，在传播方式上，把价值观换成当下语言与场景的结合，转变与公众的对话思维，通过对社会议题的洞察制造共鸣与感动，告诉年轻人"我们都一样""我懂你"，让他们感受到"被理解""被尊重""被鼓励"。

虽然全联经济美学的核心价值仍然是节俭、省钱，但是整体表达有所提升，朴实的价值观念也能与消费群体产生共鸣：省钱的目的不是为了彰显节俭，而是为了实践梦想。在此之后，全联"极致省钱"品牌理念便上升到"有态度"的精打细算。毫不夸张地说，近三年全联似乎在进行着一场浩大的集体治愈行动，我们都在期待自己被全联发现，期待全联把我们内心深处的声音说出来，这或许能让我们在繁杂的社会压力中得到一丝安慰。

参 考 文 献

［1］伯杰. 疯传：让你的产品、思想、行为像病毒一样入侵［M］. 刘生敏，廖建桥，译. 北京：电子工业出版社，2014.

［2］陈阳. 可口可乐的品牌情感经营［J］. 中国品牌与防伪，2010（9）.

［3］陈楚洁. 作为文化与认同建构的健康传播：以 CCTV 国际频道《中华医药》栏目为例［J］. 东南传播，2009（5）.

［4］程晓，程方. 五年时间，为杭州写一首诗［J］. 浙江画报，2016（7）.

［5］程素琴. 新闻传播教育的历史与未来：全国新闻传播教育学术研讨会会议综述［J］. 现代传播（中国传媒大学学报），2010（1）.

［6］冯建华. 公共传播的意涵及语用指向［J］. 新闻与传播研究，2017（4）.

［7］高金萍. 面临转变：美国新闻传播教育大势［J］. 国际新闻界，2009（2）.

［8］何坤. 新媒介时代背景下的公共传播：现状与反思［J］. 浙江传媒学院学报，2017（2）.

［9］贺建平. 恐惧诉求在公益广告中的传播效果［J］. 贵州师范大学学报（社会科学版），2004（2）.

［10］胡百精，杨奕. 公共传播研究的基本问题与传播学范式创新［J］. 国际新闻界，2016，38（3）.

［11］黄旦. 重造新闻学：网络化关系的视角［J］. 国际新闻界，2015，37（1）.

［12］库利. 人类本性与社会秩序［M］. 北京：华夏出版社，2020.

［13］雷跃捷. 社会转型时期我国新闻传播教育的成就和问题［J］. 现代传播（中国传媒大学学报），2013（3）.

［14］李建新. 中国新闻传播教育发展趋势探讨［J］. 编辑之友，2012（3）.

［15］李彦冰. 当今新闻传播教育中的价值矛盾问题［J］. 创新，2014，8（4）.

［16］刘聪歌. 新媒体时代：我国公益活动传播的出路：以"冰桶挑战"为例［J］. 河南工业大学学报（社会科学版），2015，11（1）.

［17］刘海贵. 中国新闻传播教育改革企盼标志性突破［J］. 西南民族大学学报（人文社会科学版），2008，29（2）.

［18］梅笑冰. 娱乐化模仿社会实验：生活方式体验类真人秀的功能表达和效果实现［J］. 浙江传媒学院学报，2014，21（4）.

［19］南长森. 简论当前新闻传播学科教育的矛盾关系［J］. 现代传播（中国传媒大学学报），2010（1）.

［20］中国人民大学新闻学院新闻传播教育课题小组，倪宁，蔡雯. 媒介融合时代的中国新闻传播教育：基于 18 所国内新闻传播院系的调研报告［J］. 国际新闻界，2014，36（4）.

［21］潘明歌. 媒介融合语境下传统媒体与社交网络的合作及启示［J］. 传媒，2014（24）.

［22］蒲岛郁夫. 酷 MA 萌与我［M］. 曹逸冰，译. 海口：南海出版公司，2017.

［23］石磊. 人际传播与大众传播的融合互动：论人际传播在大众传媒中的运用［J］. 西南民族大学学报（人文社会科学版），2006，27（10）.

［24］水野学. 创意黏合剂：日本设计大师水野学的创意养成训练［M］. 张惠佳，译. 北京：电子工业出版社，2016.

［25］王哲平. 中国新闻传播教育：约束条件与可能的突破口［J］. 现代传播（中国传媒大学学报），2014（10）.

［26］王一丹，卢钰洁，颜冉，等. 发展"情与智"的互动性益智玩具设计报告［J］. 设计，2017（13）.

［27］王琪延，王俊. 公众环境意识中日比较研究：基于中国北京和日本东京的抽样调查数据［J］. 北京社会科学，2010（3）.

［28］吴予敏. 传播教育与人文理想［J］. 深圳大学学报（人文社会科学版），1999（1）.

［29］熊本县政府酷 MA 萌团队. 酷 MA 萌的秘密［M］. 陈榕榕，译. 北京：北京出版社，2017.

［30］徐冬柠. 企业情感营销发展策略研究：以可口可乐为例［J］. 甘肃科技，2015，31（8）.

［31］杨建梅，黄喜忠，张胜涛. 区域品牌的生成机理与路径研究［J］. 科技进步与对策，2005，22（12）.

［32］闫学杉. 从新闻学到社会信息学：日本新闻与传播教育的变迁［J］. 国际新闻界，1997（4）.

［33］袁爱清，查小红. 从传播学视角探索娱乐化电视节目的发展趋势：以《开心辞典》改版为例［J］. 传媒观察，2007（1）.

［34］张迪. 媒体变革背景下的海外新闻传播教育现状与发展趋势［J］. 国际新闻界，2014，36（4）.

［35］张昆，王创业. 时空维度下的国家形象模型探析：基于认知互动的

视角［J］. 新闻界，2017（5）.

［36］张继焦，丁惠敏，黄忠彩. 中国"老字号"企业发展报告［M］. 北京：社会科学文献出版社，2011.

［37］张继松，丁小贺. 熊猫频道的成功与启示［J］. 传媒，2017（11）.

［38］张志安. 立足新闻传播，面向公共传播：关于新闻传播教育改革的思考［J］. 青年记者，2015（34）.

［39］赵英媛，杜斌. 新媒体时代环保传播的变迁及发展趋势［J］. 中国人口·资源与环境，2013（S2）.

［40］钟新，周树华. 新闻传播教育的若干核心问题：对国外20所新闻传播院系的调研报告［J］. 国际新闻界，2006（4）.

［41］周瑛智. 奥美大圣也逃不出如来的手掌心：谈危机公关管理数码化的尝试［J］.《观点》，2015（38）.

［42］ALIAGHA G U, CIN N Y. Perceptions of Malaysian office workers on the adoption of the Japanese cool biz concept of energy conservation［J］. Journal of Asian and African Studies, 2013, 48（4）.

［43］HAVLENA W J, HOLAK S L. Exploring nostalgia imagery through the use of consumer collages［J］. ACR North American Advances, 1996.

［44］MILLER M J. "Driving Barista" App Targets Japan's Deadliest Roads［EB/OL］.（2016 – 09 – 28）［2018 – 04 – 08］. http://www. brandchannel. com/2016/09/28/toyota – driving – barista –092816/.

［45］MILLINGTON A. Marketing Britain to the Chinese：How VisitBritain plans to tap a multimillion market［EB/OL］.（2014 – 12 – 05）［2022 – 06 – 14］. https://www. marketingweek. com/visitbritain – to – turn – positive – perceptions – of – uk – into – tourism – spend – with – largest – china – push/.